pmv PETER MEYER VERLAG

pmv-Reiseführer werden nach ökologischen Grundsätzen hergestellt. Zu unseren inhaltlichen Kriterien gehören regionale, mit ÖPNV erreichbare Reiseziele sowie Ausflüge und Aktivitäten, die Natur und Umwelt schonen. Darüber hinaus helfen wir durch achtsamen Umgang mit Rohstoffen, Vermeidung von Plastik, Nutzung von Recyclingpapier und grünem Strom sowie kurzen Transportwegen, die Natur zu bewahren. Mit unserer konsequenten Haltung setzen wir im Buch- und Reiseführerbereich Maßstäbe.

Inhalt und Umschlag dieses Buches wurden auf umweltfreundlichen Papieren, die zu 100 % aus Altpapier bestehen, gedruckt. Die Druckfarben auf Pflanzenbasis sind frei von Mineralölen und tierischen Inhaltsstoffen. Unsere obligatorische Klimaspende für dennoch verursachtes CO_2 fließt einem Wiederaufforstungsprojekt im Harz zu. Die Nachhaltigkeit dieses Buches wird durch seine Auszeichnung mit dem Blauen Engel garantiert.

Genießen Sie Ihren grünen Urlaub!

Spannend. Waldläufig. Nachhaltig.

IMPRESSUM

© 4. Auflage 2022 (1. – 3. Aufl. Eberhard Schmitt-Burk) • pmv Peter Meyer Verlag • Am Weidenberg 18 • 55291 Saulheim in Rheinhessen • www.PeterMeyerVerlag.de • info@PeterMeyer-Verlag.de • © Die pmv-Reihe „... mit Kindern" existiert seit 1996 und ist namentlich geschützt.

Druck & Bindung: oeding print GmbH, Braunschweig, www.oeding-print.de
Umschlaggestaltung: Königsblau Design, Heidelberg • **Fotos:** Wenn nicht anders angegeben, alle Rechte beim Verlag, siehe Nachweis beim jeweiligen Bild. Cover: mauritius images GmbH
Karten: pmv, Verkehrslinienplan: VRN • **Zeichnungen:** Silke Schmidt
ISBN 978-3-89859-470-7 (print), -030-3 (PDF) • Erhältlich überall dort, wo es Bücher gibt.

pmv ist Träger des Gütesiegels **Deutscher Verlagspreis** der Beauftragten der Bundesregierung für Kultur und Medien für herausragende Leistungen in der gesamtverlegerischen Tätigkeit.

PFALZ mit Kindern

von Hannah Mehrfert

Ludwigshafen & Rheinebene
Deutsche Weinstraße
Naturpark Pfälzerwald & K'lautern
Kusel, KiBo & Donnersberg

INHALT

In eigener Sache 10

8 **VORWORT**

9 Der Aufbau dieses Buches

11 **REISE-INFOS**

11 Wichtige Infoquellen zur Region

Infoportale im Web 14

12 Verbindungen in der Pfalz

LUDWIGSHAFEN & DIE RHEINEBENE

Meine Lieblingstipps für die Region 18

17 ALTE & JUNGE STÄDTE AM RHEIN

19 **IM & AM WASSER MIT SAM**

19 Erlebnisbäder

21 Frei- und Naturbäder

25 Baden & Wassersport auf Baggerseen

30 Nachenfahrten & Schiffstouren

33 **NATUR & UMWELT MIT KARLOTTA**

33 Wandern & Spazieren

37 Naturerlebnispfade

38 Tiere erleben

40 Unterkunft naturnah

41 **FIT & FIDEL MIT DEN VIECHERN**

41 Radeln & Draisine fahren

43 Spiel- & Grillplätze

45 Erlebnis- & Abenteuerspielplätze

47 Klettergärten

50 **TECHNIK & GESCHICHTE MIT MAULI MAU**

50 Museumsschätze

58 **KULTUR & TERMINE MIT MOCKES**

Feste und Märkte 59

58 Theater & Märkte

DEUTSCHE WEINSTRASSE

Meine Lieblingstipps für die Region 62

61 IM TRAUBENLAND

63 **IM & AM WASSER MIT SAM**

63 Erlebnisbäder

67 Freibäder

70 Baden & Boot fahren

71 **NATUR & UMWELT MIT KARLOTTA**

71 Wandern & Spazieren

76 Umwelt erforschen

79 Naturerlebnispfade

81 Tierparks & Bauernhöfe

FIT & FIDEL MIT DEN VIECHERN 89
Radeln & Skaten 89
Erlebnis- & Freizeitparks 90
TECHNIK & GESCHICHTE MIT MAULI MAU 93
Bahnen & Betriebe 93
Burgen & Bastionen 96
Museumsschätze 100
KULTUR & TERMINE MIT MOCKES 108
Theater, Bücher & Märkte 108
Feste und Märkte 110

NATURPARK PFÄLZERWALD & KAISERSLAUTERN
Meine Lieblingstipps für die Region 114
BÄUME, BURGEN & TEUFEL 113
IM & AM WASSER MIT SAM 115
Erlebnis- und Freibäder 115
Strand- & Naturbäder 119
Bade- & Bootsvergnügen 124
NATUR & UMWELT MIT KARLOTTA 126
Wandern & Spazieren 126
Umwelt erforschen 132
Naturerlebnispfade 137
Tierpark & Reiten 141
Übernachten bei den Naturfreunden 145
FIT & FIDEL MIT DEN VIECHERN 147
Radeln & Skaten 147
Abenteuerspielplätze 150
TECHNIK & GESCHICHTE MIT MAULI MAU 151
Betriebe & Bergwerke 151
Burgen & Ruinen 154
Museumsschätze 157
KULTUR & TERMINE MIT MOCKES 162
Theater & Märkte 162
Feste und Märkte 164

KUSEL, KIBO & DONNERSBERG

Meine Lieblingstipps für die Region 168

167 MUSIK IN DEN OHREN
169 **IM & AM WASSER MIT SAM**
169 Erlebnis- und Freibäder
172 Baden & Boot fahren
176 **NATUR & UMWELT MIT KARLOTTA**
176 Wandern & Spazieren
178 Umwelt erforschen
180 Naturerlebnispfade
183 Tierpark & Reiten
185 **FIT & FIDEL MIT DEN VIECHERN**
185 Radeln & Draisine fahren
189 Erlebnis- & Abenteuerspielplätze
190 **TECHNIK & GESCHICHTE MIT MAULI MAU**
190 Bahnen & Betriebe
195 Burgen & ein Keltendorf
198 Museumsschätze
201 **KULTUR & TERMINE MIT MOCKES**
201 Theater & Feste

Feste und Märkte 202

REGISTER & KARTEN

206 **REGISTER DER ORTE, SEHENSWÜRDIGKEITEN, STICHWORTE**
211 Buchtipps
212 **KARTENATLAS**
212 Der Norden: Kusel – Kirchheimbolanden
214 Kaiserslautern & NP Pfälzerwald
216 NP Pfälzerwald, Weinstraße Nord & Ludwigshafen
218 Süd-Pfalz & Wasgau
220 Weinstraße & Rheinebene Süd
222 VRN Verkehrslinienplan

Legende der Kartensymbole 212

ÜBER DIE AUTORIN

Hannah Mehrfert

… ist ein Bücherwurm und liebt regionale wie auch kulinarische Reisen. Als Kind hat sie mit ihrer Familie und der ersten Ausgabe dieses Reiseführers die Pfalz entdeckt. Da war es nur logisch, dass sie ihr Studiumpraktikum bei pmv gemacht hat! Hannah schloss ihr Studium in Kultur & Wirtschaft in Mannheim ab und anschließend ihren Master in Nachhaltige Unternehmensführung in Ulm. Auch in ihrer Freizeit engagiert sich Hannah aktiv in mehreren Projekten rund um das Thema Nachhaltigkeit. Wie gut, dass der Nationalpark Pfälzerwald mit seinem Baumwipfelpfad zu ihren Lieblingszielen gehört!

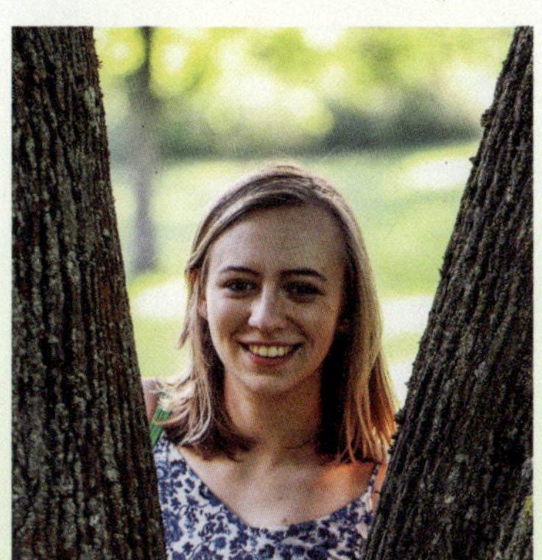

VORWORT

Die Pfalz ist so vielseitig und voller abwechslungsreicher Ausflüge für Familien, dass die Auswahl schon recht schwer fallen kann. Zum Glück nimmt euch dieser Reiseführer die Qual der Wahl ab, sodass ihr gleich durchstarten könnt.

So müsst ihr nicht erst lange im Internet recherchieren, sondern sucht euch je nach Standort, Lust und Wetter das Passende aus – und könnt mehrere Sachen kombinieren, je nach dem wie alt ihr oder eure Geschwister seid. Ich habe mich dabei bemüht, euch möglichst viel an der frischen Luft und in freier Natur zusammenzustellen. Das schont nicht nur den Geldbeutel eurer Eltern, sondern bringt euch dem Thema Natur und Umwelt ganz nah. Und das macht Spaß! So könnt ihr auf Erkundungstour in den wildwüchsigen Altrheinarmen gehen, in Baggerseen baden, mit den Waldgeistern wandern oder einen Barfußpfad ausprobieren. Vielerorts können die Touren durch schön gelegene Ausflugslokale mit naturnahen Spielplätzen abgerundet werden.
Stoff für neugierige Kinder liefern auch die zahlreichen Burgen und Museen. Ihr könnt dabei in jedes Zeitalter abtauchen, von der Kelten- und Römerzeit über die bayerische Epoche und die Revolutionszeit 1848 bis hin zu den modernsten technischen Entwicklungen der Gegenwart. Sogar unter Tage könnt ihr Geschichte erforschen: Mehrere Besucherbergwerke ermöglichen einen Blick in das geheimnisvolle Innere der Erde. Aufgefallen ist mir, dass es im Vergleich zu anderen Regionen nur in wenigen Orten Kindertheater gibt. Dafür wird viel und gern gefeiert, selbst im Advent dreht sich auf manch einem Weihnachtsmarkt ein Karussell.

Viel Spaß bei euren Touren in der Pfalz wünscht euch
Hannah Mehrfert

Der Aufbau dieses Buches

Auf den nächsten Seiten findet ihr die wichtigsten Infos zum Fahren mit Bahn und Bus. Denn (fast) alle Adressen im Buch könnt ihr mit ÖPNV erreichen und wir möchten euch damit helfen, euch umweltfreundlich und preiswert durch die Region zu bewegen. Dabei können auch die übergeordneten Internetadressen und Tourist-Infostellen helfen. Und dann geht es auch schon los.

Zur besseren Übersich ist das Buch in **4 geografische Griffmarken** gegliedert: *Ludwigshafen & Rheinebene* führt über Speyer bis Wörth und in den Bienwald, *Deutsche Weinstraße* von Grünstadt bis Bad Bergzabern, *Naturpark Pfälzerwald & Kaiserslautern* sowie *Kusel, Kibo & Donnersberg.*

In jedem Kapitel findet ihr:

Im & auf dem Wasser: In dieser Griffmarke zeigt euch *Sam,* die Wasserratte, den Weg zu Frei- und Hallenbädern, zu Seen und Flüssen mit Kanu-Verleih sowie Schifffahrten

Natur & Umwelt ist das Lieblingsthema von *Karlotta,* der naturverliebten Igelin: Sie wandert und weist euch den Weg zu Naturzentren, wo ihr den Dingen auf den Grund gehen könnt, zu Lehrpfaden oder zu Tierparks.

Sport, Spaß & Spiel bringt die ganze Rasselbande in Bewegung: In diesem Abschnitt wird geradelt, geklettert, Minigolf gespielt und gerutscht.

Technik & Geschichte ist das Hobby von *Meister Mauli Mau:* Der Maulwurf mit der praktischen Latzhose besucht mit euch Burgen und Museen. Ihr werdet überrascht sein, wie viel es auch bei schlechtem Wetter zu entdecken gibt!

Kultur & Termine ist das Kapitel unseres kreativen Langohrhasens *Mockes.* Er informiert euch über Kindertheater und -kino, Festivals und Märkte. In einem Kalender hat er alle wiederkehrenden Feste für euch aufgeschrieben.

Hallo! Ich bin **Karlotta.** Meine Freunde und ich sind eure Themen-Spezialisten. Ich z.B. liebe das Wandern.

Das ist **Sam.** Als waschechte Wasserratte kennt er jede Pfütze.

Mauli Mau, Experte für Technik und Geschichte …

… und **Mockes,** der begabteste Hase im Universum.

Der **Kartenatlas** am Ende des Buches gibt einen Überblick über das behandelte Gebiet und die regionale Einteilung. Er bietet euch bei Ausflügen die nötige Orientierung.
Jede Adresse oder Tour nennt Öffnungszeiten, Eintrittspreise, Ermäßigungen und die Anfahrt mit Bahn & Bus (ÖPNV). Am Seitenrand finden sich weitere Tipps, z.B. wo ihr einkehren oder Geburtstag feiern könnt.
Ihr seht also: Es ist also an alles gedacht – nur losziehen müsst ihr selbst!

IN EIGENER SACHE

All diese vielen Infos zusammenzutragen und aufzuschreiben, hat viel Zeit und Mühe gekostet. Und trotz aller Sorgfalt können sich Fehler eingeschlichen oder Preise und Öffnungszeiten geändert haben, zumal wegen aktuell wechselnder Corona-Vorschriften. Wir bitten um Nachsicht und eine kurze Info darüber. Auch wenn ihr etwas Neues entdeckt habt, freuen wir uns über eine eMail oder Postkarte!
Und noch ein Hinweis: Ihr wandert und radelt stets auf eigene Gefahr, aber hoffentlich immer mit großer Freude.

Schreibt an: pmv Peter Meyer Verlag, Am Weidenberg 18, Saulheim. www.PeterMeyerVerlag.de.

Trefft uns auf facebook.com/PeterMeyerVerlag oder www.instagram.com/pmv_petermeyerverlag mit vielen guten Tipps rund ums Reisen und Ausfliegen oder lest die Storys unserer Autorinnen und Autoren im Blog unter www.PeterMeyerVerlag.de.

Wichtige Infoquellen zur Region

Pfalz Touristik

Pfalzwein e.V., Martin-Luther-Straße 69, 67433 Neustadt a.d.W. ✆ 06321/912328, www.pfalz.de/de/pfalz-erleben.

▶ Bei den Touristikverbänden und Landkreisen erhaltet ihr wertvolle Infos, aktuelle Tipps und Unterkunftsadressen. Auch die Orte selbst bieten auf ihren Webseiten nicht nur Infos für Einheimische, sondern Ausflugstipps und Veranstaltungen sowie Links zu den Tourismusbüros, die euch bei der Unterkunftssuche helfen.

Geld sparen mit der Pfalzcard

Pfalzcard GmbH, 67433 Neustadt a.d.W. ✆ 06321/3916920, www.pfalzcard.de. **Infos:** Eine Broschüre mit allen Angeboten kann im Internet heruntergeladen werden.

▶ Die Pfalzcard bekommt ihr bei Übernachtung in einer der 120 teilnehmenden Unterkünfte kostenlos ausgehändigt, kaufen kann man sie nicht. Sie gilt als Fahrschein während der aufgedruckten Geltungsdauer im gesamten VRN-Verbundgebiet in allen Bussen und Bahnen (RE, RB und S-Bahn) jeweils 2. Klasse und in den Übergangsbereichen zu den benachbarten Verbünden KVV und HNV.

Darüber hinaus gilt sie als Eintrittskarte zu über 100 Erlebnissen, z.B. Museen, Burgen, Schwimmbäder, Bergwerke, Tierparks, die Fahrrad-Draisine, Führungen und Kulturprogramme. 2022 kamen die Kinderführungen auf Burg Nanstein bei Landstuhl und die Sinneswanderungen durch den Neustadter Ordenswald mit Pony-Begleitung hinzu, ebenso der Soccerpark Dirmstein und eine geführte Tabak-Radtour durch die Südpfalz. In der Pfalz zu Verweilen lohnt sich also!

Schreiben wir bei den **Eintrittspreisen** z.B. „Kinder 6 – 12 Jahre ...“ bedeutet das, dass Kinder unter 6 Jahre freien Eintritt haben.

RLP bietet ein tolles **Ferienprogramm** für Kinder aller Altersstufen. Schaut mal unter dem QR-Code!

Verbindungen in der Pfalz

Bahnstrecken

Von **Ludwigshafen** bestehen häufige Bahnverbindungen mit den Hauptorten der Rheinebene und der Weinstraße sowie nach Kaiserslautern, Mannheim und Heidelberg bzw. Worms und Mainz. Schnelle Fernverbindungen bestehen nur vom Mannheimer Hauptbahnhof. Die **Rheinebene** könnt ihr auf der Nord-Süd-Achse Worms – Frankenthal – Ludwigshafen – Speyer – Germersheim – Wörth – Lauterbourg mit Regionalbahnen (RB) und Regionalexpressen (RE) durchfahren. Ferner bestehen zur **Weinstraße** die drei Querverbindungen Frankenthal – Grünstadt (weiter nach Ramsen), Ludwigshafen – Schifferstadt – Neustadt a.d.W. (weiter nach Kaiserslautern, Saarbrücken, Paris) und Wörth – Bad Bergzabern. In Nord-Süd-Richtung ist die Weinstraße bis nach Frankreich hinein erschlossen: Bockenheim – Grünstadt – Bad Dürkheim – Neustadt a.d.W. – Landau – Wissembourg/Elsass.

Den **Pfälzerwald** durchquert die Bahn im Norden auf der Strecke Neustadt – Lambrecht – Weidenthal – Hochspeyer – Kaiserslautern, im Süden auf der Strecke Landau – Annweiler – Hinterweidenthal – Pirmasens-Nord.

Im **Donnersbergkreis** wir nur ein schmaler Korridor von der Bahn bedient. Das sind die drei Strecken Kaiserslautern – Rockenhausen – Bingen, Ramsen – Grünstadt sowie Kirchheimbolanden – Alzey – Mainz – damit seid ihr jedoch gut mit Rheinhessen verknüpft.

Von **Kaiserslautern** gehen sternförmig Bahnverbindungen in alle Himmelsrichtungen: nach Neustadt a.d.W. – Ludwigshafen, nach Enkenbach-Alsenborn – Rockenhausen – Bingen, nach Otterbach – Wolfstein – Lauterecken, nach Landstuhl – Kusel bzw. Homburg – Saarbrücken und nach Schopp –

Ihr fahrt gern Fahrrad? Der QR-Code bringt euch zum RLP Routenplaner!

Fahrräder dürfen in allen Zügen des Nahverkehrs (RE, RB, S-Bahn) zu allen Tageszeiten mitgenommen werden – wenn Platz ist: Kinderwagen und Rollstühle haben Vorrang. Mo – Fr ist zwischen 6 und 9 Uhr ein Fahrradticket zu lösen, zu allen anderen Zeiten ist der Transport kostenlos. Falträder können als Gepäckstück immer kostenlos mitgenommen werden.

Waldfischbach-Burgalben – Pirmasens bzw. Pirmasens-Nord – Zweibrücken.

Deutsche Bahn AG

Länderticket, 60313 Frankfurt a.M. © 0800/1507090 (kostenlose Fahrplanauskunft), www.bahn.de.

Preise: Kinder unter 6 Jahre fahren generell kostenlos und zählen nicht mit. Eigene Kinder und Enkel 6 – 14 Jahre fahren ebenfalls kostenlos mit, wenn sie auf der Fahrkarte eingetragen werden. Ansonsten zahlen sie 50 % des regulären Fahrpreises. **Infos:** Personen, die unterwegs zusteigen, sind unmittelbar nach ihrem Zustieg mit Name und Vorname auf dem Ticket einzutragen.

▶ Das **Rheinland-Pfalz-/Saarland-Ticket** kostet für 1 Person 25 €, 2 Pers 31 €, 3 Pers 37 €, 4 Pers 43 € und 5 Pers 49 €. Es ist Mo – Fr ab 9 Uhr, Sa, So und Fei ab 0 Uhr gütig für beliebig viele Fahrten in beiden Bundesländern in allen Nahverkehrszügen und allen Verbundverkehrsmitteln S-, U-, Straßenbahn und Bus (aber nicht in Bussen des Verkehrsverbundes Rhein-Neckar!).

Kinder unter 6 Jahre fahren generell kostenlos und zählen nicht mit. Eigene Kinder und Enkel 6 – 14 Jahre fahren ebenfalls kostenlos mit, wenn sie auf der Fahrkarte eingetragen werden. Ansonsten zahlen sie 50 % des regulären Fahrpreises.

Verkehrsverbund Rhein-Neckar, VRN

B 1, 3 – 5, 68159 Mannheim. © 0621/10770-0, www.vrn.de.

▶ Der **Rhein-Neckar-Verkehrsverbund VRN** ist für fast die ganze Pfalz zuständig. Nur der südliche Kreis Germersheim macht noch eine Ausnahme, denn der gehört zum *Karlsruher Verkehrsverbund KVV.* Der **Verbundfahrplan** des VRN enthält aber immerhin auch den Kreis Germersheim. Und es ist möglich, an den Automaten des Pfälzer VRN-Gebietes Tickets für Ziele im Kreis Germersheim zu lösen.

Seit 2022 gibt es **neue Angebote** im VRN-Verbundgebiet, die in allen Bussen und Bahnen (RE, RB und S-Bahn) gültig sind. Dazu zählen: Der **Luftlinientarif.** Er wird auf Basis der Luftlinie zwischen Einstiegs- und Ausstiegshaltestel-

Der QR-Code bringt euch zum Bahn- & Bus-Angebot des VRN.

@ Wollt ihr auf Zeitreise oder Weltreise gehen? Unsere Autorin Kirsten Wagner (Harz mit Kindern, Hamburg mit Kindern) hat zwei tolle Webseiten (mit)entwickelt, die euch garantiert Spaß machen: www.kinderzeitmaschine.de und www.kinderweltreise.de.

le – also der kürzesten Entfernung berechnet. Mit 1,40 € Grundpreis pro Fahrt und 25 Cent je angefangenem Kilometer wird nur für die Luftlinie gezahlt, nicht für den verkehrsnotwendigen Fahrweg. Je nach Entfernung liegt der Maximalpreis zwischen 4,16 und 12,40 €, was dem Preis für die 5-Fahrten-Tickets entspricht. Die Abrechnung erfolgt mittels Check-in/ Check-out-Verfahren auf dem Smartphone. 3 Kinder unter 6 Jahre fahren kostenlos mit, bis zu 4 weitere Personen können für 50 % des Bestpreises dazu gebucht werden.
Das **5-Fahrten-Ticket** besteht aus 5 einzelnen Fahrscheinen für Personen ab 15 Jahre. Bis zu 3 Kinder unter 6 Jahre sowie alle eigenen Kinder und Enkelkinder unter 6 Jahre fahren kostenlos los mit. Kinder 6 – 14 Jahre und Hunde zahlen etwa die Hälfte. Gül-

INFO-PORTALE IM WEB

Folgende Portale bieten Informationen zu Freizeit, Sport, Kultur und Sehenswürdigkeiten der jeweiligen Städte, Kreise und Regionen:

Aktivitäten
badeseen.rlp-umwelt.de
www.bund-rlp.de (Bund für Umwelt und Naturschutz)
www.lernort-bauernhof-rlp.de
www.lvrp.de (Pferdesportverband)
www.naturfreunde-rlp.de (Naturfreundehäuser, Naturerkundungsangebote)
www.pfaelzer-kletterer.de
www.pfalz-bewegt.de (Region im Film)
www.wanderportal-pfalz.de
www.weinlehrpfade.de/pfalz

Kreise & Touristikverbände
www.deutsche-weinstrasse.de
www.donnersberg-touristik.de
www.kaiserslautern-kreis.de
www.kreis-bad-duerkheim.de
www.kreis-germersheim.de
www.landkreis-kusel.de
www.lukom.com (Ludwigshafen)
www.pfalz-info.com (Gastro)
www.rhein-pfalz-aktiv.de
www.suedpfalz-tourismus.de
www.suedwestpfalz-touristik.de
www.suedliche-weinstrasse.de
www.urlaubsregion-freinsheim.de
www.zentrum-pfaelzerwald.de

Praktisch: In der Rheinebene und an der Weinstraße lassen sich Radtouren besonders leicht mit Bahnfahrten kombinieren

© VRN

tig ist es für 6 Monate in den Preisstufen 0 – 2 und 21 sowie in Ludwigshafen, Mannheim und Heidelberg.

Darüber hinaus gibt es neue attraktive **Jahreskarten**, auch für Menschen ab 60 Jahre oder mit Rente.

Busverbindungen

Das Busnetz schließt die Lücken, die die Bahn lässt, sehr gut. Von der Weinstraße bestehen zahlreiche Verbindungen in die Rheinebene und in den Pfälzerwald. Zu den Zielen zählen an Wochenenden oder zumindest an Sonntagen auch eine Reihe bekannter Hütten/Ausflugslokale. Auch der Donnersbergkreis und rund um Kaiserslautern gibt es ein gutes Busangebot. Nur der innere Naturpark Pfälzerwald ist per Bus schlecht zu erreichen, man wird entlang seiner Ränder geführt.

Im Stadtverkehr von **Ludwigshafen** spielt im Kernbereich die Straßenbahn eine große Rolle. In den Randbereichen im Norden, Westen und Süden dominiert der Bus. Es besteht eine sehr enge Verbindung mit Mannheim.

Mainz Rheinhessen mit Kindern schließt nördlich an euer Buch Pfalz mit Kindern an. Es zeigt euch die schönsten Ausflüge zwischen Worms, Alzey und Mainz.

LUDWIGSHAFEN & DIE RHEINEBENE

ALTE & JUNGE STÄDTE AM RHEIN

Die Pfälzer Rheinebene ist für Familien das Radelparadies schlechthin. Denn der Rhein hat die Landschaft einst glattgeschliffen. Viele Jahrhunderte lang änderte der mächtige Strom bei jedem Hochwasser seinen Lauf. Ab 1817 wurde der Rhein begradigt. Doch gibt es viele Altrheinarme, deren geheimnisvolle Auwälder Ziel von Naturdetektiven sind. Kulturfreunde freuen sich auf Ludwigshafen und Speyer, eine junge und eine sehr alte Stadt. Denn Ludwigshafen ist nicht viel älter als sein größter Arbeitgeber, die BASF. Die „Badische Anilin- und Sodafabrik" wurde 1865 gegründet. Die Ludwigshafener werden daher auch „Aniliner" genannt.

Vögelbeobachten: Bei der Bootstour auf dem Altrhein seht ihr das Ufer mit anderen Augen

MEINE LIEBLINGSTIPPS FÜR DIE REGION

Wasserratten tummeln sich in den Baggerseen, die vom Kiesabbau übriggeblieben sind, wie z.B. die *Blaue Adria* oder der Badesee *Johanneswiese.*

In der Rheinebene wird viel Gemüse und Tabak angebaut, auf den Feldern könnt ihr manchmal Störche stehen sehen, etwa wenn ihr den *Queichradweg* befahrt. Oder wenn ihr durch das Landschaftsschutzgebiet **Bienwald** wandert.

In **Ludwigshafen** könnt ihr spannende Hafenrundfahrten und Museumsbesuche bei dem *Maler Miró* unternehmen. In

Speyer, einer sehr alten Stadt, könnt den 1000 Jahre alten Dom besichtigen, das großartige *Technikmuseum* besuchen oder euch von der Unterwasserwelt im *Sea Life* begeistern lassen.

Auf der gegenüberliegenden Rheinseite liegt nördlich vom Neckar der Odenwald. pmv hält für Familien das passende Buch bereit: *Odenwald mit Kindern* ist in jeder Buchhandlung oder unter www.PeterMeyerVerlag.de erhältlich.

Für Worms und die Rheinschiene flussabwärts empfiehlt sich der pmv-Führer *Mainz Rheinhessen mit Kindern.*

Touristinformation Ludwigshafen: www.lukom.com

Touristinformation Speyer: www.speyer.de

Tourismus-, Kultur- und Besucherzentrum Weißenburger Tor: www.germersheim-erleben.eu.

Erlebnisbäder

Schwimmspaß im Ostparkbad Frankenthal

Am Kanal 2, 67227 Frankenthal. ✆ 06233/366144, www.ostparkbad.de. **Bahn/Bus:** VRN-Bus 84 bis Kalkofenweg, Bus 464 bis Pegulan (350 m Fußweg), Ruftaxi 4955 bis Hallenbad. **Zeiten:** Mo 10 – 20, Di, Do 6.30 – 19, Mi, Fr, Sa 8 – 23, So, Fei 8 – 21 Uhr, während der Sommerpause ↗ Strandbad. **Preise:** 5 €, 6er Karte 28 €; Kinder 6 – 17 Jahre 3,50 €, 6er Karte 17 €.

▶ Das Ostparkbad – Frankenthals traditionsreiches Hallenbad – bietet für jeden was: für die ganz Kleinen ein tolles Planscherlebnis und die Eltern können sich zwischen Fitness und Wellness entscheiden. Für die erfahrenen Wasserratten und die angehenden Schwimmfreunde sind das Sportbecken bzw. das Lehrschwimmbecken da. Die ganz Kleinen haben ihren ganz eigenen Sektor mit Planschbecken und Ruhezone.

Das Ostparkpark bietet Kindern eine Reihe von **Kursen** an, das reicht vom Babyschwimmen 2. – 6. Lebensmonat über die Wassergewöhnung für Kinder 3 – 5 Jahre bis zu Schwimmkursen für Kinder ab 5 Jahre.

Besonders toll sind die **Spieltage** für Kinder. Diese sind jeden Sonntag von 11 – 15 Uhr. In diesen Stunden darf geplanscht, gespielt und getobt werden, was das Zeug hält. Riesengummireifen, kleine und große Schwimminseln, das Wasserlaufrad oder auch die Riesen-Wasserlaufbahn bringen Abwechslung ins Becken.

Bademaxx : Vielseitige Badelandschaft

Hallen- und Freibad, Geibstraße, 67346 Speyer. ✆ 06232/625-1500, www.bademaxx.de. **Lage:** Am Rhein neben der Jugendherberge. **Bahn/Bus:** Von Hbf Speyer City-Shuttle-Bus 565 bis Stadtbad/JH. **Auto:** In Speyer am Technik-Museum rechts Richtung Freibad.

IM & AM WASSER MIT SAM

♫ Feiert hier euren Kindergeburtstag. Es gibt eine große Auswahl an Wasserspielgeräten, ein Kids-Menü für 5,50 € pro Kind. Das Geburtstagskind erhält freien Eintritt, Kids Menü und ein kleines Geschenk für das Geburtstagskind. Ab 5 Kinder bitte mindestens eine Woche vorher anmelden.

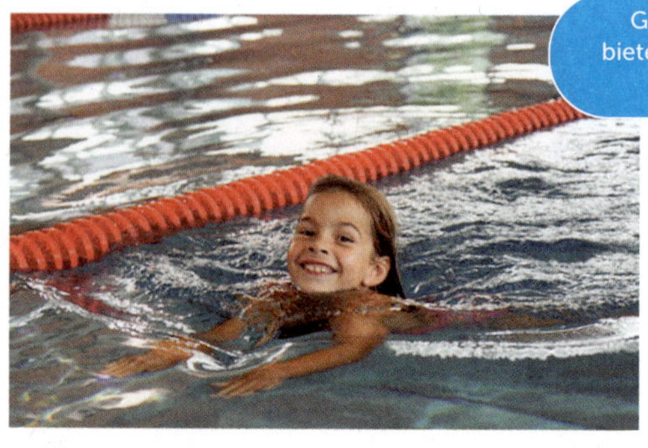

Gekonnt: Das Bademaxx bietet tolle Schwimmkurse an

© Bademaxx

Zeiten: Hallenbad und Sauna ganzjährig Mo – Sa 10 – 22, So, Fei 10 – 20, Di, Do Frühschwimmen 6.30 – 8 Uhr, Freibad Mai – Sep 10 – 19, Juli, Aug 8 – 20 Uhr. **Preise:** Halle im Sommer inklusive Freibad 2 Std 4,20 €, jede weitere halbe Std 0,80 €, Tageskarte 8 €, 1 1/2 Std Frühschwimmen 3,20 €, Wertkarten (wird bei jedem Besuch um den Eintritt reduziert) Fun 100 €, Classic 200 €, Premium 300 €, Freibad 6 €; Kinder 6 – 16 Jahre 2 Std 3,30 €, jede weitere halbe Std 0,60 €, Tageskarte 6 €, Frühschwimmen 2,60 €, Freibad 4 €; Studenten, Schwerbehinderte zahlen das gleiche wie Kinder, Familientageskarte 2 Erw mit Kindern 20 €, mit Freibad Familientageskarte 16 €.

Kindergeburtstag, Mo – Sa, min 5 Kinder 6 – 16 Jahre, ermäßigter Eintritt 3 €, max. 2 Erw zu 5 €, Menü 6,90 –7,70 €, Reservierung spätestens 1 Woche im Voraus.

Schwimmkurse für Kinder ab 6 Jahre, 10 x 45 Min 90 €, Wassergewöhnung für Babys und Kleinkinder bis 36 Monate sowie für Kinder 3 – 6 Jahre.

▶ Das ausgedehnte Frei- und Hallenbad mit einem tollen Wellness- und Saunabereich ist die große Attraktion für alle Wasserratten von Ludwigshafen bis Germersheim.

Im Innen- wie im Außenbereich laden Sportbecken mit 25-m-Bahnen und große Freizeitbecken zum Schwimmen und Toben ein. In der Halle haben die Sprungflöhe ihren Spaß im Sprung- (1- und 3-m-Brett, Becken 4 m tief) und Tauchbecken und im Wellenbad, die Kleinsten lieben das Planschbecken mit Rutsche. Das Planschbecken im Außenbereich bietet mit dem Wasserspielplatz besonders großen Spaß. Viele Eltern genießen die Saunen, die es ebenfalls in der Halle, aber auch im Freien gibt.

Die Liegewiese des Freibades ist groß, dank der Altbaumbestände gibt es hier auch eine Menge schattiger Plätzchen. Ihr könnt Beachvolleyball, Fußball,

Tennis oder ganz einfach im Sandkasten spielen. Hunger und Durst lassen sich leicht beheben, Gastronomie existiert sowohl in der Halle als auch im Freibad.

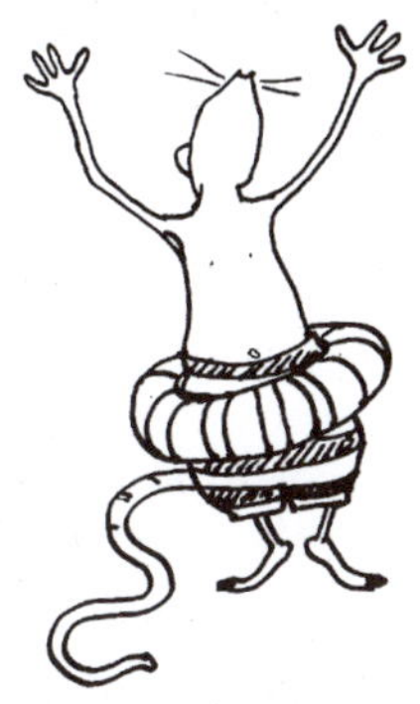

Frei- und Naturbäder

Freibad und Baggersee, eine tolle Kombination

Freibad am Willersinnweiher Friesenheim, Strandweg 23a, 67063 Ludwigshafen-Friesenheim. ✆ 0621/504-2902, www.ludwigshafen.de. **Bahn/Bus:** VBL-Bus 70 bis Riedsaumpark, Linie E Mitte Juni bis Anfang Sep Sa, So, Fei ab Berliner Platz bis Oppau und Hans-Warsch-Platz 10 – 19 Uhr, während Sommerferien RLP auch Mo – Fr 13 – 19 Uhr. **Auto:** In Oggersheim über die Gleise und links Bastenhorstweg bzw. Richtung Friesenheim. **Zeiten:** Mai – Sep Mo – Fr 9 – 20, Sa, So, Fei 8 – 20 Uhr, ab 1. Sep nur bis 19 Uhr. **Preise:** 4 €, 10er Karte 36 €, Abendkarte ab 17.30 Uhr 2,50 €, Saisonkarte76 €; Kinder 6 – 18 Jahre 2,50 €, 10er Karte 22 €, Saisonkarte Kinder in Verbindung mit Saisonkarte eines Elternteils 20 €; Schüler, Studenten, Azubis, Zivis, Schwerbehinderte 2,50 €.

▶ Das wunderbare beheizte Freibad liegt ein Stückchen abgesetzt vom großen **Willersinnweiher**, in dem ihr ebenfalls baden könnt. In der nahen Baggergrube **Begütenweiher** dürft ihr auch baden, im Großparthweiher darf nicht mehr gebadet werden. Das Ganze bildet eine herrliche Badelandschaft, die in der Region konkurrenzlos ist.

Das moderne Freibad verfügt über ein Schwimmerbecken, ein mit einem Lehrschwimmbecken kombiniertes Nichtschwimmerbecken, einen Planschbereich mit Sand- und Matschspielplatz, eine 90 m lange Riesenrutsche und eine Elefantenrutsche. Liegefläche und Spielwiese sind sehr groß. Ihr könnt Beachvolleyball und Tischtennis spielen. Es gibt

Weitere tolle Freibäder und Badeseen gibt es in Eich, die ihr im pmv-Reiseführer *Mainz Rheinhessen mit Kindern* findet, 978-3-89859-441-7.

auch ein Kiosk, am gegenüberliegenden Seeufer gibt es ein Lokal für den größeren Hunger.

Außerhalb der Saison könnt ihr von 8 Uhr (Sa, So, Fei 10 Uhr) bis Einbruch der Dunkelheit, spätestens jedoch 17 Uhr auf einem 1,3 km langen **Rundweg** um den See spazieren gehen.

Minigolf am Strandbad, Meergartenweg, Mo – Fr 14 – 19 Uhr, Sa – So 11 – 19 Uhr.

Parkour im Strandbad Frankenthal

Meergartenweg, 67227 Frankenthal. ✆ 06233/64026, www.ostparkbad.de. **Lage:** im Südosten der Stadt. **Bahn/Bus:** VRN-Bus 84 bis Kalkofenweg, Bus 464 bis Pegulan (350 m Fußweg), Ruftaxi 4955 bis Hallenbad. **Zeiten:** Mai – Sep täglich 7 – 20 Uhr, Juli – Mitte Aug Fr und Sa bis 22 Uhr. **Preise:** 5 €, 6er Karte 28 €, Saisonkarte 72 €, Abendkarte ab 17.30 Uhr 3,50 €; Kinder 6 – 17 Jahre 3,50 €, 6er Karte 17 €, Saison 40 €; Familienkarte 15 €.

▶ Das Strandbad – eines der schönsten Freibäder der Region – beeindruckt durch die gelungene Mischung von natürlichen (Badesee) und künstlichen (Pools) Bademöglichkeiten. Es gibt ein Sportbecken mit acht 50-m-Bahnen, ein Becken in Form eines Sterns, ein Lehrschwimmbecken und für die Kleinen ein eigenes Planschbecken und Spielplätze. Entspannen könnt ihr auf ausgedehnten Liegewiesen. Ein Höhepunkt für Kinder ab 10 Jahre ist die **Parkour-Anlage.** Die Geräte laden zu Sprüngen, Tricks und Balanceakten ein. An sonnigen Sommertagen herrscht ein Riesenandrang. Im Bistro gibt es eine große Auswahl.

Doppelrutsche, schäumende Wellen

Badepark Wörth, Badallee, 76744 Wörth (Pfalz). ✆ 07271/131480, www.baeder-woerth.de. **Lage:** Am Westrand von Wörth. **Bahn/Bus:** S5 bis Badepark. **Auto:** A65 Ausfahrt Wörth-Dorschberg, am Kreisverkehr über Mozartstraße zu den Parkplätzen in der Badallee. **Zeiten:** Mai – Mitte Sep, Vorsaison bis Mitte Juni, Nachsaison ab 1. Sep Mo – Do 10 – 19, Fr 7 – 19, Sa, So, Fei 10 – 19 Uhr, Hauptsaison 16. Juni – 31. Aug Mo – Do 9 – 20, Fr 7 – 20, Sa, So, Fei 9 – 19 Uhr, Ende der Badezeit 20 Min vor Schließung. **Preise:** nur online 5 € (So 6 €), ab 17 Uhr 3 €, Saisonkarte 64 €; Kinder 6 – 17 Jahre

3 €, ab 17 Uhr 2 €, Saisonkarte 31 €; Familiensaisonkarte mit Kindern unter 6 Jahre 95 €, plus 1 Kind 6 – 17 Jahre 110 €, plus 2 Kinder 118 €. **Infos:** Die Saisonkarte für den Badepark gilt Mai – Ende Dez, sie kann auch für das Hallenbad genutzt werden. Vor dem 1. Mai ist sie deutlich billiger.

▶ Das Freibad mitten im Wald verdient den Namen Badepark wirklich, denn über ein halbes Dutzend Becken mit vielfältigen Funktionen erwarten euch! Die aktiven Schwimmer haben ihr 50-m-Sportbecken, wo sie ihre Bahnen ziehen können. Für die, die die schnelle Abfahrt durch Wasserrutschen oder den Sprung in die Wassertiefe lieben, gibt es zwei Großrutschen bzw. eine Sprunganlage mit eigenen Becken. Eine schöne Sache ist es auch, am Strand des Wellenbeckens zu liegen und in die anrollenden Wellen zu schauen. Ihr könnt euch natürlich auch hineinstürzen. Viel los ist ebenfalls im beliebten Kinderspielbereich mit 2 Planschbecken, Wasserburg, Wasserfahrrädern und anderen Spaßelementen. Weitere Becken sind das Massage- und das Nichtschwimmerbecken. Die Liege- und Spielwiese ist groß und schattig. Ihr könnt hier Tischtennis und Beachvolleyball spielen. Auch verhungern wird niemand, denn es gibt ein Restaurant mit Terrasse.

Schwimmpark Bellheim

Zeiskamer Straße, 76756 Bellheim. ✆ 07272/775507, www.bellheim.de. **Lage:** Am Westrand des Ortes, neben Fußballstadion. **Barrierefrei:** ja. **Bahn/Bus:** Bus 596 bis Schwimmpark Bellheim, Bus 550, 552 bis Spiegelbachpark, dann 15 Min zu Fuß, Stadtbahn S51 und S52 bis Mühlbuckel, über Postgrabenstraße 10 Min zu Fuß. **Rad:** 500 m südlich vom Queichtal-Radweg. **Zeiten:** Mai – Sep 9 – 13 und 14 – 19 Uhr. **Preise:** 3 €, 12er Karte 30 €, Saisonkarte 44 €; Kinder 6 – 16 Jahre 1,80 €, 12er Karte 17 €, Saisonkarte 28 €; Familientageskarte 6,50 €, bei 2 und mehr Kindern 7,50 €, Familiensaisonkarte 70 €, Alleinerziehende 55 €.

Achtung! Aufgrund der Sanierung der Filteranlage öffnet das Bad voraussichtlich erst 2023 wieder.

Beliebter Platz in Bellheim: Unterm Fliegenpilz seid ihr wie hinter einem Wasservorhang

▶ Das Freibad hat einiges zu bieten: Im 50-m-Becken haben Schwimmfreudige ganz viel Platz zum Austoben oder Trainieren. Nicht weit davon entfernt könnt ihr von zwei Sprungtürmen aus luftiger Höhe in ein tiefes Tauchbecken hinunterhopsen. Das große Nichtschwimmerbecken ist mit allerlei Spaßelementen versehen, den absoluten Kick bietet die 69 m lange Riesenrutsche bei der sogar eure Zeit gemessen wird. Der Spielplatz mit einem hohen Kletterturm und allerlei Geräten wird kinderfreundlich durch ein großes Sonnensegel geschützt. Die Liegewiese ist geräumig, es gibt Schatten spendende Bäume und es können Beachvolleyball und Tischtennis gespielt werden. In einer Cafeteria bekommt ihr Getränke und Snacks.

Waldschwimmbad Kandel

Badallee, 76870 Kandel. ✆ 07275/618691, www.vg-kandel.de. **Lage:** Am Nordrand des Bienwaldes südlich von Kandel am Otterbach. **Auto:** 230 Parkplätze. **Zeiten:** Mitte Mai – Mitte Sep 9 – 20 Uhr, Mi Frühbadetag ab 7 Uhr, Kassenschluss 19 Uhr. **Preise:** 3 €, 10er Karte 24 €, Saisonkarte 52 €, Ehepaare 75 €; Kinder 6 – 18 Jahre 2 €, 10er Karte 16 €, Saisonkarte 27 €, Familiensaisonkarte 85 € (Kinder 6 – 18 Jahre), Alleinerziehende (Kinder 6 – 18 Jahre inklusive) 60 €.

▶ Das Waldschwimmbad im Landschaftsschutzgebiet Bienwald umfasst Multifunktionsbecken mit Springerbucht plus Sprungbretter in 1, 3 und 5 m Höhe, 40-m-Rutsche, Strömungskanal mit Brodelbucht, Wasserpilz und Massageduschen. Zum Planschbecken mit Rutsche führen zwei Bachläufe.

Überdachte Grillstelle, Badallee, Kandel. ✆ 07275/960128. www.vg-kandel.de. Nahe Waldschwimmbad, für 120 – 130 Pers, WC, Nutzungspauschale 150 €, 50 € Kaution.

Es ist wie der Spielplatz mit Kletterpyramide und Sandkasten kinderfreundlich durch ein Sonnensegel geschützt. Auf der großen Liege- und Spielwiese mit ihren vielen Bäumen könnt ihr Tischtennis, Fußball, Beachvolleyball und Freiluftschach spielen. Ein Kiosk mit Cafeteria sorgt für Eis, Getränke und Snacks. Ihr seht, es gibt genug für einen erlebnisreichen Tag im Kandeler Freibad.

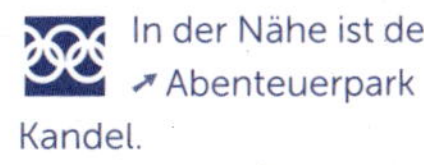

In der Nähe ist der ↗ Abenteuerpark Kandel.

Baden & Wassersport auf Baggerseen

Die Blaue Adria bei Altrip

Erholungsgebiet in den Rheinauen e.V., 67122 Altrip. ✆ 06236/3831, www.rhein-pfalz-kreis.de. **Lage:** 2,5 km westlich von Altrip. **Bahn/Bus:** Mo – Sa Rhein-Neckar-Bus 570 von Rheingönheim bis Weißes Häus'l, dann 2 km zu Fuß. **Auto:** Von LU-Rheingönheim Richtung Altrip am Kief'scherweiher rechts ab. **Rad:** Rheinradweg von LU über Parkinsel; Radweg von Rheingönheim oder Altrip. **Zeiten:** ganzjährig zugänglich. **Preise:** Eintritt frei. **Infos:** Auf der Internetseite der Kreisverwaltung findet ihr Informationen über die aktuelle Wasserqualität.

▶ Die Blaue Adria ist ein im Ludwigshafener Raum äußerst beliebter Freizeitsee. Zusammen mit dem Neuhofener Altrhein, dem Schwanenweiher, dem Karpfenweiher und dem Jägerweiher bildet er ein faszinierendes kleines Naturparadies, das großenteils unter Naturschutz steht (NSG). Schön anzusehen sind die winzige Insel im breiten See und die beiden schmalen, weit hineinreichenden Halbinseln. Am Ostufer herrscht an Sommerwochenenden reichlich Betrieb am feinen Sandstrand. Hier befinden sich ein Spielplatz, ein ausgedehnter **Campingplatz** sowie das gepflegte **Seehotel Darstein** mit Restaurant (Nordosten). Um die Blaue Adria führt ein teilweise geteerter Rundweg, der sich gleichermaßen zum Wandern wie auch Radeln eignet.

Restaurant und Hotel Darstein, Zum Strandhotel 10, Altrip. ✆ 06236/444-0. www.hotel-darstein.de. Mo, Di ab 18 Uhr, à la carte 18 – 21.30, Mi – So ab 12 Uhr, à la carte 12 – 14, 18 – 21.30, Okt – März Restaurant ab 18 Uhr geschlossen. Pfälzer Klassiker.

pmv Öko-Tipp!

Der Silbersee bei Roxheim

Kalmitstraße 11, 67240 Bobenheim-Roxheim. www.bobenheim-roxheim.de. **Lage:** Östlich von Roxheim. Anlegestelle Windsurfschule am Westufer, Strandbad am Südufer. **Bahn/Bus:** Bobenheim-Roxheim ist Bahnstation an der RB-Linie Mainz – Worms – Frankenthal – Ludwigshafen. **Auto:** 700 Parkplätze, gebührenpflichtig. **Rad:** Vom Rheinradweg südlich von Petersau 3 km über die K1. **Zeiten:** ganzjährig zugänglich. **Preise:** Eintritt frei.

▶ Der 112 ha große Baggersee (max. Tiefe 13 m), Teil des wunderschönen Roxheimer Altrhein-Biotops, ist sehr beliebt unter Surfern, Seglern und Stand-up-Paddlern des Rhein-Neckar-Raums. Entsprechend groß ist der Andrang an schönen Tagen. Am Südrand existiert ein Badebereich mit flachem Strand. Auch Kiosk mit Bänken und Tischen, Umkleiden, WC und Parkplatz sind dort vorhanden. Das Nordwest- und das Südostufer stehen unter Naturschutz. In einem Teil des Sees wird noch gebaggert. Unschön sind Hundekot und Müll am Strand.

?! *Der Silbersee dient vielen Vogelarten als Rast- oder Winterquartier: Schnatter-, Krick- und Knäkente, Zwergtaucher, Schwarzhalstaucher, Zwergsäger. Auch Biber und Sumpfschildkröte haben ein Plätzchen gefunden.*

Marx'scher Weiher und Otterstädter Altrhein

67122 Altrip. www.rhein-pfalz-kreis.de. **Lage:** 3 km südlich von Altrip, nahe am Otterstädter Altrhein. **Auto:** K13 Altrip – Waldsee führt am Westufer des Sees entlang, 3 km bis Altrip, 4 km bis Waldsee. **Rad:** Ostufer des Marxschen Sees und Altrhein am Rheinradweg.

▶ Schöne Flecken zum Baden und Picknicken oder Einkehren bieten sich am Ostufer des 15 ha großen Marx'scher Weiher und am 2,6 qkm großen Otterstädter Altrhein, beide etwa 21 m tief.

Am **Marx'schen Weiher** könnt ihr am Nordostufer mit großer Liegewiese und Restaurant Rheinblick sowie am Südwestufer mit langem Sandstrand baden und relaxen. Am Nordostufer haben auch die Taucher einen Einstieg. Sie schwärmen vom Fisch-

Altrheinklause, Altrheinstraße 1, Waldsee. ✆ 06236/52636. www.altrheinklause.de. Di – So ab 11 Uhr. Viel Fisch wie Forelle und Zander, Eiskarte, von der Terrasse Blick auf den Altrheinstrand.

reichtum des Gewässers, in dem Hecht, Barsch, Rotauge, Rotfeder, Blei, Bitterling und Krebs leben.

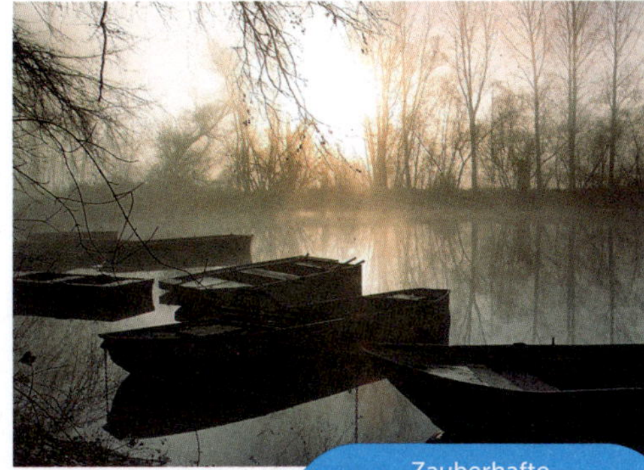

Zauberhafte Stimmung: Morgennebel überm Altrheinarm

Auch am benachbarten fast 7 km langen **Otterstädter Altrheinarm** gibt es ein schönes Fleckchen zum Baden, Naturgenuss und Einkehren. Das ist etwa 1 km südlich vom Restaurant Rheinblick an der **Altrheinklause,** wo vor dem kleinen Strand ein dschungelartiges Inselchen liegt. Das Altrheingebiet ist jedoch primär ein Paradies der Segler, Paddler und Camper.

Baggerseen Binsfeld

67346 Speyer. www.speyer.de. **Lage:** 1 km südöstlich von Otterstadt, 2 km nordöstlich von Speyer. **Auto:** Von Speyer auf der Waldseestraße/B9 Richtung Otterstadt, ab Ausfahrt Otterstadt knapp 3 km. **Zeiten:** Juni – Aug.

▶ Im Norden von Speyer erstreckt sich eine malerische Seenlandschaft mit acht Baggerseen mit insgesamt 100 ha Wasserfläche. Die einzelnen Seen haben unterschiedliche Funktionen, wie Baden, Surfen, Tauchen, Angeln. Mehrere sind von Wochenendhäusern umstellt, andere wirken sehr naturnah mit stark bewachsenem Ufer und reicher Vogelwelt im und am See.

Das Badeleben spielt sich am **Binsfeldsee** im Zentrum der Seenplatte ab, wo ihr auch mit dem Schlauchboot aktiv sein dürft. Der Sandstrand am Nordufer ist nach meinem Geschmack urwüchsiger als der am Westufer. Am Nordstrand gibt es einen Kiosk, sodass ihr an heißen Sommertagen auch schnell an ein kühles Getränk kommt. Aber auch am

Kiosk am Binsfeld, Speyer. Geöffnet während der Badesaison und nach Wetterlage. Snacks, kalte Getränke.

?! *Im Herbst und Frühjahr ist die Binsfelder Seenplatte ein Rastplatz für Zugvögel. In dieser Zeit hat in diesem Gebiet, das ja im Landschaftsschutzgebiet der Pfälzischen Rheinaue liegt, der Naturschutz absolute Priorität.*

Eine spannende Rundwanderung ist übrigens an dem See südöstlich vom Badesee möglich.

Lohnenswert: ein Abstecher zum **Ziegeleimuseum Sondernheim** in der Alten Ziegelei am Rhein/ Rheinradweg, mit Feldbahnanlage und naturkundlicher Ausstellung zur Tier- und Pflanzenwelt der Rheinaue, www.ziegelei-sondernheim.de.

Weststrand gibt es einfache Gastronomie. Beide Strände sind an schönen Tagen sehr voll. Die Zahl der legalen Parkplätze reicht dann bei weitem nicht aus.

Naherholungsgebiet Lingenfelder Altrheinlandschaft

Hauptstraße 60 (Verbandsgemeinde), 67360 Lingenfeld. ✆ 06344/509-0, www.vg-lingenfeld.de. **Lage:** 1 km südwestlich von Mechtersheim, 3,5 km nordöstlich von Lingenfeld, am Rheinradweg Germersheim – Speyer. **Rad:** Der Rheinradweg Ludwigshafen – Straßburg führt direkt am Badesee vorbei.

▶ Nordöstlich von Lingenfeld umrundet der Altrhein in einer großen Schleife einen ausgedehnten Auwald. Nordöstlich davon erstreckt sich eine schöne kleine Seenplatte. An einem See (**Lingenfelder Baggersee**, 18 ha, max. 9,5 m tief) befinden sich ein Campingplatz und ein kleiner Sandstrand mit Liegewiese, der sich auch gut für Kinder eignet. Ein spannendes Gelände für allerlei Spiele bietet ferner der kleine bewaldete Hügel.

Sondernheimer Seengebiet

Naherholungsgebiet Gimpelrhein, 76726 Germersheim-Sondernheim. ✆ 07274/53-300, www.suedpfalz-tourismus.de. **Lage:** 3 km südlich vom Germersheimer Stadtzentrum am Nordostrand von Sondernheim. **Auto:** Am Nordrand von Sondernheim über Konrad-Nolte-Straße zu den Seen. **Rad:** Ca. 1 km westlich vom Rheinradweg Germersheim – Leimersheim.

▶ In der Gruppe der drei **Gimpelrhein-Seen** ist der nördliche der Hauptbadesee, **Germersheimer See.** Hier gibt es große Spiel- und Liegewiesen und im Sommer hat das kleine Lokal Strandhaus mit Kiosk geöffnet. Zwar kann auch in dem südwestlichen See, dem **Sondernheimer See** gebadet werden, wegen der starken Entenpopulation ziehen aber manche Badefreunde den nördlichen See vor. Dennoch gibt es hier eine große Liegewiese. Und um die Gastronomie ist es am Südsee mit dem **Schützenhaus am See** und dem Kiosk sogar noch besser bestellt.

Schützenhaus am See, Am Schützenhaus im Naherholungsgebiet, Germersheim-Sondernheim. © 07274/9197744. www.schuetzenhaus-am-see.de. Mi – Fr 11.30 – 14 und 17 – 22, Sa ab 17, So ab 11.30 Uhr. Deutsche Hausmannskost am Badesee mit großem Biergarten.

Badesee Johanneswiese

76751 Jockgrim. © 07271/599-180, www.tourismus-vg-jockgrim.de. **Lage:** Am Südostrand von Jockgrim. **Bahn/Bus:** Bahnstation an der Strecke Germersheim – Wörth. **Zeiten:** Mai – Sep 9 – 21 Uhr. **Preise:** 2,50 €, Saison 17 €; Kinder unter 14 Jahre sowie alle, die im laufenden Jahr 14 Jahre werden, frei.

▶ Der Baggersee am Nordostrand von Jockgrim sieht malerisch aus (28 ha Fläche, max. 20 m tief). An der Südseite befindet sich ein langer, flacher Strand, der abgegrenzt ist und wo es sich gut baden und spielen lässt. Für den restlichen großen See ist Baden verboten (steile Ufer!). Es gibt einen Kiosk, wo ihr Snacks und Getränke bekommt.

Neuburger Strandbad

Baggersee Epple bei Neuburg, Im Derrück, 76776 Neuburg am Rhein. © 07273 /1226, https://neuburg-am-rhein.de. **Lage:** Am Westrand von Neuburg neben dem Sportgelände. **Bahn/Bus:** RB Wörth (Rhein) – Lauterbourg, vom Bhf 1 km nach Südwesten. **Zeiten:** jederzeit zugänglich. **Preise:** Eintritt frei.

▶ Der **Baggersee Epple** ist mit einer Fläche von 12 ha recht groß – etwa so groß wie 14 Fußballfelder zusammen. Am Nordostufer gibt es einen richtig langen Strand. Daran schließt sich eine ausgedehnte Liegewiese an. Es gibt ein Beachvolleyballfeld, eine Grillecke und einen Kiosk, der Snacks und Getränke anbietet. Ihr dürft sogar mit dem Schlauchboot in See stechen. Um surfen zu können, braucht ihr jedoch die Zustimmung des Surf-Clubs, normalerweise ist das nämlich dessen Mitgliedern vorbehalten. Das alles reicht für einen schönen Sommertag mit Wasserspaß. Besonders viel los ist beim 2-tägigen **Epple Seefest** Ende Juli oder Anfang August.

?! *In der Badesaison wird an den Pfälzer Baggerseen reichlich Müll achtlos auf die Strände und ins Wasser geworfen. Das führt zur Verschlechterung der Wasserqualität, schädigt Pflanzen und Tiere und gefährdet die Gesundheit der Badegäste (z.B. Glasscherben). Mit etwas gutem Willen lässt sich das vermeiden.*

Nachenfahrten & Schiffstouren

pmv Öko-Tipp!

Nachenfahrten auf dem Altrhein

Tourismus-, Kultur- und Besucherzentrum Weißenburger Tor, Paradeplatz 10, 76726 Germersheim. ✆ 07274/960-302 (Stefanie Höfer), 960-301. www.germersheim.eu. **Lage:** Start am Nordrand der Insel Grün. **Bahn/Bus:** S3, S4 aus Ludwigshafen, RE4 Mainz – Karlsruhe; R56 (RE, RB, S3, S4) aus Mannheim – Ludwigshafen; R59 (RB, RE) Bruchsal bis Germersheim. **Auto:** Von Germersheim Nord via Hafen- und Mercedes-Benz-Straße 3,7 km. **Rad:** Über Rheinradweg ca. 6 km. **Zeiten:** Mitte März – Mitte Okt nach Vereinbarung, Fahrdauer 2 Std. **Preise:** 10 €, Boote max. für 12 Pers, komplettes Boot 110 €; Kinder ab 6 Jahre 6 €. **Infos:** Nachenfahrten für Schulklassen und Kindergärten.

?! *Ein **Nachen** ist ein kompaktes, flaches Boot.*

Gut, wenn ihr ein Fernglas dabei habt.

▶ So eine Fahrt mit dem **Nachen** auf dem naturgeschützten Altrhein nördlich von Germersheim kann ein spannendes Erlebnis werden. Das Ufer sieht aus wie ein Dschungel – einfach fantastisch! Erfahrene Bootsführer informieren euch über die Laichplätze der Fische und die Brutplätze der Vögel. Tauchenten, Schellenten und Haubentaucher werdet ihr ganz bestimmt sehen. Mit etwas Glück können es sogar Eisvögel, Graureiher, Grauspechte oder Schwarzmilane sein. Ihr Kinder dürft sogar Kapitän spielen und den Nachen steuern und Wassertiefe und Wassertemperatur messen.

Auf dem Rhein und durch paradiesische Altrheinlandschaften schippern

Fahrgastschiff Pfälzerland, Werner Streib, Martinskirchweg 2, 67346 Speyer. ✆ 06232/71366, Handy 0171/1234889. www.personenschifffahrt-streib.de. **Lage:** Anlegestelle am Speyer Landpfad (Rheinuferpromenade). **Kinderwagen geeignet:** ja. **Bahn/Bus:** Vom Hbf City-Shuttle-Bus 565 bis Domplatz, dann 10 Min zu Fuß

Fernglas und Fotoapparat dürfen nicht fehlen: Nachenfahrt im Altrhein

© Carsten Cambensi

zum alten Rheinhafen. **Auto:** Parkplätze Festplatz. **Zeiten:** April bis Nov Abfahrtszeiten Di – Fr 13, 15, Sa und So 13, 15, 17 Uhr, Fahrziele im Internet. **Preise:** Reffenthaler Altrhein 14 €, Hafen- und Rheinfahrt 11 €; Kinder 4 – 14 Jahre 8 €; Familienkarte Reffenthaler 2 Erw und bis 3 Kinder bis 14 Jahre 28 €, Hafen- und Rheinfahrt 24 €, Gruppe ab 12 Pers 0,50 €, ab 40 Pers 1 € Rabatt. **Infos:** Hund 5 €, Tickets nur an Bord erhältlich.

▶ Ihr könnt mit dem Ausflugsschiff Pfälzerland von Speyer erlebnisreiche Fahrten in das paradiesischen Gebiet des Reffenthaler (1,5 Std) oder eine Hafen- und Rheinfahrt (1,5 Std) eine unternehmen. Das Ausflugsschiff bietet bis zu 250 Personen Platz, davon 170 Plätze unter Dach und 80 auf dem Außendeck. Für euch Kinder sind die Fahrten besonders spannend, denn ihr dürft dem Kapitän auch mal über die Schulter blicken. Und für die ganz Kleinen existiert sogar Spielzeug auf dem Schiff. An Bord gibt es Kaffee, Kuchen, kalte Getränke und diverse Snacks.

Bei beiden Trips seit ihr erst mal ein längeres Stück auf dem begradigten „Neurhein“ unterwegs. Das ist am Oberrhein zwar nicht so spektakulär wie in den Gebirgspassagen des Mittelrheins zwischen Bingen und Boppard, aber durchaus interessant. Da auf dem

Es gibt auch regelmäßig die kurze Hafen- und Rheinrundfahrt (1 Std), dagegen findet die lange Tour nach Ladenburg (10,5 Std, inkl. 3 Std Aufenthalt in Ladenburg) nur an wenigen Terminen statt.

Eingebürgert: Kanadagans
© Unplash

verkehrsreichen Fluss zahlreiche Schleppkähne, Ausflugsschiffe und Motorboote unterwegs sind, habt ihr immer etwas zu gucken. Richtig spannend wird es dann auf jeden Fall, wenn das Ausflugsschiff bei der Einfahrt in die Altrheingebiete dicht an die Auwaldwildnis herankommt. Dort seht ihr Weiden, deren Äste tief herunterhängen sowie verschlammte Böden, auf denen reichlich Totholz herumliegt. Der Altrhein kann aus breiten Flussarmen (Berghäuser und Oderstädter Altrhein) oder kleinen und großen Seen (Reffenthaler Altrhein) bestehen. Überall auf und am Altrhein gibt es in Scharen Wasservögel wie Schwäne, Wildenten, Graureiher, Haubentaucher, Kormorane und Kanadagraugänse zu beobachten. Toll, wenn ihr Ferngläser dabeihabt. Nach der erlebnisreichen Tour auf dem Altrhein geht es am Schluss wieder nach Speyer zurück.

Ahoi! Hafenbesichtigung per Schiff

Kurpfalz Personenschifffahrt, Friedrichsring 48, 68161 Mannheim. ✆ 0621/17895282, www.kurpfalz-schifffahrt.de. **Lage:** Mannheim-Kurpfalzbrücke, auch Start der Hafenrundfahrt. **Zeiten:** Fahrplan im Internet. **Preise:** Kleine Hafenrundfahrt 16 €, Industriehafentour 20 €, Rheinrundfahrt 16 €; Kinder 4 – 14 Jahre Kleine Hafenrundfahrt 9 €, Industriehafentour 12,50 €, Rheinrundfahrt 9 €.

▶ Nicht nur Kinder verfolgen mit viel Spaß und neugierigen Fragen die Tour auf Rhein und Neckar durch den riesigen **Mannheim-Ludwigshafener Hafen** mit seinen langen Kais, den riesigen Containerbergen und hohen Kränen. Auf den 1 1/2- bzw. 2 1/4-stündigen Rundfahrten gibt es keine Minute Langeweile! Die Kurpfalz Personenschifffahrt hat noch andere spannende Touren im Angebot, so zum **Lampertheimer Altrhein**, zur Schleuse von **Mannheim-Feudenheim**, auf eine Mondscheinfahrt und nach **Ladenburg** mit seiner mittelalterlichen Altstadt.

?! *Mit über 70 km Hafenufer und 16 Mio Tonnen Güterumschlag ist der Mannheim-Ludwigshafener Hafenkomplex der zweitgrößte Binnenhafen Europas!*

Wandern & Spazieren

pmv Öko-Tipp!

Ein Bach für junge Naturforscher

67360 Lingenfeld. **Länge:** 7,4 km, nicht schwer, abwechslungsreich. **Strecke:** Bhf Lingenfeld – Druslach Bacherlebnisweg – Vogelhütte Lingenfeld – Lachenmühle (– Westheim). **Altersempfehlung:** ab 5 Jahre. **Bahn/Bus:** Bahnstation an der Strecke Speyer – Germersheim. **Rad:** Rheinradweg.

▶ Ihr folgt vom **Bhf Lingenfeld** der Bahntrasse Richtung Germersheim. Nach 1,9 km geradeaus erreicht ihr vor der Eisenbahnunterführung die **Druslach.** Die Bachwanderung kann beginnen. Rechts vom Bach taucht bald die Markierung des Bacherlebnisweges an einem Baumstamm auf. Auf den folgenden 600 m durchstreift ihr eine faszinierende Wildnis aus Bäumen, Sträuchern und reichlich Totholz in einer schmalen Schlucht durch hohe Pappeln. Hier könnt ihr euch als Abenteurer fühlen. Dann führt die Route unter einer Brücke hindurch und trifft direkt auf **Waschbänke** vom Anfang des 20. Jahrhunderts, hier haben die Lingenfelder Frauen ihre Wäsche gewaschen. Danach geht's vom Bach weg rechts auf einem betonierten Weg an Wiesen und alten Obstbäumen vorbei. Nach 400 m biegt ihr rechts auf einen markierten Pfad in den Wald ab und kehrt bald an die Druslach zurück. Eine Holzbrücke führt über den breiten Bach, der sich hier in mehrere Arme verzweigt, zwischen denen üppig bewachsene Schlamminselchen liegen – einfach wildromantisch. Auf der anderen Seite befindet sich das **Lokal** des *Vogel- und Naturschutzvereins Lingenfeld.*

Nun geht es auf schmalem Pfad bachaufwärts, die Druslach fließt unter euch durch eine tiefe Schlucht. Die Tour führt schließlich unter der B29 hindurch und auf gewundenem Pfad 500 m weit direkt auf der Uferböschung entlang. Schließlich kommt ihr an drei **Grenzsteinen** vorbei, mit diesen wurde früher

NATUR & UMWELT MIT KARLOTTA

Vogelhütte, Im Nonnenwald, Lingenfeld. ✆ 06344/5154. www.vogelhuette-lingenfeld.de. Di, Do, Fr 17 – 21.30, Mi 11.30 – 22 (Schnitzeltag), So, Fei 11.30 – 21.30 Uhr. Vereinslokal des Vogelschutzvereins Lingenfeld. Deutsche Küche, Schnitzel, Rumpsteak, Knödel etc. Neben der Hütte befindet sich ein kurzer Vogellehrpfad.

Ihr braucht unbedingt den Prospekt der VG Lingenfeld: *Druslach Bacherlebnisweg*. Schon allein wegen der guten Karte mit den Ortsplänen von Lingenfeld und Lustadt.

die Grenze der Gemarkung Lingenfeld markiert. Knapp 300 m danach stoßt ihr auf eine Kreuzung und geht links zur Kreisstraße 538. Auf dieser geht es kurz nach links und anschließend rechts ab und für 500 m geradeaus. An einer Wegkreuzung informiert eine Tafel des NABU Lingenfeld über die Naturschätze des *Bellheimer Waldes*. Ihr stoßt auf ein kleines **Wehr**, das den Bach für ein langes Stück staut. An diesem schönen Bachabschnitt entlang spaziert ihr nun zur 300 m entfernten **Schutzhütte** des Angelsportvereins Westheim. Dort wurde der Bach durch eine breite Schleife ergänzt, die malerisch einen kleinen Hügel umfließt. Weitere 80 m bachaufwärts wendet ihr euch an der Holzbrücke nach rechts. 30 m weiter folgt eine Wegbiegung, da verläuft die Druslachroute nach links. Bis zur **Lachenmühle**, dem Ende des Druslachbacherlebniswegs wandert ihr jetzt 1,3 km immer geradeaus. Die ehemalige Mühle ist ein beeindruckender großer Gebäudekomplex. Daneben befinden sich mehrere Fischteiche.

Ihr könnt euch nun entweder abholen lassen oder durch Ackerflur nach **Westheim**, 2,2 km (Busanschluss), hinüber laufen.

Fährtenleser aufgepasst: Welcher Vogel war das?

© NABU Rheinauen

pmv Öko-Tipp!

Amazonien am Rhein

76781 Hördt. **Länge:** 6 km, flach, teils asphaltiert, größtenteils ein wenig schottrig, teils auch reiner Erdweg. **Strecke:** Hördt – Hördter Rheinaue – Hördt. **Altersempfehlung:** ab 5 Jahre.

▶ Diese spannende Rundwanderung führt durch den **Hördter Auwald**, allerdings nur durch jenen Teil, der durch die Barriere Hauptdamm vor Hochwasser des Rheins geschützt ist (Altauwald). Ihr kommt zu urwaldähnlichen Biotopen, wo zu bestimmten Jahreszeiten Frösche für geräuschvolle Quak-Konzerte sorgen. Spechte klopfen den Rhythmus dazu.

Ihr startet die Rundwanderung am Rathaus in **Hördt,** 2 km östlich von Rülzheim. Es geht in nördlicher Richtung nach 150 m rechts in die Klosterstraße. Immer geradeaus taucht 600 m weiter ein kleine Brücke auf. Hier steht eine Infotafel, auf der ihr ganz viel über den **Hördter Auwald** und seine Pflanzen und Tiere erfahren könnt. Direkt dahinter geht ihr rechts und lange auf dem breiten Waldweg am Altrheinarm Michelsbach entlang, der wie ein Kanal aussieht und in eine urig-üppige Pflanzenwelt eingebettet ist. Dann verläuft die Route an einem lang gestreckten Auwaldteich. Nach knapp 300 m folgt ihr schließlich der gelben Raute nach links. Es geht nun tiefer in den Wald hinein bis ihr auf eine Schutzhütte stoßt und dort rasten könnt. Hier biegt ihr nach rechts ab und geht zum nahen Hochdamm hinüber. Dort wendet sich die Route nach links. Ihr folgt dem asphaltierten **Rheinradweg** 600 m flussabwärts. Vom breiten Strom ist allerdings nichts zu sehen, der Damm und der Auwald liegen dazwischen. Anschließend geht's kurz vor einer Brücke links wieder in das Waldgebiet (Weißer Balken). Jetzt kommt der spannendste Teil der Wanderung. Die Route verläuft an einem langen, breiten Rhein-Altarm entlang, einer Wildnis aus Wasser, Schlamm, Unterholz, umgestürzten Bäumen und viel Totholz. Ihr seid in Amazonien angekommen. Nach dieser wunderbaren Passage verläuft die Tour schließlich durch Wald (weiterhin Markierung Weißer Balken). Es folgt noch ein Abschnitt durch Felder und an einem Parkplatz vorbei bevor ihr wieder an der Brücke

Still wie ein See: Der Altrheinarm wirkt gar nicht wie ein Fluss
© Annette Sievers

?! *Das NSG Hördter Rheinaue hat große Bedeutung als Reservoir bestandsbedrohter Pflanzen- und Tierarten. In tieferen, flussnahen Gewässern laichen Hecht und Schleie, die stärker verlandeten Zonen sind ein Paradies für Springfrösche, an sonnigen Stellen tummeln sich auch Laubfrösche. In den Uferröhrrichten nisten so seltene Vögel wie der Purpurreiher, das Blaukehlchen und der Drosselsänger. Im Altauenwald sind in Baumhöhlen Spechte, Pirole und Beutelmeisen zu Hause. An den Rändern dieser Zone nisten Schwarzer und Roter Milan.*

vom Hinweg landet und auf bekannter Straße zum Startpunkt in **Hördt** zurückkehrt.

Karte *Südpfalz. Wandern und Radfahren zwischen Rhein & Reben,* 1:40.000, Pietruska Verlag, 6,90 €.

Storchenland an der Queich

76877 Offenbach (Queich). **Länge:** 10 km, flach, leicht, über weite Strecken mit dem Storchenweg 2 identisch. **Strecke:** Offenbach – Queichwiesen – Fuchsmühle – Hochstadt – Offenbach. **Altersempfehlung:** ab 6 Jahre, auch mit Rad möglich. **Kinderwagen geeignet:** ja.

▶ Diese Rundwanderung führt euch durch das weite Tal der Queich nordöstlich von **Offenbach.** Waldstreifen und ausgedehnte Wiesen bestimmen die Szene. Wenn ihr Glück habt, seht ihr Störche.

Ihr startet am Nordrand von Offenbach. Es geht zunächst auf einem Radweg im Wald an der L542 entlang Richtung Dreihof. Nach 1,5 km biegt die Route rechts ab. Hier informiert eine Tafel über die verschiedenen **Storchenwege** um Offenbach. Anschließend geht es geradeaus auf einem breiten Weg zwischen einem Golfplatz und dem Waldrand entlang. Ihr befindet euch gleichzeitig auf einem Vogellehrpfad. Nach 1,5 km mündet die Route in die Landstraße nach Hochstadt (Pfalz). Ihr wendet euch nach links. Aber schon vor dem nahen Draisinenbahnhof wird die kleine Straße wieder nach rechts verlassen. Dort gibt es übrigens auch ein **Lokal** mit Gelegenheit für ein Trinkpäuschen.

Landgasthof Zum Waldhaus, Bahnhof 2, Hochstadt. ✆ 06347/919300. www.zumwaldhaus-hochstadt.de. Di – So 11.30 – 22, So bis 21 Uhr. Deutsche und Griechische Küche, beim Draisinenbahnhof.

Anschließend geht es wieder tiefer in den Wald. Ihr spaziert bis zu einer knorrigen alten Eiche entlang der ehemaligen Bahnlinie Richtung Lingenfeld, wo ihr rechts abbiegt. Die Route verläuft sodann schnurstracks Richtung Süden. Nach 1,2 km seid ihr in den **Queichwiesen.** Nicht zu übersehen ist das Storchennest, zu dem eine hohe Leiter hinaufführt. Kurz vor der Queich geht's rechts über eine weite Auwiese zur **Fuchsmühle** hinüber (Mühlenladen Do ab 14 Uhr geöffnet). Dort zweigt die Wanderroute rechts ab und quert bald die Straße nach **Hochstadt.** Ihr seid nun wieder im Wald. Die Wanderung führt geradeaus/südwestlich zu einer Schutzhütte, die erstaunlich wohnlich aussieht. Hier an der Kreuzung geht ihr nach links. 400 m südlich kommt die Route schließlich wieder in Bachnähe. Das letzte Stück der Rundtour verläuft in Queichnähe nach Südwesten zur L542, die ihr ja noch vom Anfang kennt. **Offenbach** kommt links nach etwa 500 m.

Die Störche sind zurück: Storchennest auf einem Hausdach

Naturerlebnispfade

Walderlebnispfad Ottersheim

Naturschutzverband Südpfalz, Christiane Hilsendegen, Am Ende der Waldstraße, 76879 Ottersheim.. ✆ 06348/ 5362, www.nv-s.de. **Länge:** 1,7 km, Teil einer Wanderung von Ottersheim über die Knittelsheimer Mühle nach Knittelsheim, insgesamt circa 5 km. **Zeiten:** ganzjährig begehbar. **Infos:** Walderlebnisrucksäcke mit Arbeits- und Spielmaterialien per Mail hipamina@web.de oder ✆ 06348/5362 vorbestellen.

▶ Die 12 Erlebnis-Stationen sind ein Anziehungspunkt für Spaziergänge von Kindergruppen z.B. aus Kindergärten und Schulen und von Familien mit Kindern bis zu 11 Jahren.

Die Stationen können als Parcours durchlaufen oder einzeln ausprobiert werden. Hier darf gefühlt, gehört, beobachtet, geklettert, gezählt, gerechnet und erforscht und so der Natur auf spielerische Weise nahe gekommen werden. Kleine und große Spezialisten können ihr Wissen mit Hilfe der wenigen Info-Tafeln und den circa 36 Pflanzenschilder sowie dem dazugehörenden Baum- und Pflanzenführer vertie-

@ Plan und Beschreibung des Walderlebnispfades findet ihr unter Projekte auf www.naturschutzverband-suedpfalz.de

Wer nach dem Walderlebnispfad durstig oder hungrig wird, kann die *Privatbrauerei Bärenbräu*, Waldstraße 35a oder im Sommer die *Eis-Oase*, Lange Straße 62a, beide Ottersheim, besuchen.

fen, den es bei Frau Hilsendegen gibt. **Forscher-Rucksäcke** mit Arbeits- und Spielmaterialien können ebenfalls dort ausgeliehen werden. Sie enthalten Fernglas, Lupe, verschiedene Bestimmungsschlüssel für Kinder sowie den Baum- und Pflanzenführer.

Tiere erleben

Wo Auerochs und Bison zu Hause sind

Wildpark Rheingönheim, Yvonne Fetzer, Neuhöfer Straße 48, 67065 Ludwigshafen-Rheingönheim. ✆ 0621/ 504-3380, 504-3370 (Kasse). www.ludwigshafen.de. **Lage:** Am Nordrand von Neuhofen. **Bahn/Bus:** Von Hbf Bus 75 bis Endschleife Rheingönheim, von Speyer BRN-Bus 572, 581 bis Wildpark. **Zeiten:** Nov – Jan 9 – 17, Feb, März, Okt 9 – 18, April – Sep 9 – 19 Uhr. **Preise:** 4 €, Jahreskarte 22 €; Kinder 4 – 12 Jahre 1,50 €, Kinder 13 – 18 Jahre 3 €; Studenten, Behinderte, Rentner 2 €, Familienkarte 8 €, Jahr 55 €, Gruppe ab 20 Pers 3 € pro Person. **Infos:** Führungen, Veranstaltungen Eintritt zzgl. 2 €, Wildpark-Begleiter: 40-seitiges Heft mit Bildern und Infos zu den Tieren im Park und mit Rätseln 3 €.

Mit der Rheinlandpfalz-Card erhaltet ihr 10 % Rabatt auf Eintritt und Führung.

Wildparkstübchen, Neuhöfer Straße 46, neben dem Eingang zum Wildpark, Ludwigshafen. ✆ 0621/ 5294947. www.wildparkstuebchen-rheingoenheim.de. Di – Sa 11.30 – 22, So 11.30 – 20 Uhr. Terrassenlokal mit großen und kleinen Gerichte, direkt daneben schöner Spielplatz mit einem originellen Hügel, durch den eine Kriechtunnelröhre führt.

▶ In dem ausgedehnten Wildpark mit seinem abwechslungsreichen Gemisch aus Wald, Wiesen, Teichen und Gehegen gefällt es kleinen Kindern besonders im **Streichelzoo** am Eingang und am dicht bevölkerten **Ententeich** am Ende des Park. Am besten biegt ihr kurz hinter dem Eingang nach rechts ab und folgt dann dem **Naturlehrpfad**, entlang dem ihr die Bäume identifizieren und viel über die ökologischen Probleme des Waldes erfahren könnt. Besonders interessante Infotafeln befinden sich in der **Waldschule.** Vom Ententeich kehrt ihr durch den zentralen Bereich des Wildparks an Tarpan (eine Nachzüchtung des ausgestorbenen Waldpferdes), Bison, Wisent, Auerochs, Wildschwein, Luchs, Sika- und Damwild vorbei zum Eingang zurück. Dort

wartet die letzte Attraktion: Die Wildkatze. Vielleicht begegnet ihr bei eurer Erkundungstour noch einem schönen Pfau.
Viel Spaß macht die **Wildpark-Rallye**, den Fragebogen bekommt ihr an der Kasse.

Bei den Flamingos

Vogelpark Bobenheim-Roxheim, Verein für Vogelschutz, Kleiner Weg 1, 67240 Bobenheim-Roxheim. ✆ 06239/929739, www.vogelpark-bobenheim-roxheim.de. **Lage:** Am östlichen Ortsrand. **Bahn/Bus:** Bahnstation an der Strecke Mainz – Worms – Ludwigshafen. **Rad:** Radweg von Frankenthal und Worms. **Zeiten:** frei zugänglich. **Preise:** Eintritt frei, Spende erbeten. **Infos:** Führungen mit Ortwin Bernad vereinbaren unter ✆ 0151/28868287.

▶ Zur Vogelwelt des kleinen Parks zählen Sittich, Fasan, Ente, Kibitz, Adler, Storch, Kranich und viele andere. Schön anzusehen sind die beiden Teiche mit Enten beziehungsweise Flamingos. Der Schwerpunkt der Arbeit des Vogelschutzvereins ist die „Zucht und Erhaltung einheimischer Arten“. Es gibt Erfolge bei Nachtreiher, Säbelschnäbler, Baumfalke und Schwarzem Milan.

Zum Vogelpark, Kleiner Weg 1, Bobenheim-Roxheim. ✆ 06239/6859. www.vogelpark-bobenheim-roxheim.de. Di – Sa 12 – 22.30, So, Fei 11 – 22 Uhr. Deutsche, pfälzische und griechische Küche. Spielplatz in der Nähe.

Im Garten des Oktopus: Sea Life Speyer

Im Hafenbecken 5, 67346 Speyer. ✆ 01805/66690101, www.sealife.de **Barrierefrei:** ja. **Bahn/Bus:** Hbf Speyer City-Shuttle-Bus 565 bis Festplatz, dann zu Fuß durch den Domgarten. **Auto:** Parkplätze Festplatz, Naturfreundehaus oder Technik-Museum. **Zeiten:** Mo – Fr 10 – 17 Uhr, Sa, So 10 – 18 Uhr. **Preise:** online gekauft 17,50 € ab 15 Jahre; Kinder 3 – 14 Jahre 13,50 €; Ermäßigung für Schwerbehinderte.

▶ Im Sea Life Speyer gibt es sage und schreibe mehr als 40 Süß- und Salzwassertanks mit rund 3000 verschiedenen Lebewesen. Darin leben viele unterschiedliche Fischarten aber auch andere Tiere wie Seepferdchen, Rochen, Schnecken und Korallen. Be-

Fütterungen: Muränen: Mo, Fr 11 Uhr; **Süßwasserfische:** Di, Mi, Do, Sa, So 11 Uhr; **Rochen:** Mo, Mi, Fr, So 12 Uhr; **Fütterung im Schiffswrack** (Oktopus, Seewölfe, Goldbrassen, Seehasen): Di, Do, Sa 12 Uhr; **Ozeanbecken und Welt der Korallen:** täglich 15 Uhr.

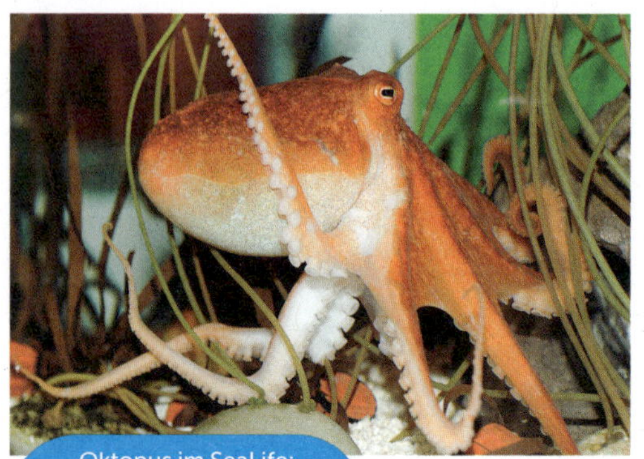

Oktopus im SeaLife: Er kann jeden Saugnapf seiner Arme einzeln bewegen

© Sea Live

tagter Publikumsliebling ist *Marty.* Eine grüne Meeresschildkröte, die 80 cm lang und über 80 kg schwer ist und zwischen Fischschwärmen und Haien herum schwimmt. Geografisch führt die Ausstellung von den Quellbächen des Rheins in den Schweizer Alpen über den gesamten Flusslauf, d.h. durch den Bodensee und an der Loreley vorbei, in die Nordsee und schließlich in die Tiefen des Atlantischen Ozeans bis in ein tropisches Unterwasserparadies. Beeindruckend ist der 8 m lange **Meerestunnel,** hier geht ihr nur durch Glas getrennt dicht unter den schnellen Haien entlang.

Wer mutig genug ist, eine Seeanemone zu berühren, besucht das **Berührungsbecken.** Wie an einem Strand mit Ebbe und Flut, sind hier Gezeitentümpel nachgebildet. Die Tiere, die darin leben müssen extrem anpassungsfähig sein und rasch wechselnden Temperaturen und hereinbrechenden Wellen widerstehen können. Also seid lieb, wenn ihr einen Seestern oder Einsiedlerkrebs streichelt!

Unterkunft naturnah

pmv Öko-Tipp!

Übernachten bei den Naturfreunden

NFH Bienwald, Naturfreunde Kandel e.V., Peter Bolze, Am Oberkandeler Deich, 76870 Kandel. © 07275/2632, www.naturfreunde-kandel.de. **Bahn/Bus:** Bahnhof Kandel an der Strecke Karlsruhe – Landau, dann noch 3 km zu Fuß, 100 m westlich links abbiegen und fortan der

Ausgangspunkt für gemütliche, flache Wanderungen im Bienwald. Auch für Radtouren bestens geeignet.

Markierung N folgen: Beethovenstraße, Jahnstraße, Waldweg. **Zeiten:** Mi – Mo 10 – 22 Uhr, Frühstück 8 – 10, Di 8 – 9 Uhr. **Preise:** Ü Mehrbettzimmer 18 €, Mehrbettzimmer als Einzelzimmer 32 €, Bettwäsche 6 €, Frühstück 5 €; Kinder 4 – 11 Jahre Ü 11 €, 12 – 17 Jahre 14 €, Frühstück 5 €; NF Mitglieder 2 € Nachlass. **Infos:** Handtücher mitbringen.

▶ Im Gebiet des Bienwaldes, von hohen Bäumen umgeben, hohes Haus. 2-, 4- und Mehrbettzimmer mit Du/WC. Voll bewirtschaftet, Lokal und Biergarten mit Pfälzer Küche, Spielplatz, das Freibad Kandel ist 1,6 km entfernt.

FIT & FIDEL MIT DEN VIECHERN

Einen guten Überblick zu den Hauptradelrouten vom Rheinrad-Weg zur Weinstraße bietet die Karte *Radkarte Pfalz,* 1:160.000, erhältlich bei den größeren Fremdenverkehrsämtern der Region.

Radeln & Draisine fahren

Ereignisreiche Radelferien: Die große Rheintour

76776 Neuburg am Rhein. https://neuburg-am-rhein.de. **Länge:** Insgesamt 90 km; keine Steigungen, leicht, genügend Gastronomie und Übernachtungsmöglichkeiten, landschaftlich schön (Altrheinarme, Baggerseen, Auwald) und abwechslungsreich. **Strecke:** Neuburg – Wörth – Germersheim – Speyer – Altrip – Ludwigshafen-Rheingönheim. **Bahn/Bus:** Die Bahnlinie Neuburg – Wörth – Germersheim – Speyer – Ludwigshafen ist oft so nahe, dass ihr relativ leicht in den Zug (RE, RB) wechseln könnt.

▶ Der gesamte Rheinabschnitt von Neuburg an der deutsch-französischen Grenze bis Ludwigshafen ist durch 90 km **Rheinradweg** gut erschlossen. Die steigungsfreie, meist ausreichend markierte Route ist in den meisten Abschnitten in gutem Zustand (Asphalt). Sie führt abwechselnd am Fluss oder den zahlreichen Altarmen und Kiesseen entlang. Abschnitte verlaufen auch auf dem Hochwasserschutzdamm. Dörfer werden meist bloß gestreift, durch Stadtgebiete müsst ihr nur in Wörth/Maximiliansau, Germersheim, Speyer und Ludwigshafen.

Familien mit jüngeren Kindern werden sich auf Abschnitte von 5 bis 15 km beschränken. Mit radelfreudigen 8- bis 13-Jährigen können die Abschnitte natürlich viel länger sein. Es ist durchaus überlegenswert, sich die gesamte Strecke für eine erlebnisreiche drei- oder viertägige Tour mit allerlei schönen Unterbrechungen vorzunehmen. Es gibt tolle Freibäder in Wörth, Speyer und Ludwigshafen und schöne Badeseen in Neuburg, bei Jockgrim, südlich von Germersheim, nördlich von Speyer, südlich und westlich von Altrip und in Ludwigshafen. Ihr könnt spannende Kurzwanderungen in den Auwäldern östlich von Hördt und südlich unternehmen oder mit Ausflugsschiffen von Speyer paradiesische Trips in Altrheinseen und -wälder starten. Außerdem sind da ja auch noch die hochkarätigen Museen von Speyer und Germersheim. Und das ist längst nicht alles.

Mit der Draisine durch die südliche Vorderpfalz

Südpfalz-Draisinenbahn, Hornbachstraße 11, 76879 Bornheim (Weinstraße). ✆ 06344/9442670, www.suedpfalzdraisine.de. **Lage:** Start nur in Bornheim, gegenüber Hornbach-Baumarkt, Hin- und Rückfahrt 26 km. **Strecke:** Bornheim-Dreihof – Hochstadt – Zeiska – Lustadt Mitte (Bhf) – Westheim – Lingenfeld-Wiese – Lingenfeld-Ort. **Bahn/Bus:** Von Landau Bhf Bus 587 bis Bornheim EKZ. **Auto:** B272 bis Kreisel Dreihof, dann Draiseinenbahn ausgeschildert, eigener Parkplatz. **Zeiten:** Ende April – Ende Okt 10 – max. 17.30 Uhr, Start 10 – 11.30, Hinfahrt bis max. 13.30, Rückfahrt ab 14, Rückgabe am Start 15.30 – 17.30 Uhr. **Preise:** Miete nur für den ganzen Tag Familiendraisine 4-/5-/6-Sitzer Mo – Fr 44/55/66 €, Sa, So, Fei 48/60/72 €, Vereinsdraisine Mo – Fr 77 €, Sa, So, Fei 84 €. **Infos:** Reservierung telefonisch Mo – Fr 8 – 12, 14 – 18 Uhr.

▶ Ohne lenken zu brauchen durch die Gegend radeln, das geht nur per Fahrrad-Draisine auf der Eisenbahnschiene. Die Vorderpfalzroute von **Bornheim** nach **Lingenfeld** (13 km) ist mit schmucken Dörfern, Wald, Hecken und Feldern landschaftlich besonders schön. Etwa alle 2 km sind Rastplätze/Bahnhöfe vorhanden, wo ihr die Draisine für ein Päuschen von den Schienen nehmen könnt. Oft findet ihr einen Imbiss-Kiosk oder ein Lokal.

Schneckentempo: Drei strampeln, drei spornen an – oder auch nicht

Zwei Fahrzeugtypen sind im Einsatz. Bei der Familiendraisine sitzen max. 4 oder 5 Personen auf einer Bank, die Radelnden nehmen am rechten und linken Rand Platz. Hinten können Gepäck und max. 2 Fahrräder mitgenommen werden. Bei der Vereinsdraisine können sogar bis zu 7 Personen mitfahren. Vorne radeln 3 Personen und hinten machen sich's 4 Personen an einem runden Tisch bequem.

Spiel- & Grillplätze

Spielplatz für die Fantasie

Förderverein Kinderparadies Friedenspark Ludwigshafen e.V., Gustav-Heinemann-Allee, 67059 Ludwigshafen. ✆ 0621/6909551, 626367 (Spielhaus für Reservierungen, Albert Koch). www.ludwigshafen.de. **Lage:** Nahe Stadtkern, gut besucht, Zugang von der Gustav-Heinemann-Allee. **Bahn/Bus:** Vom Hbf Bus 70 bis Friedensplatz. **Zeiten:** Mai – Sep Di – Fr, So, Fei 10 – 19, Sa 13 – 19 Uhr, Winter nur Spielhaus Okt – April Di – Fr 10 – 17, Sa 13 – 17 Uhr. **Preise:** Eintritt frei. **Infos:** www.lukom.com.

 **Abenteuerspielplatz Oggersheim,** Speyerer Straße 34, Ludwigshafen-Oggersheim. © 0621/504-2852. www.asp-live.de. Mo – Fr 14 – 18 Uhr. Fantasievoller Spielplatz für wilde Kerle und Mädels mit: Hütten bauen, Stockbrot am Lagerfeuer, Wasserspiele, Tiere pflegen, Musik machen, Kochen ...

▶ Dieser Spielplatz im **Friedenspark** ist ausgesprochen originell und vielfältig eingerichtet. Dazu gehört zudem ein Spielhaus mit Mehrzweck- und Gruppenräumen sowie Kiosk, WC und Wickelraum; im Gegensatz zum Spielplatz ist es ganzjährig geöffnet. Zur Gesamtanlage gehört außerdem eine Skateboard-Anlage mit Snake-Run und Fun-Rampe.
Für ältere Kinder gibt es die große Spielanlage mit Tunnelrutsche, Kletternetz, Brücke, Gondel und Kletterturm. Die Kleinen und ganz Kleinen haben ihren eigenen Bereich – natürlich mit viel Sand und Wipptierchen. Wenn aber an warmen Sommertagen die Sonne lacht, drängt es alle in die lockende Wasserwelt mit einem Sprühfeld, Planschbecken und Matschanlage mit Wasserrinnen, Wasserrädern und Kran. Ihr könnt im Kinderparadies auch grillen, wenn ihr rechtzeitig reservieren lasst. Hungern und Durst leiden muss hier niemand, der Kiosk bietet Getränke, Pommes, Brötchen, Kaffee und Kuchen und Eis.

Parkour-Laufen auf der alla hopp!-Anlage Speyer

Dietmar Hopp Stiftung, Dr.-Eduard-Orth-Straße 27, 67346 Speyer. © 06232/142821, www.speyer.de. **Kinderwagen geeignet:** ja. **Barrierefrei:** ja. **Bahn/Bus:** Bus 566 bis Altenheim, Bus 567 bis Kolb-Schulzentrum, jeweils 400 m Fußweg. **Zeiten:** 9 Uhr – Einbruch der Dunkelheit, im Sommer bis 21 Uhr. **Infos:** Es gibt öffentliche Toiletten.

?! *Beim Parkour-Laufen wird versucht, in möglichst gerader Linie mittels Sprüngen über alle Hindernisse hinweg schnell von A nach B zu kommen (franz.: le traceur „Wegfinder").*

▶ Die alla hopp!-Anlagen im Rhein-Neckar-Kreis sind integrative Outdoor-Spielplätze auf denen die ganze Familie herumturnen, toben, balancieren und sich bewegen kann. Fitness-Geräte wie lustige Bodentrampoline, ein Wasserspielplatz, Kletterhügel mit Schiffscontainer und ein Naturerlebnisbereich sind schon interessant, doch herausragend ist die Traceurs-Anlage für Parkour-Läufer.

Hopp, hopp, alla hopp! Die Spiel-Anlage in Rülzheim

Dietmar Hopp Stiftung, Am See, 76761 Rülzheim. ✆ 07272/70021082, www.alla-hopp.de. **Kinderwagen geeignet:** ja. **Bahn/Bus:** S51, S52 bis Rützheim-Freizeitzentrum. **Zeiten:** ganzjährig geöffnet, bis Einbruch der Dunkelheit. **Preise:** Eintritt frei, Wertmarke für den Grill beim Spielpavillon am Automaten Wertmarke à 6 € (10 Min Aufheizen, 25 Min grillen, 2. Wertmarke ca. 35 Min grillen). **Infos:** Es gibt öffentliche Toiletten und einen extra Platz für Hunde.

▶ Die große, barrierefreie Bewegungs- und Spielanlage bietet für alle AltersgruppenGelegenheit zum Herumturnen, Klettern, Hangeln, Balancieren und sich bewegen. Auf dem Elektro-Grill könnt ihr was brutzeln.

In der Nähe gibt es einen Streichelzoo, die Straußenfarm Mhou sowie Campinglatz und Badesee.

Erlebnis- & Abenteuerspielplätze

Abenteuerspielplatz, Kinderhaus und Bauernhof: Jugendfarm Pfingstweide

Verlängerte Athener Straße, 67069 LU-Pfingstweide. ✆ 0621/504-2855, www.jufalu.de. **Zeiten:** Mi – Fr 14 – 18, Sa 10 – 16 Uhr. **Preise:** Eintritt frei.

▶ Die Jugendfarm am Nordrand der Stadt lässt sich am ehesten als Synthese aus Jugendzentrum, Spielplatz, Spielhaus, Reiter- und Bauernhof und Sportplatz bezeichnen.

Auf dem **Bauspielplatz** werden in Gruppen richtige Holzhäuser geplant und gebaut. Im Garten wird gesät, gegossen, gehackt, gejätet, geerntet und danach mit eigenen Kräutern Joghurt gemacht. Auf der Farm leben Ponys und Großpferde, Kinder lernen den Umgang mit ihnen und reiten. Außerdem gibt es Kaninchen, Meerschweinchen, Schweine, Schafe, Ziegen, Esel, Hühner, Enten und Gänse. Mit allen können die Kinder Bekanntschaft machen.

?! *Schon gewusst, warum Meerschweinchen eigentlich Meerschweinchen heißen? Die putzigen kleinen Nager, die so ulkig quieken, stammen ursprünglich aus Südamerika, von wo sie im 17. Jahrhundert von den Seeleuten mit nach Europa gebracht wurden. Alles klar? Was quiekt ist ein Schwein, und wenn es übers Meer kommt, muss es wohl ein Meerschwein sein!*

Und dann gibt es schließlich noch die große **Spielhalle** mit Billard, Kicker, Tischtennis etc. In diesem geräumigen Gebäude wird z.B. gebastelt und Seidenmalerei betrieben. Das Schiff *Käthe* kann für Geburtstagsfeiern gemietet werden.

Fußball + Golf = Soccer

Soccerpark Dirmstein, Am alten Sportplatz, 67246 Dirmstein. Handy 0162/9677215 (Platzreservierung). www.soccerpark-dirmstein.de. **Auto:** Navi: Bleichstraße 2, 67246 Dirmstein. **Zeiten:** Täglich ab 9 Uhr, letzter Spielstart 2 Std vor Sonnenuntergang, bei Dauerregen geschlossen, bei unsicherem Wetter kostenlos stornierbar. **Preise:** Fun-Platz (18 Bahnen) 10 €, 10er Karte 90 €, Premium-Platz (21 Bahnen) 14 bzw. 120 €, Beachvolleyball 1. Std 18 €, weitere 15 €, Beachsoccer 1. Std 20 €, weitere 15 €; Kinder bis 16 Jahre 7 €, 10er Karte 60 €, Premium-Platz 11 bzw. 90 €; Familienkarte (2 Erw, 2 eigene Kinder) 29 €, jedes weitere Kind 5 €, Premium-Platz 39 €, weiteres Kind 7 €; Kombiticket (39 Bahnen) Erw 20 €, Kinder 14 €. **Infos:** Platzreservierung obligatorisch, nur Barzahlung möglich, Fußballschuhe mit Stollen und mitgebrachte Speisen und Getränke nicht erlaubt.

Prima Kindergeburtstag feiern könnt ihr mit dem Kids-Paket Fun-Platz: eine Spielrunde sowie Chicken Nuggets, Pommes und Softgetränk kostet 11,90 € und unterhält den halben Tag.

▶ Euch ist Golf zu kleinteilig und Fußball zu eintönig? Dann versucht es einmal mit Fußballgolf! Der Ball ist kleiner als einer Fußball, aber deutlich größer (und besser zu treffen) als der kleine Golfball. Mit dem Fuß muss der Ball durch LKW-Reifen oder über Hindernisse hinweg in ein Bodenloch geschossen werden. Es werden 18 oder 21 Bahnen gespielt, die naturnah übers Gelände führen. Es starten immer Teams mit max. 5 Teams gleichzeitig, wer die wenigsten Versuche braucht, ist Sieger. Eine lustige Herausforderung.

Soulfood Café, im Soccerpark, soulfood-cafe.de. Täglich ab 10 Uhr. Pasta, Burger oder Chicken Nuggets für Kids, aber auch Salat- und Schnitzel-Varianten.

Maislabyrinth Leimersheim

Fritz Schardt, Seehof, 76774 Leimersheim. © 07272/5237, Handy 0172/9802720. www.maislabyrinth-leimersheim.de. **Auto:** In Leimersheim ausgeschildert. **Rad:** Abzweigung vom Rheinradweg bei Leimersheim, Hinweisschild. **Zeiten:** Juli – Sep, aber auch saisonbedingt, ansonsten Mi 10 – 20, Sa 14 – 20, So 10 – 20 Uhr. **Preise:** 4 €, Tret-Kart-Bahn 15 Min 1 €; Kinder 3 – 16 Jahre 3 €. **Infos:** Erkundigt euch vor eurem Besuch, ob das Maislabyrinth geöffnet hat, wenn das Wetter schlecht war, kann sich die Eröffnung verzögern.

▶ Im 2,5 ha großen Maislabyrinth herumzuirren und auch wieder herauszufinden, ist garantiert spannend! Denn es gibt überall Sackgassen und bei der Höhe des Maises werdet ihr garantiert nur die Labyrinth-Wände sehen. Damit es noch spannender wird, bekommt ihr am Start eine Stempelkarte und nur wenn ihr alle sechs Stationen findet, darf eure Karte an einer Verlosung teilnehmen. Das Maislabyrinth wird von einem Bauernhof betrieben, der in der Nähe liegt. Auch dort könnt ihr einiges unternehmen, etwa die Maschinen auf dem Hof und in der Halle anschauen oder mit dem Kettcar im benachbarten Gelände herumdüsen. Im Bauernhof bekommt ihr Getränke und kleine Gerichte.

Mehrmals im Jahr findet das Nachtlabyrinth statt. Hier dürft ihr nach Einbruch der Dunkelheit mit Taschenlampe (selber mitbringen!) durch das Labyrinth irren, Termine auf der Internetseite.

Klettergärten

Kletter-Eldorado Ludwigshafen

Kletterzentrum, Saarburger Straße 25, 67071 Ludwigshafen. ✆ 0621/511287, www.kletterzentrum.de. **Bahn/Bus:** Straba 4/4a Richtung Bad Dürkheim bis Heinrich-Peschhaus, dann via Bayreuther Straße, Saarburger Weg 700 m zu Fuß. **Zeiten:** Mo – Fr 9.30 – 23, Sa, So, Fei 9.30 – 21 Uhr. **Preise:** Frühtarif Mo – Fr vor 13 Uhr 10 €, Tageskarte 14 €, bouldern 9 €; Kinder 6 – 13 Jahre Frühtarif 7 €, Tageskarte 9 €, Bouldern 6 €; Schüler, Studenten, Azubis, Senioren Frühtarif 9 €, Tageskarte 12 €, Bouldern 8 €, Familienkarte (Eltern, eigenes Kind) früh 26 €, jedes weitere Kind 5 €, Tageskarte 32 €, weiteres Kind 6 €. **Infos:** Klettertreff Mo 15 – 17, Di 16 –

5 Kinder, 1 Trainer, 2 Std 89 €, 6 – 10 Kinder 2 Trainer, 2 Std 149 €.

18, Do 16 – 18, Fr 15 – 17 Uhr, Trainingsgruppe Mo und Fr 17.30 –19.30 Uhr.

▶ Die **Kletterhalle** des Kletterzentrums Ludwigshafen ist ein Spitzentreffpunkt für alle Kletterfreunde der Vorderpfalz. 1850 qm Kletterfläche ist ganz schön groß! 200 Routen sind möglich. Auch die Boulderhalle (300 qm, definierte Boulder) bietet einiges. Wenn die Sonne scheint, könnt ihr auch an der frischen Luft eine Kletterwand besteigen.

Kinder 6 – 10 Jahre können das Kletter-ABC im **Klettertreff** erlernen. Wer über 10 und schon klettererfahren ist, kann in der Trainingsgruppe sein Können ausbauen.

Von Baum zu Baum: Kletterwald Speyer

Erster Richtweg 5, 67346 Speyer. ✆ 06235/929048, Handy 0176-61011199. www.kletterwaldspeyer.de. **Bahn/Bus:** S3 bis Speyer Nord/West. **Auto:** Navi: Erster Richtweg 5, 67346 Speyer, ausführliche Anfahrtsbeschreibung auf der Webseite. **Zeiten:** Wetterabhängig, aktuelle Zeiten auf Webseite. **Preise:** 25,90 €; Kinder bis 11 Jahre 15,90 €, Jugendliche 12 – 17 Jahre 19,90 €. **Infos:** Nicht jeder Parcours darf von allen Personen benutzt werden, die schweren Parcours sind nur für Erwachsene, genaueres im Internet.

▶ Ihr seid von Baumstamm zu Baumstamm unterwegs. Manchmal balanciert ihr auf einem Drahtseil, manchmal schwingt ihr euch von Baum zu Baum, mancher Abschnitt besteht aus schwankenden Bohlen. Es gibt noch eine Reihe anderer Spaßelemente, sogar eine 160 m lange Seilbahn ist dabei. Im Kletterwald gibt es 10 Parcours, die durch die Baumwelt führen. In 1 – 2 m Höhe, also noch in Bodennähe, sind Kinder **ab 3 Jahre** zu Gange, auf den Spaß- und Spiel-Parcours. Die Eltern können sie in dieser Höhenlage natürlich ohne Anstrengung begleiten. Für Kinder **ab 7 Jahre** gibt es fünf Routen in 2 – 5 m, die als leicht bzw. mittel schwierig gelten, sich aber in der Zahl der Spaßelemente unterscheiden. Kinder

Biergarten Waldeslust, Iggelheimer Straße 19, Speyer. ✆ 06232/35275. www.maximilian.bar/waldeslust. Täglich 11.30 – 21.30 Uhr, wetterabhängig. Biergarten beim Kletterwald, große Speisekarte, Spezialitäten der Saison, Spielplatz.

ab 12 Jahre gibt es sieben Parcours in 4 – 12 m Höhe. Die unbestrittene Superlative an Spaß und Schwierigkeiten ist der Kurs in 8 – 12 m Höhe für Kinder **ab 14 Jahre.**

Genießt die Aussicht: Der Wald aus der Vogelperspektive
© Fun Forest

Fun Forest im Abenteuerpark Kandel

Badeallee, 76870 Kandel. ✆ 07275/618032, kandel.funforest.de. **Lage:** Am Nordrand des Bienwaldes südlich von Kandel am Otterbach nahe Freibad. **Altersempfehlung:** ab 4 Jahre, ab 14 Jahre könnt ihr allein klettern, benötigt aber die Unterschrift des Erziehungsberechtigten. **Zeiten:** Mitte März – Anfang Sep 10 – 19 Uhr, Anfang Sep – Anfang Nov 10 – 18 Uhr, Mo Ruhetag außer in Ferien RLP und BaWü. **Preise:** 21,90 €, Profipacours 27,90 €; Kinder-Parcours ab 3 Jahre unter Aufsicht eines Erw 8,90 €, Kinder 7 – 13 Jahre ab 1,60 m 15,90 €; Schüler, Studenten, Azubis ab 14 Jahre 18,90 €, Profipacours ab 14 Jahre 24,90 €.

▶ Zwischen den Bäumen mit ihren Plattformen ist in diesem Kletterwald ein dichtes Netz errichtet aus Drahtseilen und Balken zum Balancieren sowie wackeligen Stegen und Brücken zum Überqueren.
24 Parcours unterschiedlicher Schwierigkeitsgrade durchqueren gut markiert dieses scheinbare Chaos. Für alle Altersstufen ist etwas dabei. Die **4- bis 6-Jährigen** bleiben in Bodennähe (0,50 – 1,70 m Höhe). Die Route ist kurz (25 Min) und die Schwierigkeiten gering (12 Stationen), Eltern können am Boden mitgehen. Für Anfänger **ab 7 Jahre** und einer Greifhöhe ab 1,60 m gibt es vier leichte Übungswege, die schon etwas höher liegen (3 – 5 m). Erprobte Kletterkünstler **ab 8 Jahre** und einer Greifhöhe von 1,80 m dürfen die höheren Parcours 7 – 12 meistern, **ab 10**

?! *Ein rotes Sicherungsseil begleitet euch über die ganze Strecke. Der Gurt ist dort mit Sicherungsleinen eingeklickt. Wenn ihr eine Station gemeistert habt, hängt ihr erst einen Karabinerhaken in die nächste Station ein, dann den zweiten. So seid ihr immer gesichert und könnt doch völlig eigenständig auf Entdeckungstour gehen.*

Jahre und einer Greifhöhe von 2 m Parcours **13 und ab 14 Jahre** und ebenfalls einer Greifhöhe von 2 m Parcours 14 – 17. In jedem Parcours befinden sich spannende Stationen wie zum Beispiel Seilrutschen, eine Badewanne, Skier, Surfbrett oder ein Tarzan-Swing. Parcours 15 – 17 gehören zum Profi-Paket, das gegen Aufpreis geklettert werden darf. Während der 3-stündigen Kletterzeit könnt ihr euch in euren Parcours verausgaben und richtige Seilartisten werden. Nach der aufregenden Kletterwaldrunde werdet ihr euch am Imbiss stärken.

TECHNIK & GESCHICHTE MIT M. MAU

Beim Kindergeburtstag im Museum geht ihr auf Entdeckungsreise durch die Welt der Kunstwerke und werdet dann im Atelier selbst kreativ. Di – So, 120 oder 180 Min kosten komplett 100 bzw. 150 €. Ab 5 Jahre, max. 12 Teilnehmer.

Museumsschätze

Bunte abstrakte Welt: Wilhelm-Hack-Museum für Moderne Kunst

Berliner Straße 23, 67059 Ludwigshafen. ✆ 0621/ 5043045, www.wilhelmhack.museum. **Barrierefrei:** ja, Rudolf-Scharpf-Galerie nicht barrierefrei. **Bahn/Bus:** Von Hbf Straba 4 Richtung Oggersheim/Bad Dürkheim bis Pfalzbau/Wilhelm-Hack-Museum. **Auto:** Parkhaus Pfalzbau. **Zeiten:** Di, Mi, Fr 11 – 18, Do 11 – 20 Uhr, Sa, So & Fei 10 – 18 Uhr, Rudolf-Scharpf-Galerie Fr – So, Fei 13 – 18 Uhr. 24.. & 31. Dez geschlossen, beide 24. und 31. Dez geschlossen. **Preise:** 7 €, Rudolf-Scharpf-Galerie Eintritt frei; Kinder und ermäßigt 5 €. **Infos:** Sommerferienprogramm für Kinder.

▶ Schon die Außenfassade ist Kunst: eine 55 m breite und 10 m hohe farbenprächtige Keramikwand, die der bekannte katalanische Künstler *Joan Miró* geschaffen hat. Das Museum ist größtenteils ein Geschenk des Kölner Kaufmanns *Wilhelm Hack.*
Den Schwerpunkt bildet die Entstehung der nicht gegenständlichen Kunst zu Anfang des 20. Jahrhunderts. Es besitzt aber auch wichtige Sammlungen zu Kunst und Handwerk der Römer und des Mittelalters. Zu beachten sind ferner die wechselnden Sonderausstellungen.

Das Museum bemüht sich, Kindern ab 4 Jahre Kunst vertraut zu machen und ihre künstlerischen Fähigkeit zu fördern. In den Kursen der **Kleckstrolche** lernt ihr tanzende Linien und kunterbunte Farbwelten kennen und dürft selbst zu Pinsel und Farbe greifen. Jeden Samstag öffnet das **Offene Atelier** für 6- bis 12-Jährige seine Türen. Im bunten Kunstlabor kann gemalt, gezeichnet, gedruckt, gestempelt, geklebt, gewerkelt und entdeckt werden – experimentieren ausdrücklich erwünscht! Die 8 – 14-Jährigen probieren sich als **Werkstattmeister** in künstlerischen Handwerkstechniken und arbeiten mit Holz, Metall und Vielem mehr. Die **Rudolf-Scharpf-Galerie** dient als Ausstellungsraum für aktuelle künstlerische Positionen.

Ist das schon Kunst? Kleckstrolche können sich im Hack-Museum ausprobieren
© Annette Sievers

Museum Speyer: Das Universalmuseum der Pfalz

Historisches Museum der Pfalz Speyer, Domplatz 4, 67324 Speyer. ✆ 06232/620222 (Besucherservice), 1325-0 (Zentrale). www.museum.speyer.de. **Lage:** Nahe zu Dom und Altstadt, aber auch nicht weit vom Rheinufer, dem Sea Life und dem Technik Museum. **Bahn/Bus:** Bhf Speyer City-Bus 565 bis Domplatz. **Auto:** Parken am Festplatz. **Zeiten:** Di – So 10 – 18 Uhr, Führungen für Gruppen nach Vereinbarung. **Preise:** Familienausstellung Di – Fr 13 €, Sa, So und Fei 14 €, Sonderausstellung 7 €; Familienausstellung Kinder 6 – 17 Jahre Di – Fr 5 €, Sa, So und Fei 6 €, Sonderausstellung 3 €; Ermäßigungen für Gruppen ab 10 Pers, Rentner, Studenten, Behinderte, Kita-/Schulklassen, Generationenkarten für 2 Erw mit 3 Kindern.

Achtung! Wegen Umbau- und Sanierungsarbeiten sind die Sammlungen Urgeschichte, Römerzeit, Dom- und Diözesanmuseum und Neuzeit bis auf Weiteres geschlossen (Stand: 2022-07). Weinmuseum sowie Sonder- und Familienausstellungen sind geöffnet.

▶ Das Historische Museum der Pfalz gehört zu den bedeutendsten Universalmuseen im deutschen Südwesten. Nicht zuletzt durch die Angebote des ↗ **Jungen Museums Speyer** macht der Museumsbesuch hier richtig Spaß. Der große, mit Glas überdachte Innenhof mit Café dient größeren Veranstaltungen und zeigt die historischen Modelle der Stadt, die ihr kostenfrei besuchen könnt.

Auf Kinder haben die beiden Ausstellungen **Urgeschichte** und **Römerzeit** eine große Anziehungskraft. Die erste zeigt sehr viel über das Leben in der Steinzeit. Es ist sogar ein großes Langhaus nachgebaut. Bei der Ausstellung Leben der Römer in der Pfalz wird nicht nur die kriegerische Seite von Soldaten, Waffen und entsprechenden Bauwerken gezeigt, sondern auch ihre Wohnkultur (Küche, Wohnräume, Möbel etc.) sowie ihr Handwerk.

Eindrucksvoll sind auch die Sammlungen zum Speyrer Dom und seinem Domschatz, zur Neuzeit und der politischen Geschichte der Pfalz sowie das Weinmuseum. Großartig sind die wechselnden **Familien-Ausstellungen**, wie jüngst *Expedition Erde. Im Reich von Maulwurf und Regenwurm.*

M Der Grüffelo kommt zurück ins Museum: Die beliebte **Familien-Ausstellung** wird bis Mitte 2023 wiederholt.

Zum Anpacken und Mitmachen

Junges Museum Speyer, Domplatz 4, 67346 Speyer. ✆ 06232/620222, www.kindermuseum.speyer.de. **Altersempfehlung:** ab 3 Jahre. **Bahn/Bus:** ↗ Historisches Museum der Pfalz. **Zeiten:** Di – So 10 – 18 Uhr. **Infos:** Club Junges Museum für Kinder 6 – 12 Jahre bietet kostenfreie Workshops, freien Eintritt in alle Ausstellungen des Historischen Museums, Club-Rabatte bei Workshops, Ferienprogrammen und Kindergeburtstagen, Jahreskarte 20 €.

♫ Geburtstagsparty für Kinder bis 12 Jahre 2 Std bestehend aus Führung, Basteln und Imbiss (Essen und Getränke selbst mitbringen) bis 12 Teilnehmer 100 €, am Wochenende 110 €, jeder weitere Gast bis max. 15 Teilnehmer 10 €, Info und Anmeldung unter ✆ 06232/6202202.

▶ Das 1999 gegründete Junge Museum Speyer ist eine Abteilung des Historischen Museums Speyer und organisiert unter dem Motto *neue Dinge mit allen Sinnen aktiv entdecken* auf die Bedürfnisse von Kindern zugeschnittene Mitmach-Ausstellungen, die thematisch an den großen Sonderschauen des Historischen Museums orientiert sind. Besonders empfehlenswert sind die tollen **Kinderführungen.** Diese können durch handlungsorientierte Workshops ergänzt werden. Zielgruppen des Jungen Museums sind Familien, Kindergartengruppen und Schulklassen aller Jahrgänge. Für Schulklassen engagiert sich das Junge Museum umfangreich als außerschulischer Lernort.

U-Boot an Land? Im Technik Museum!

Technik Museum & IMAX Dome Filmtheater, Am Technik Museum 1, 67346 Speyer. ✆ 06232/67080, www.technik-museum.de. **Lage:** 5 Gehmin vom Dom. **Bahn/Bus:** City-Shuttle-Bus 565 vom Bhf Speyer bis Technik Museum. **Auto:** A61 Abfahrt Speyer, über B9 und B39 Richtung Dom/Museum. **Zeiten:** Mo – Fr 9 – 18, Sa, So, Fei 9 – 19 Uhr, Restaurant 9 – 18. **Preise:** Tagespass inkl. IMAX Dome 24 €, 2-Tages-Pass 44 €, nur Museum 19 €, nur IMAX Dome 12 €; Kinder 5 – 14 Jahre Tagespass 19 €, 2-Tages-Pass 34 € Museum 15 €, IMAX Dome 9 €; Erlebnis-Tickets umfassen Hin- und Rückfahrt im VRN-Gebiet, Museumseintritt und Ermäßigung fürs IMAX-Filmtheater oder Hin- und Rückfahrt, IMAX-Eintritt und Ermäßigung fürs Museum: Erw 17,50 €, Kinder 6 – 14 Jahre 14 €.

Geburtstagskinder, egal welchen Alters, haben freien Eintritt!

▶ In einer riesigen Show zur Technikgeschichte werden auf 25.000 qm Hallenfläche und 150.000 qm Freigelände über 3000 teilweise spektakuläre Ausstellungsstücke präsentiert. Schwerpunktthemen sind U-Boote, Flugzeuge, Raumfahrt, Hubschrauber, Lokomotiven, Schiffe, Feu-

Hightech museal: Alte und moderne Verkehrstechnik seht ihr in Speyer
© Technikmuseum Speyer

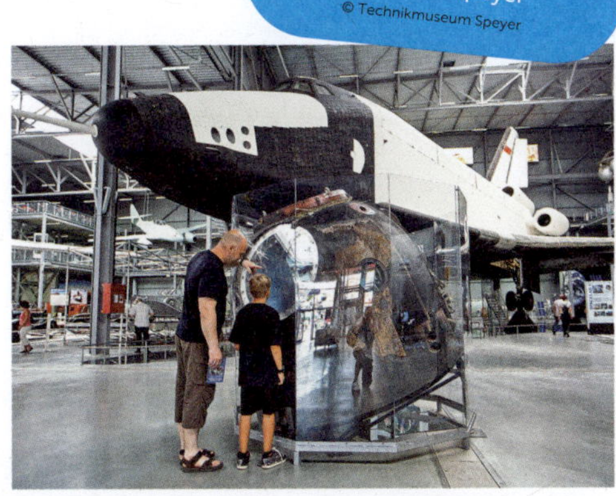

M **Wilhelmsbau,** Mo – Fr 12 – 15, Sa, So und Fei 11 – 18 Uhr. Im Wilhelmsbau am Technik Museum gibt es alte Spieldosen, Drehorgeln und automatische Musikschränke zu bestaunen und zu hören. Anziehungskraft auf euch haben bestimmt auch die große Puppen-Sammlung und die kleinen Dampfmaschinen. Im Eintrittspreis des Technik Museums enthalten.

erwehrfahrzeuge, Dampfmaschinen, Traktoren, Motorräder und Auto-Oldies. Fasziniert werdet ihr von der *U-9* sein, ein 46 m langes und 466 t schweres U-Boot, das 1993 von der Bundesmarine ausgemustert wurde. Beeindruckend sind auch eine riesige *Antonov*-Transportmaschine, das größte Propellerflugzeug der Welt, ein nicht weniger imposanter *Boeing 747 Jumbo-Jet* der Lufthansa sowie die futuristisch anmutende ehemalige sowjetische Weltraumfähre *BURAN*. Die **Raumfahrtausstellung** zeigt weitere 60 Informationstafeln sowie mehr als 100 Ausstellungsstücke zur Geschichte der bemannten Raumfahrt. Der Ausstellungsbereich *Der Mond* ist ein weiterer Höhepunkt: Auf einer nachgebildeten Mondoberfläche wird hier die Geschichte der Mondlandungen dargestellt. Leider bleiben bei der vielen Technik die Umweltfolgen außen vor, sehr wohltuend ist da die Konzeption der Ausstellung des Einbaums des Umwelt- und Menschenrechtsaktivisten *Rüdiger Nehbergs,* mit dem er 2001 den Atlantik von Mauretanien nach Brasilien überquerte, um für den Erhalt des Regenwaldes und das Existenzrecht der Yanomami-Indianer zu demonstrieren.
Im **Außengelände** kann das Hausboot der *Kelly Family* besichtigt werden, in dem die Musiker über viele Jahre gelebt haben. Als ihnen das 34 m lange Boot von 1923 zu klein wurde, schenkten sie es dem Technik Museum.
Im **IMAX-Dome-Kino** wird in eine riesige Kuppel projiziert. Das führt zu einer ganz ungewöhnlichen Raumwahrnehmung. Die Filme, die hier laufen, sind speziell für diese Verhältnisse gedreht: monumentale Natur- und Actionfilme.
Kinder finden ansonsten noch Spielplätze, eine Sprungbootanlage und eine 33 m lange Riesenrutschbahn. Zudem gibt es ein Restaurant und einen Biergarten.

Von den alten Römern lernen

Deutsches Straßenmuseum Germersheim, Im Zeughaus, 76726 Germersheim. ✆ 07274/500500, www.deutsches-strassenmuseum.de. **Bahn/Bus:** G3 aus Ludwigshafen – Speyer bis Germersheim. **Rad:** Rheinradweg. **Zeiten:** Di – Fr 10 – 18, Sa, So 11 – 18 Uhr. **Preise:** 5 €, Führung 35 €; Kinder ab 6 Jahre und Schüler 2 €; Gruppe ab 10 Pers 3 €, Studenten, Rentner, Schwerbehinderte 3 €, Familienkarte 8 €. **Infos:** Kinderführung mit verschiedenen Aktivitäten 45 €.

▶ Tag für Tag benutzt ihr sie, ohne viel darüber nachzudenken. Doch es gab sie nicht schon immer und nicht so bequem wie heute: Straßen. Das Straßenmuseum im **Zeughaus** zeigt wie Straßen und Brücken in den letzten 2000 Jahren gebaut wurden. Ein altgermanischer Bohlenweg aus der Zeit um 800 v. Chr., Reste einer Römerstraße, das Modell eines Tunnels aus Holz, eine pferdegezogene Straßenwalze von 1800 sowie große Maschinen und Fahrzeuge (auf dem Hof) zeigen das anschaulich.
Für die Tüftler unter euch gibt es im Bereich Planung und Konstruktion viel zu entdecken, auch kleine Experimente zu Kraft und Gleichgewicht können hier durchgeführt werden.

?! *Im 19. Jahrhundert wurde Germersheim zur Festungsstadt ausgebaut. Die meisten der kriegerischen Bauten wurden nach dem Ersten Weltkrieg abgerissen. Heute sind noch erhalten: Der Festungspark, das Weißenburger Tor, das Ludwigstor mit Stadt- und Festungsmuseum Germersheim und das Zeughaus, wo früher Waffen gelagert wurden.*

Töpfern wie die Römer

Terra-Sigillata Museum, Früheres Schulgebäude, Hauptstraße 35, 76764 Rheinzabern. ✆ 07272/955893, www.terra-sigillata-museum.de. **Altersempfehlung:** ab 1. Klasse. **Bahn/Bus:** Bahnstation an der Strecke Germersheim – Wörth, 5 Min Fußweg. **Zeiten:** Do – Fr 11 – 14, Sa 11 – 15, So, Fei 11 – 17 Uhr, Gruppen auch nach Vereinbarung. **Preise:** 3 €; Kinder 6 – 17 Jahre 1 €. **Infos:** Vielfältige museumspädagogische Aktivitäten sowohl für Gruppen (min. 10 Pers, Führungen mit verschiedenen Schwerpunkten sowie Töpfern möglich) als auch für Schulen mit verschiedenen Unterrichtseinheiten.

▶ Vor fast 2000 Jahren hatten die Römer auf dem Gebiet des heutigen Rheinzabern die Siedlung

♫ Kindergeburtstag im Museum mit Führung und Werkeln mit Ton: 10 Kinder ab 7 Jahre (und 2 Erw), 2 Std, 75 € plus Eintritt und Materialkosten.

Aus Ton: Römisches Mühlespiel mit farbigen Kieselsteinen
© Annette Sievers

Tabernae errichtet. Große Tonvorkommen, Holz für Brennöfen und die Nähe des Rheins und der Römerstraße von Basel nach Mainz boten gute Voraussetzungen für Produktion und Verkauf von Töpferwaren. So entwickelte sich hier die damals größte Keramik-Manufaktur nördlich der Alpen. Ausgrabungsfunde geben nun im Museum Einblick in das Leben und Arbeiten in dieser Siedlung.

Zwei ausgegrabene römische **Brennöfen** befinden sich in einem Nebengebäude des Kindergartens in der Faustinastraße. Zugang nach Absprache mit dem Museum.

Zum einen wurde in Tabernae in großen Mengen ein schönes, rot glänzendes Geschirr, *Terra sigillata* genannt, produziert, das im römischen Reich weit verbreitet war. Die gesamte Produktion wird in Raum 3 ausführlich dargestellt – von der Tongewinnung über das Töpfern, das Brennen und das Lagern. Sogar der raffinierte Bau eines **Brennofens** ist rekonstruiert. Der zweite große Produktionszweig von Tabernae war die Baukeramik, d.h. die Herstellung von Dachziegeln, Ziegelplatten, Rundziegeln, Holzziegeln und Ziegelrohren. In der Blütezeit Tabernaes sollen hier monatlich fast 20.000 Ziegel hergestellt worden sein. Einfache Gebrauchskeramik wie Krüge, Teller, Becher wurde auf dem Töpfermarkt verkauft.

M Eine schöne Ergänzung ist der Besuch des **Ziegeleimuseums** im benachbarten Jockgrim, So 14 - 16 Uhr und nach Vereinbarung, www.jockgrim.de.

Schön, dass ihr auch sehen könnt, wie die Leute in ihren Fachwerkhäusern lebten. Sie benutzten Messer und Scheren, haben sich geschminkt und Schmuck aus Glasperlen getragen und auch Spiele gespielt. Mühle und Dame, Murmeln und Spielsteine aus Knochen haben vor allem die Erwachsenen gern benutzt!

Der Kohlenpott "Lautermuschel"

Schifffahrtsmuseum Neuburg, Hauptstraße 50, 76776 Neuburg am Rhein. ✆ 07273/1226, 3406. www.neuburg-am-rhein.de. **Lage:** In der Lautermündung am Rhein-Radweg, Neuburg 1 km westlich, Anlegestelle der Fähre Neuburg – Neuburgweiher 3 km südöstlich. **Zeiten:** Mai – Okt am 1. So im Monat 13 – 17 Uhr.

▶ Die Hauptattraktion des Museums in der Lautermündung ist das Schiff selbst, ein einstiger Kies- und Kohlenpott aus dem Jahre 1930. Es ist schon ein besonderes Erlebnis an Bord zu gehen und neugierig herum zu schnuppern – an Maschinen, Schiffszubehör, Kapitänspatenten, Fahnen, Flaggen etc. Das kleine Museum befindet sich im Bauch der *Lautermuschel,* oben ist ein populäres **Ausflugslokal.**

Schifffahrtsrestaurant in der Lautermuschel, Neuburg. ✆ 07273/1258. www.neuburg-rhein.de. April – Okt 10 – 19 oder 20 Uhr, die anderen Monate Di – So, durchgehend warme Küche.

pmv Öko-Tipp!

Abenteuer Polder, Sprechende Steine oder Leben am Wasser

Haus Leben am Strom, Rheinauen- und Hochwasser-Informationszentrum Neupotz, Hauptstraße 4, 76777 Neupotz. ✆ 07272/700061, www.leben-am-strom.de. **Zeiten:** Mi 14 – 16, Fr 16 – 20, 1. So im Monat 11 – 16 Uhr. **Preise:** Eintritt frei. **Infos:** Erdgeschoss behindertengerecht.

▶ **Leben am Strom** bedeutet mit so einem großen Fluss wie dem Rhein zu leben, auch dann wenn er Hochwasser hat und gefährlich wird. Wie die Menschen das über die Jahrhunderte hinweg gemeistert haben, wird in diesem Museum anschaulich gezeigt. Auch wenn es in einem alten Fachwerkhaus von 1785 untergebracht ist, ist es innendrin ganz modern mit gut gemachten Schautafeln, interaktiven Bildschirme und Hörstationen eingerichtet.

Für Kinder 8 – 12 Jahre gibt es drei interessante **Workshops,** in denen ihr mit Hilfe von Natur-Experimenten, Wasserspielen und Kreativaufgaben viel über das Leben am Fluss und den Hochwasserschutz (Polder) lernt. Ganz konkret wird das, wenn ihr euch

Exkursion zum Barbarenschatz: Im Rahmen der Kiesförderung wurde in einem Baggersee bei Neupotz ein römischer Schatz mit über 1000 Metallgegenständen gefunden. Die erlebnisorientierte Fahrt unternehmt ihr mit dem römischen Patrouillenschiff.

zusätzlich zu Fuß oder per Rad zu einer Runde durch das Altrheingebiet von Neupotz aufmacht. Ein Stück könnt ihr sogar mit dem originalgetreu rekonstruierten römischen Patrouillenschiff *Lusoria Rhenania* auf dem Neupotzer Setzfeldsee zurücklegen. Dazu ist allerdings eine große Gruppe erforderlich, denn ihr müsst viele Ruder bewegen.

KULTUR & TERMINE MIT MOCKES

Theater & Märkte

JuKiLu Jugend- und Kindertheater Ludwigshafen

Prinzregententheater, Prinzregentenstraße 45, 67063 Ludwigshafen. ✆ 0621/525240, www.prinzregenten-theater.de. **Bahn/Bus:** Straba 7 bis Gartenstraße oder Hemshofstraße. **Auto:** Parkhaus in der Mottstraße. **Zeiten:** Mo, Mi und Fr 17 – 20, Sa (wenn Vorstellung) 17 – 19 und So 17 – 20 Uhr. **Preise:** 7,50 €; Kinder 5 €; Gruppenermäßigung ab 20 Pers. **Infos:** Das Theater kommt sogar zu euch in den Kindergarten oder die Schule. Oder besucht das Theater doch einmal und wagt dabei einen Blick hinter die Kulissen.

▶ Kinder- und Jugendtheater im Prinzregententheater mit professionellen Schauspielern und einem festen Spielplan. Themen sind Hunde- und Gespenstergeschichten, Schnick-Schnack und klassische Märchen. Für Schulklassen und Kindergärten werden auch Extratermine möglich gemacht.

Kindertheater in Speyer

Kinder- und Jugendtheater Speyer e.V., Theaterbüro, Kleine Pfaffengasse 8, 67346 Speyer. ✆ 06232/2890750, www.theater-speyer.de. **Zeiten:** Büro Mo – Fr 9 – 12 Uhr, Familienprogramm Sep – Juni an allen Wochenenden, Sommerfreizeiten für Kinder.

▶ Das 1990 gegründete Kinder- und Jugendtheater Speyer hat eine eigene Spielstätte im **Alten Stadtsaal** und ein regelmäßiges Programm für die Saison von

September bis Juni. Das über 20 Personen starke Ensemble verfügt pro Spielzeit über etwa 15 Stücke, darunter 3 – 5 Neuproduktionen. Außerdem besucht es nebenbei auf vier Rädern mit dem **Theaterbus** Plätze in Stadtteilen und spielt in Schulhöfen, Turnhallen, Kulturzentren sowie auf Sommerfesten. Das Theater engagiert sich zudem beim von der Stadt Speyer veranstalteten alljährlichen sommerlichen **Festival Kulturbeutel** für Kinder- und Jugendtheater, das im Alten Stadtsaal und in einem Zirkuszelt im Domgarten stattfindet.

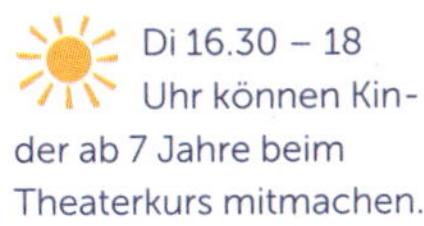

Di 16.30 – 18 Uhr können Kinder ab 7 Jahre beim Theaterkurs mitmachen.

FESTE UND MÄRKTE

Februar/März:	Fastnacht So, Schifferstadt: **Straßenfastnacht.**
	Fastnacht Di, Neuhofen: **Faschingsumzug.**
April:	Letzter Sa, Schifferstadt: **Frühlingsmarkt.**
Mai:	2. Wochenende, Dudenhofen: **Spargelfest.**
Juni:	1. Wochenende, fünf Tage, Schifferstadt: Großes **Rettichfest** mit Marktständen und Abschlussfeuerwerk.
	1. und 2. Wochenende, Ludwigshafen im Ebertpark: **Parkfest** mit Kirmesgeräten, Kinder-Programm und Abschluss-Feuerwerk.
Juli:	1. Wochenende Fr – Mo, Altrip: **Fischerfest.**
	2. Wochenende Do – Di, Speyer: **Brezelfest** mit Kirmesgeräten, Live-Musik und Umzug am So.
August:	3. Wochenende, Ludwigshafen: **Spektakulum,** Stadtfest und Eröffnung des Ludwigshafener Kultursommers. So ist Familien- und Kindertag.
September:	2. Wochenende, Speyer: **Altstadtfest** im Hasenpfuhl.
	2. – 4. Wochenende, Speyer: **Theaterfestival Kulturbeutel** im Domgarten.
	3. Wochenende, Speyer: **Bauernmarkt.**
November:	Ende Nov – Anfang Jan, Speyer: **Weihnachts- und Neujahrsmarkt.**
Dezember:	1. – 3. Adventswochenende, Schifferstadt: **Weihnachtsmarkt.**

DEUTSCHE
WEINSTRASSE

IM TRAUBENLAND

Die Weinstraße ist gar keine Straße. Also keine richtige. Sie wird bloß so genannt, weil sich von Bockenheim im Norden bis zur französischen Grenze in Schweigen-Rechtenbach im Süden so viele Weinorte aneinanderreihen. 150 an der Zahl und einer hübscher als der andere, etwa Bad Dürkheim, Neustadt a.d.W., Landau oder Bad Bergzabern. Wein wächst hier schon seit Römerzeiten. Im Windschatten des Pfälzerwaldes fällt besonders wenig Regen, dafür scheint die Sonne umso häufiger. Der Frühling beginnt früh und der Herbst ist oft noch lange schön warm. In diesem milden Klima gedeihen nicht nur Pfirsiche und Mandeln, sondern eben auch Weintrauben.

So ein Festtag sollte ewig dauern: Am letzten Sonntag im August gehört die Weinstraße den Radlern

MEINE LIEBLINGSTIPPS FÜR DIE REGION

An der Weinstraße gibt es viel Spannendes zu sehen und zu erleben, wie die Wanderung zum *Drachenfelsen* in **Bad Dürkheim** oder das *Reptilium* in **Landau.** Ein wahrer Höhepunkt ist die *Burg Trifels* bei **Annweiler,** wo einst Richard Löwenherz eingekerkert war.

Die Städter des Rhein-Neckar-Raumes strömen in Scharen in dieses Gebiet am Rande der Rheinebene, um die zahlreichen herbstlichen **Weinfeste** zu genießen. Dann gibt es „Weck, Worscht un Woi" oder „Neie Woi un Zwiwwelkuche". Das größte der vielen populären Weinfeste, der *Bad Dürkheimer Wurstmarkt,* findet alljährlich am 2. und 3. Septemberwochenende statt. Weitere Feste findet ihr wie immer am Ende des Kapitels im Festkalender.

Deutsche Weinstraße, Wander-, Rad- und Freizeitkarte 1:40.000, Pietruska Verlag, 6,90 €.

LVA RLP: Bad Bergzabern mit elsässischem Grenzgebiet, topografische Karte 1:25.000 mit Wanderwegen.

Südpfalz. *Wandern und Radfahren zwischen Rhein & Reben,* 1:40.000, Pietruska Verlag, 6,50 €.

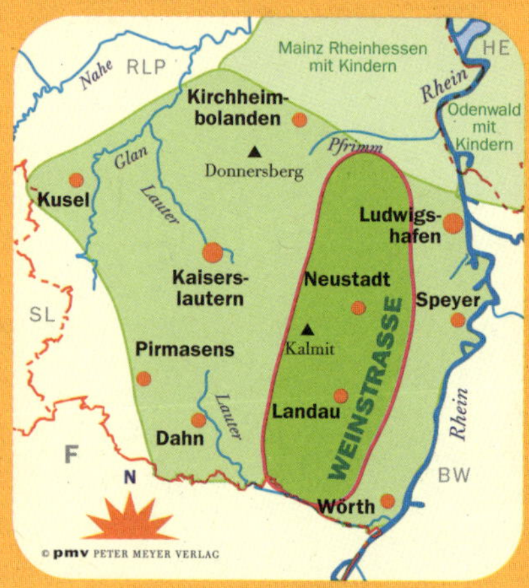

Büro für Tourismus Annweiler am Trifels: www.trifelsland.deTouristinformation Bad Dürkheim: www.bad-duerkheim.com

Touristinformation Neustadt a.d.W.: www.neustadt.eu

Büro für Tourismus Landau: www.landau-tourismus.de

Tourismusverein Südliche Weinstraße Bad Bergzabern e.V.: www.bad-bergzaberner-land.de

Erlebnisbäder

Das Erlebnisbad an der Weinstraße

Salinarium Sauna und Freizeitbad, Kurbrunnenstraße 28, 67098 Bad Dürkheim. ✆ 06322/935865, www.salinarium.de. **Bahn/Bus:** Bus 485 bis Großes Fass, über den Wurstmarktplatz, 5 Min zu Fuß; vom Bhf durch den Kurpark 10 Min. **Zeiten:** Halle ganzjährig Mo 9 – 18, Di, Do, Fr 9 – 22 Uhr, Mi mit Frühbaden 7 – 22, Fr 9 – 23, Sa, So, Fei 9 – 21 Uhr, in den Ferien auch Mo bis 22 Uhr, Freibad Mitte April – Anfang Sep 10 Uhr bis Einbruch der Dunkelheit. **Preise:** 2 Std 5 €, Tageskarte 6,95 €, 10er Karte 63 €, 20er Karte 119 €, Quartalskarte 108 €; Kinder 6 – 18 Jahre 2 Std 2,90 €, Tageskarte 3,90 €, 10er Karte 34 €, 20er Karte 60 €, Quartalskarte 56 €; Familienkarte 2 Erw, 3 Kinder 17,50 €.

▶ Das großzügig ausgestattete **Freizeitbad** der Kurstadt ist für alle Jahreszeiten bestens gerüstet. Für die Schwimmfreunde bietet die Halle ein 25-m-Sportbecken. Speziell dem Spaß dienen dort das Spiel- und Spaßbecken mit Bodensprudler, Wasserspeier, Massagedüsen und Wasserfall, der Hot-Whirlpool und das Planschbecken mit Minirutsche. Der größte Kick geht freilich von der 100 m langen gläsernen Riesenrutsche aus – nicht nur durch den Geschwindigkeitsrausch, in den sie die Rutschenden versetzt, sondern auch durch die erstaunlichen Lichteffekte. Etwas Besonderes ist in der kalten Jahreszeit auch das Warm-Sole-Becken unter freiem Himmel.

In der warmen Jahreszeit tobt das Badeleben dagegen im **Freibad** im großen Mehrzweckbecken und im Sprungbecken (Wassertiefe 4 m) mit 3-m-Turm und 1-m-Brett. Letzteres befindet sich fest in der Hand von größeren Kindern und Jugendlichen. Die Kleineren haben ihren Spaß im Planscher mit Rutschen und Wasser speienden Tieren und auf dem benachbarten Spielplatz. Die Liege- und Spielfläche ist großzügig bemessen. Es gibt auch eine Cafeteria, die ein täglich wechselndes Stammessen bietet.

IM & AM WASSER MIT SAM

Kindergeburtstag im Salinarium mit Spielen im Wasser und Animation. Kostenlose Buchung außer an Wochenenden und in den Ferien (✆ 06322/935-862). Auf Wunsch auch Tischreservierung in der Cafeteria (✆ 935-870). Freier Eintritt für Geburtstagskind und kostenloses Menü bei Buchung der Verköstigung in der Cafeteria.

Eltern und Großeltern, die gern etwas relaxen und Gesundheit tanken möchten, können das erstaunlich breite Angebot in Wellness und Sauna nutzen. Das kann man eigentlich auch vom Erlebnisbad einer Kurstadt erwarten.

Wasserspaß zu allen Jahreszeiten

Badepark Haßloch, Lachener Weg 175, 67454 Haßloch. ✆ 06324/5994-760, www.badepark.de. **Lage:** Südwestrand von Haßloch. **Bahn/Bus:** Rhein-Neckar-Bus 513 (Mo – Sa), 574 (Mo – Fr) bis Badepark. **Auto:** L530 bis Lachener Weg. **Zeiten:** Mai – Ende Sep Mo – Mi, Sa 10 – 20, Do, Fr 10 – 21, Sa, So und Fei 10 – 19 Uhr, Okt – Ende April Mo nur an Fei 10 – 19 und RLP-Ferien 10 – 20 Uhr, Di, Mi, Sa 10 – 20, Do, Fr 10 – 22, So, Fei 10 – 19 Uhr, Einlassschluss 1 Std, Badeende 30 Min vor Schließung. **Preise:** 6 €, 10er Karte 54 €, Spättarif 2 Std vor Schluss 3,80 €, Sauna 12 €; Kinder 6 – 16 Jahre 4 €, 10er Karte 36 €, Spättarif 2,80 €; Ermäßigungen für Familien 1 € pro Pers; Studenten, Azubis, Schwerbehinderte zahlen wie Kinder. **Infos:** Badebereich behindertengerecht.

▶ In dem Allwetterbad ist allerhand los. In der **Halle** gibt es das Mehrzweckbecken für Schwimmer mit 8 Bahnen und einer 45 m langen Riesenrutsche und das Abenteuerbecken mit diversen Spaßelementen für die Erlebnisfans mit Rutschebene, Hangelnetz, Strömungskanal, Wasserbrodel und Wasserpilz. Ein Kanal führt sogar hinaus in ein ganzjährig nutzbares Warmwasserbecken. Das Planschbecken bietet Rutsche, Piratenschiff und Seelöwe. Wellnessfans dürfen sich auf verschiedene Saunen freuen.

In den Sommermonaten tobt das Badeleben im **Freien.** Auch hier findet ihr ein Mehrzweckbecken mit 8 Bahnen und ein Abenteuerbecken mit Breitrutsche, Strömungskanal und Wasserkanone sowie ein Kinderplanschbecken mit Rutsche. Die größte Attraktion ist allerdings der Wasserspielplatz: Auf 450 qm verteilen sich Spritz- und Schwengelpumpen, Matschtisch, Kleinbagger, Sitz-, Kletter- und Spielsteine. Die Liegewiese ist riesengroß, 25.000 qm und ihr könnt Tischtennis, Beachvolleyball oder Freiluftschach spielen. Auf dem Spielplatz gibt es Kletterburg, Rutsche, Torwand und viel Sand.

Der Badepark Haßloch bemüht sich sehr, aus Kindern gute Schwimmer zu machen. Es gibt

♫ Feiert hier mit euren Freunden euren Geburtstag, pro Person 10,90 €. Eintritt, Essen, Getränk und Eis enthalten, ab 4 Kinder und 2 Erw. Anmeldung unter ✆ 06324/980860.

Bistro Neptun, Lachener Weg 175, Haßloch. ✆ 06324/980860. www.badepark.de. Sommer Mo – Mi, Sa 10 – 20, Do, Fr 10 – 21, So, Fei 10 – 19 Uhr, Winter Di, Mi, Sa 10 – 20, Do, Fr 10 – 22, So, Fei 10 – 19 Uhr. Speisen und Snacks, Frischetheke mit Salaten und leichter Kost, großer Biergarten und Kioskbetrieb im Sommer.

Schwimmkurse für Babys (3 – 9 Monate), Anfänger (4,5 – 6 bzw. 6 – 8 Jahre), Power-Kids-Kurs für Fortgeschrittene und Kinderspielnachmittage Do 16 – 18 Uhr.

Sprung ins kalte Wasser? Nö. Im La Ola ist das Wasser 32 Grad warm

© La Ola Landau

Hier schlagen die Wellen hoch

Freizeitbad La Ola Landau, Horstring 2, 76829 Landau. ✆ 06341/13-9200, www.la-ola.de. **Altersempfehlung:** Riesenrutsche ab 6 Jahre. **Bahn/Bus:** Ab Landau Hbf PalatinaBus 507, Südwestbus Regio-Linie 591 bis Hallenbad. **Zeiten:** Mo – Fr 15 – 23 (Ferien RLP ab 10 Uhr), Fr 15 – 23 Uhr, Sa 10 – 22, So, Fei 10 – 21 Uhr. **Preise:** Wasserwelt 120 Min 5 €, ganzer Tag 8,50 €; Kinder bis 5 Jahre 120 Min 1 €, Tag 2 €, Kinder bis 18 Jahre 120 Min 3,50 €, Tag 6 €; Sommerrabatt im Freibad 0,50 €.

▶ Das ist eins der beliebtesten Erlebnisbäder der südlichen Weinstraße, mehrere hunderttausend Menschen besuchen es im Jahr. In dem modernen Hallenbau herrscht ein Mix aus Sport, Spaß und Wellness. Für die großen und kleinen Sportlichen ist das 25-m-Sportbecken mit 3-m-Turm und 1-m-Brett da, für die großen und kleinen Spaßliebhaber heißt das breite Aktionsfeld dagegen Wellenbad mit Meeresbrandung und Wellenkanal, Massagedüsen, Wildbach, Wasserfälle, Wasserpilz, Whirlpools und die 100-m-Riesenrutsche „Black Hole". Die ganz Kleinen können sich derweil im Kleinkindbereich mit eigener Dino-Rutsche und Wasserspielen im 32° warmen Wasser amüsieren.

Das Erlebnisbad verfügt ferner über ein **Außen-Thermalbecken** mit Bodensprudler und Massagedüsen, das auf 32° Wassertemperatur gehalten wird.

Im Sommer wird das Erlebnisbad um eine große **Liegewiese** und eine Sonnenterrasse erweitert.

Rebmeerbad

Hallen- und Freibad Bad Bergzabern, Friedrich-Ebert-Straße 40, 76887 Bad Bergzabern. ✆ 06343/9340-10, https://schwimmbad.vg-bad-bergzabern.de/de. **Barrierefrei:** ja. **Bahn/Bus:** Vom Bhf Bad Bergzabern zu Fuß ca. 15 Min über Weinstraße und Friedrich-Ebert-Straße. **Zeiten:** Freibad Mitte Mai – Mitte Sep Mo – Fr 8 – 20, Sa, So, Fei 9 – 20 Uhr; Hallenbad Mitte Sep – Mitte Mai Mo, Mi, Fr 7.30 – 21, Di, Do 7 – 19.30, Sa 9 – 16, So, Fei 9 – 17 Uhr, Kasse schließt 1 Std, Badezeit 30 Min vor Betriebsschluss. **Preise:** Hallenbad 3,50 €, Freibad 3 €; Kinder 6 – 18 Jahre Hallenbad 2,50 €, Freibad 2 €; Familienmonatskarte 45 €. **Infos:** Tickets gelten im Freibad Bad Bergzabern und Steinfeld.

▶ Das kombinierte und modernisierte Hallen- und Freibad von Bergzabern garantiert für alle Jahreszeiten Wasserfreuden. Im **Hallenbereich** wird in der kalten Jahreszeit im Sportbecken für Wettkämpfe trainiert, vom tribünenartigen Aufbau am Fenster feuern die Zuschauern ihre Favoriten an. Ansonsten befinden sich in der Halle noch das Nichtschwimmerbecken und der Eltern-Kind-Bereich mit Niedrigwasserzone, kleinen Wasserrutschen und bunter Sprühschlange.

Im Sommer schließt das Hallenbad, dafür öffnet das **Freibad.** Dort gibt es in einer riesigen Liegewiese viel mehr Raum zum Herumtollen und dort sind auch Ballspiele möglich. Schwimmerbecken, separate Sprunganlage und ein Freizeitbecken mit vielen Extras, aber auch ein Spielplatz, ein Bolzplatz und eine Cafeteria mit Freiterrasse bereiten euch kleinen Wasserratten viel Spaß.

Freibäder

Oase im Paradiesgarten

Freibad Paradiesgarten, Schwimmbadstraße 29, 67146 Deidesheim. ✆ 06326/981105, www.deidesheim.de/freibad.html. **Zeiten:** Mo 13 – 20, Di – Fr 10 – 20, Sa, So, Fei 10 – 19 Uhr. **Preise:** 4, Abendtarif 2 Std vor Schluss 3 €, 12er Karte 40 €, Saisonkarte 51,10 €; Kinder 6 – 18 Jahre 2,50 €, abends 2 €, 12er Karte 25 €, Saisonkarte 23 €; Familienkarte 2 Erw, bis 4 Kinder 10 €, Dauerkarte Familie 120 €, Eintritt für Pfalzcard-Inhaber ist frei.

▶ Das kleine Bad mitten in den Weinbergen ist ein Ort der ganz kurzen Wege. Das macht es ausgesprochen gemütlich und familienfreundlich. Das 5 Bahnen-Sportbecken hat die verbreitete Größe von 12,5 x 25 m. Dagegen ist der Nichtschwimmerbereich extrem klein. An warmen Sommertagen platz das Bad aus allen Nähten. Es gibt einen Abenteuerspielplatz. Attraktion ist hier die Wasserspielanlage. Ältere Kids und Jugendliche können im Beachvolleyballfeld aktiv werden. Ein Pluspunkt des Freibades Paradiesgarten ist auch das Bistro, dessen Terrasse bis fast ans Sportbecken reicht.

Weitere Freibäder an der südlichen Weinstraße in Maikammer, Edesheim und Steinfeld.

Schwimmen im Burggraben

Freibad im Burggraben, An der Burg, 67317 Altleinigen. ✆ 06356/124174, www.schwimmbad-hettenleidelheim.de. **Zeiten:** Mai – Mitte Sep 9.30 – 18.30, bei schönem Wetter auch bis 20 Uhr. **Preise:** 4,50 €, 12er Karte 45 €, Dauerkarte 70 €, Abendtarif ab 17 Uhr 2,50 €; Kinder 6 – 18 Jahre 2 €, 12er Karte 20 €, Dauerkarte 30 € (jedes weitere Kind 15 €); Familienkarte 140 €. **Infos:** Die Tickets gelten auch im Freibad Altleiningen.

▶ Ein Freibad im Schlossgraben – wo erlebt man denn sowas? In Altleiningen könnt ihr am Fuße der Burg schwimmen gehen! Das Burgbad besitzt ein 25 m langes, 1,80 – 2,25 m tiefes Schwimmerbecken sowie ein Nichtschwimmer- und ein Planschbecken mit kleiner Kinderrutsche, Sandkasten und Kiosk.

Es gibt ein zweites Freibad in Hettenleidelheim mit Schwimmer-, Spaß- und Spielbecken, Liegewiese, Beachvolleyballfeld, Karten gelten für beide Bäder.

Es gibt regelmäßig Schwimmkurse für Kinder. Kinder, die richtig trainieren wollen, können sich dem Schwimmclub Neustadt anschließen. Der Verein ist auch im Wasserball aktiv. www.cms.sc-neustadt.org.

Vielfältiges Schwimmbad

Stadionbad Neustadt an der Weinstraße GmbH, Talstraße 110, 67433 Neustadt a.d.W. ✆ 06321/402-530, www.stadtwerkeneustadt.de. **Zeiten:** Mitte Mai – Anfang Sep täglich 9 – 19 Uhr. **Preise:** 3,50 €, 12er Karte 35 €; Kinder 6 – 18 Jahre 1,70 €, 12er Karte 17 €; Familie Tageskarte 1 Erw mit Kindern 4,50 €, beide Eltern 8 €.

▶ Das Neustädter Stadionbad ist das sportlichste Bad weit und breit. Im **Freibad** hat das Schwimmerbecken mit 50 x 25 m olympische Dimensionen. Im Sprungbecken ist alles möglich, was diese wunderbare Sportart hergibt, denn ihr könnt aus 10, 7,50, 5, 3 und 1 m Höhe abspringen. Auch für weniger Sportliche ist das ein Wasserparadies. Andere haben z.B. reichlich Spaß im Nichtschwimmerbecken, dem man sich per 80-m-Abenteuerrutsche oder Breitbandrutsche nähern kann. Die ganz Kleinen können sich im Doppelplanschbecken und auf dem kleinen Spielplatz austoben. Beide sind teilweise durch Sonnensegel geschützt. Ansonsten können Sportbegeisterte an Land ebenfalls einiges unternehmen, z.B. Beachvolleyball, Fußball oder Tischtennis spielen. Auf der großen Liegewiese gibt es auch Schatten spendende Bäume. Gastronomie ist zur Genüge vorhanden (Gaststätte und Kiosk mit Tischen). Schade, dass die vorbeiführende Straße nach Kaiserslautern arg geräuschvoll ist.

Im Winter wird das Schwimmerbecken in ein **Traglufthallenbad** umgewandelt, sodass das Badeleben in Neustadt ohne Unterbrechung weitergehen kann.

Wasserspaß mit Blick auf das Hambacher Schloss

Freibad Neustadt-Hambach, Förderverein Hambacher Schwimmbad e.V., Diedesfelder Weg 88, 67434 Neustadt a.d. Weinstraße-Hambach. ✆ 06321/80253, www.freibadhambach.de. **Bahn/Bus:** Von Neustadt Bhf PalatinaBus 501 oder 503 (nur 1.5. – 31.10. So, Fei) Richtung Landau bis Horstweg. **Auto:** Parkplatz vorhanden.

Rad: Fahrradabstellplätze. **Zeiten:** Mai – Mitte Sep Mo – Fr 13 – 19 Uhr, Sa, So 10 – 19, in den Sommerferien 10 – 19 Uhr. **Preise:** 3,50 €, 12er Karte 35 €; Kinder 6 – 18 Jahre 1,70 €; Familientageskarte 1 Erw und Kinder 4,50 €, 2 Erw und Kinder 8 €.

▶ Das beheizte Freibad (25°) zu Füßen des Hambacher Schlosses, liegt ausgesprochen reizvoll – die Umgebung besitzt fast mediterranen Flair. Das 50-m-Schwimmerbecken bietet als Kick für mutige Kinder Sprünge von den 1-, 3- und 5-m-Brettern des Turmes. Das 25-m-Nichtschwimmerbecken lässt dank seiner Breitrutsche Spaß aufkommen. Im Planschbecken genießen kleine Kinder das Element Wasser, von ihnen wird auch der beschattete Spielplatz dominiert. Tretet doch mal beim Volleyball, Basketball oder Tischtennis gegen eure Eltern an! Auf der Liegewiese bieten Bäume Schatten. Die Schwimmbad-Gaststätte besitzt eine Schatten spendende Terrasse.

Kurse u.a. Kleinkinder- und Kinderschwimmen.

Waldfreibad Herxheim

St.-Christophorus-Straße, direkt neben dem Waldstadion, 76863 Herxheim. ✆ 07276/8274, www.waldfreibad-herxheim.de. **Bahn/Bus:** Bus 553, 555 (Mo – Fr), 554 (Mo – Sa) bis Freibad. **Zeiten:** Ende Mai – Mitte Sep Mo – Fr 9 – 20, Di, Fr Juni – Aug Frühbaden ab 6.30 Uhr, Sa, So, Fei 8 – 19 Uhr. **Preise:** 3 €, 6er Karte 15 €; Kinder, Jugendliche, Schüler, Studenten 6 – 25 Jahre 2 €, 6er Karte 10 €; Saisonkarte Familie 1. Erw 55 €, 2. Erw 30 €, 1. Kind 15 €, 2. Kind 10 €, weiteres Kind 5 €.

▶ Das Freibad liegt am Waldrand. Sein auf 26° geheiztes Schwimmerbecken hat mit seinen 50-m-Bahnen olympische Maße. Seine Sprunganlage mit 1- und 3-m-Brett ist begehrt bei älteren Kindern und Jugendlichen. Sein Freizeitbecken ist mit seiner 48 m langen Riesenwasserrutsche, der langen Breitrutsche sowie den Schwallduschen, dem Massagepilz und den Unterwasserliegen eine eigene Erlebniswelt für Kinder und Eltern. Die Kleinkinder sind im nur

Ein herrliches Bade- und Freizeitgelände für Kinder aller Altersstufen!

40 cm tiefen Wasser des Planschbeckens mit Wasserpilz, Wasserrutsche und Spritztieren aktiv. Daran ist ein Eltern-Kind-Bereich mit Baby-Wickelraum, Stillecke und Kindertoilette angegliedert. Auf dem viel besuchten Spielplatz stehen u.a. Spielturm mit Rutsche, Wippe und Schaukeln. Eine Hälfte der ausgedehnten Liegewiese wird von hohen Bäumen beschattet, in einem Teil sind Spielfelder für Fußball und Beachvolleyball sowie eine Torwand und Tischtennistische. Zudem gibt es auch noch einen Kiosk mit Sonnen- und Dachterrasse.

Baden & Boot fahren

pmv Öko-Tipp!

Baden und einkehren am Isenach-Weiher

Forsthaus zur Isenach, 67098 Bad Dürkheim. ✆ 06329/8147, https://forsthaus-isenach.de. **Lage:** 11 km westlich von Bad Dürkheim. **Bahn/Bus:** Bus 485 Bad Dürkheim – Isenach bis Abzweig Isenach von der B37 (10 km), dann 300 m zu Fuß auf einem Waldsträßchen, ↗ Webseite. **Zeiten:** März, Nov und Dez Sa und So 11 – 18.30, April – Okt Mi – So 11 – 18.30 Uhr, bei Regen geschlossen. **Infos:** Ruderbootverleih.

▶ Im tiefen Wald liegt ganz romantisch das Forsthaus-Restaurant. Vom gemütlichen Biergarten blickt ihr auf den Stausee. Ferner befindet sich hier ein großer Spielplatz mit Klettergelegenheit und ihr könnt sogar grillen – am offenen Kamin im Gasthaus! Dort gibt es Pfälzer und Elsässer Gerichte, Forellen, Kaffee und Kuchen.

Um den See führt ein Rundwanderweg von 2,8 km Länge. Ihr könnt aber auch ein wenig weiter ausholen und einen 6 km langen Rundweg absolvieren. Am Parkplatz des Blockhauses befindet sich zur Orientierung eine Wanderkarte.

Boot fahren auf dem Hilschweiher

Heide Frankmann, 67480 Edenkoben. ✆ 06323/2973, www.edenkoben.de. **Lage:** 6 km westlich im Wald. **Bahn/Bus:** Bus von Edenkoben bis Haltestelle oberhalb des Kiosks. **Zeiten:** Kiosk Ostern – Okt Sa, So 10 – 18

Dem ausgeschilderten Wasserlehrpfad folgend gelangt ihr an kleinen Wasserfällen vorbei zur Hilschwasserquelle.

Uhr. **Preise:** 2,50 €, Bootsverleih 30 Min Einzelfahrt 3 €; Kinder unter 6 Jahre 1 €, ab 6 Jahre 2 €; Schulklasse ab 20 Pers 1 €.

▶ Der kleine, fischreiche Stausee ist von dichtem Wald umgeben. Ihr könnt auf dem beschaulichen Gewässer Tret- und Ruderboot fahren. Der Bootsverleih an der Anlegestelle bietet zudem einen Mini-Biergarten. Gegenüber vom Kiosk sind die kleinen **Hilschwasserfälle** zu bewundern.

NATUR & UMWELT MIT KARLOTTA

Wandern & Spazieren

Zur Höhle des Drachenfelsen

67098 Bad Dürkheim. **Länge:** 6 km, bei Anwanderung von der Bushaltestelle Abzweigung Saupferch 10 km, schöne Waldwanderung. **Bahn/Bus:** Vom Bhf Bad Dürkheim Bus 485 bis Abzweigung Saupferch, dann 2 km zu Fuß bis zum Start der Rundwanderung. **Auto:** Parkplatz Saupferch.

▶ Diese schöne Rundwanderung durch den Wald beginnt am Parkplatz Saupferch. Zunächst am gleichnamigen **Ausflugslokal** vorbei, folgt ihr der rot-weißen Markierungen Tal aufwärts. Nach 1,5 km geht es rechts ab in den Wald. Es beginnt der Aufstieg zum **Drachenfels** (Gelb/Rot). Es macht schon Spaß durch den Hochwald zu streifen, die Steigung ist erträglich. Ihr folgt dem Weg bis ihr auf einen Weg mit blauen Markierungen kommt. Von dort führt zeigt euch ein Schild zur **Drachenhöhle** den weg. Ihr erreicht den Drachenfelsen an der Südseite, wo er am beeindruckendsten ist. Ihr seht einen gewaltigen Felsen, sogar eine geheimnisvolle Höhle, die begehbar und durch Geländer abgesichert ist. Auf der Höhe, wo eine Treppe zur Höhle hinunterführt, haltet ihr euch für die Weiterwanderung rechts. Die Route führt auf einem Plateau voller knorriger Eichen zum Westfels des Drachenfelsen hinüber. Auch dort sieht es steinig-wild aus. Anschlie-

Waldgaststätte Zum Saupferch, Jägerthal, Bad Dürkheim. ✆ 06329/989021. www.saupferch.de. März – Okt Mi – So 11 – 19, Nov – Feb Mi – Fr 11 – 17 Uhr. Mit Terrasse und Spielplatz, nicht weit der Saupferch, Pfälzer und andere Küche, saisonbedingte Wildgerichte, Vegetarisches, auch kleine Gerichte für Kinder und Senioren, kleine Eiskarte, Kaffe und Kuchen.

ßend geht ihr immerzu herrlich leicht bergab wieder zum **Ausflugslokal Saupferch,** 3 km, hinunter (Blauer Querbalken, 3).

pmv Öko-Tipp!

Triefenbachtal & Sauermilchtälchen

67480 Edenkoben. **Länge:** 6 km hin und zurück, leicht, schon etwas für die jungen Wanderer. **Strecke:** (Edenkoben –) Hilschweiher – Triefenbachtal – Hüttenbrunnen – NFH am Steigerkopf – Hilschweiher (– Edenkoben). **Altersempfehlung:** ab 5 Jahre. **Bahn/Bus:** Mai – Okt nur So, Fei vormittags stündlich Hinfahrt ab Edenkoben PalatinaBus 506 bis Hilschweiher, nachmittags stündlich Rückfahrt nach Edenkoben.

▶ Die Wanderung beginnt am ↗ **Hilschweiher,** der auch schon von Edenkoben Ecke Bahnhof- und Edesheimer Straße aus angewandert werden kann. Ihr folgt dem Roten Kreuz immer durch tiefen Wald und am Bach entlang das romantische **Triefenbachtal** aufwärts. Es ist schluchtartig eng. Nach 2 km steht gegenüber vom Waldparkplatz die vom PWV bewirtschaftete Edenkobener Hütte am ↗ **Hüttenbrunnen.** Ab hier folgt ihr nun der Markierung 4 bis zum **Naturfreundehaus am Steigerkopf** im Sauermilchtälchen, das gut 1 km entfernt ist. Nach der Einkehr und einer ausgedehnten Spielrunde auf dem holzreichen Waldspielplatz geht es auf derselben Route zum Hilschweiher zurück, auf dem von Mai bis Oktober ↗ **Tretboot** gefahren werden kann, was angesichts der mittlerweile wohl gut gefüllten Bäuche bestimmt eine überlegenswerte Alternative ist …

Vom Parkplatz könnt ihr links auf den interessanten Waldlehrpfad mitnehmen (2 km lang, 1. Hälfte bergauf, 2. Hälfte bergab).

NFH am Steigerkopf, Schänzelstraße 3, Edenkoben. ✆ 06323/1851. www.naturfreunde-edenkoben.de. Di, Mi, Fr – So 10 – 18 oder 19 Uhr. Lokal mit Biergarten und Waldspielplatz, einheimische Küche, Tageskarte. Ü im DZ 14,50 €, MBZ 13,50 €, Saal 12,50 €, Blockhütte 14,50 €, Frühstück 4 €; Kinder bis 6 Jahre DZ 10,50 €, MBZ 8 €, Saal 7,50 €, Hütte 10,50 €, Frühstück 3 €, 6 – 14 Jahre DZ 11 €, MBZ 10 €, Saal 9,50 €, Blockhütte 11 €, Frühstück 3,50 €.

Durchs Felsenmeer auf die Kalmit, den höchsten Berg des Pfälzerwalds

67487 St. Martin. **Länge:** Circa 10 km, steiler 4 km langer Aufstieg auf die Kalmit, schwer, aber spannend. **Strecke:** St. Martin – Kalmit – St. Martin. **Altersempfehlung:** ab 10 Jahre.

Auf schmalen Schultern: Im Felsenmeer der Kalmit seht ihr waghalsige Felsformationen

© Hannah Mehrfert

▶ Die Wandertour auf den mit 673 m höchsten Berg des Pfälzerwaldes beginnt tief unten im Zentrum des schönen Weindorfes **St. Martin.** Ihr geht zunächst einmal via Einlaubstraße geradeaus aufwärts. Oberhalb des Dorfes folgt die Route über 1 km dem wildromantischen Altbach. Schließlich geht es rechts über die Straße am **Wirtshaus am Woisel** vorbei und in den Südhang der **Kalmit.** Das ist der Anfang des 4 km langen Aufstiegs (Markierung Weißer Punkt). Da müsst ihr euch mächtig ins Zeug legen! Zuerst geht es am steinigen Bett eines Quellbaches entlang. Das sieht sehr abenteuerlich aus und am Weg stehen hohe Kiefern. Gut 2 km oberhalb der Straße trefft ihr an der **Schutzhütte am Hüttenberg** ein, dem heiß ersehnten Rastplatz. Von dort orientiert ihr euch nach links und folgt der rot-weißen Markierung. Die nächsten 800 m sind vor allem auf der zweiten Hälfte absolut spannend, denn da schlängelt sich der Wanderweg, der jetzt kaum noch steigt, durch ein Meer von gewaltigen Felsen – genannt Felsenmeer – die vielfältig durch die Kräfte von Wind und Wetter geformt sind. Nach diesem Spektakel steigt die Route wieder. Es kommt bald ein Parkplatz. Danach sind es nur noch wenige hundert Meter auf den **Gipfel der Kalmit.** Dort könnt ihr an Sonntagen einkehren, zu anderen Zeiten setzt ihr euch an einen der massiven Holztische und packt den Proviant aus. Die Aussicht auf die Weinstraße und die Rheinebene ist fantastisch. Noch besser wäre sie wohl vom Fernmeldeturm, der hinter dem Lokal aufragt, aber nicht

Mit jüngeren Kindern lohnen sich vom Kalmit-Parkplatz Kurzwanderungen zum Kalmitgipfel oberhalb oder zum Felsenmeer unterhalb.

PWV Kalmithaus, Ortsgruppe Ludwigshafen-Mannheim, Kalmit, St. Martin. © 06321/5424. www.kalmithaus.de. Mi – So, Fei 11 – 17 Uhr. Pfälzer Spezialitäten, Kaffee und Kuchen.

bestiegen werden darf. Nach der gemütlichen Pause beginnt der lange Abstieg nach St. Martin. Euch leitet jetzt ein dicker Roter Punkt durch den breiten Kiefer-Hochwald mit einem Heidekraut-Teppich. Knapp 3 km unterhalb des Kalmithauses seid ihr wieder an der Straße zum Elmsteiner Tal/Kalmit, allerdings 800 m weiter unten. Am Ende der tollen Rundwanderung geht es wieder zuerst am quirligen Altbach und dann auf den Straßen des Dorfes ins Zentrum von St. Martin hinunter.

Rundwanderung zur Kropsburg

67487 St. Martin. **Länge:** Circa 6 km, nur am Anfang 1 km bergauf, sonst leicht, abwechslungsreich. **Strecke:** St. Martin – Kropsburg – Altbachtal – Rasthaus an den Fichten – St. Martin. **Altersempfehlung:** ab 6 Jahre. **Bahn/Bus:** PalatinaBus 501, 503 (nur Mai – Okt So, Fei) Neustadt Hbf – St. Martin Ortsmitte.

▶ Ihr startet im malerischen Ortskern des Weinortes **St. Martin.** Von der Mühlstraße geht über die Straße in den Kreuzweg. Nun beginnt der steile Aufstieg zur 1 km entfernten **Kropsburg.** Zuerst verläuft er durch Weinberg, dann durch Wald. In der Vorburg der Burgruine befindet sich die **Burgschänke,** da könnt ihr euch von den Anstrengungen des Aufstiegs erholen. Schade, dass der Besitzer der Burg die Oberburg gesperrt hat.

An der Burg biegt ihr nach rechts ab und folgt der Markierung Roter Punkt in das **Altbachtal** hinunter. In diesem geht ihr aufwärts der Grün-weißen Markierung folgend. Das ist ein schnell fließendes Gewässer, an dem dichtes Gehölz steht. Nach etwa 1,5 km kommt ihr an das ↗ **Rasthaus an den Fichten.** Dort bekommt ihr Hüttenkost. Direkt am Haus liegt ein prima Spielplatz. Nur gut 100 m entfernt gibt es sogar einen langen Barfußpfad. Ihr kehrt schließlich auf dem schmalen Weg den Altbach abwärts nach **St. Martin** zurück. Den ersten Abschnitt der Route kennt ihr ja vom Hinweg. Da-

Burgschänke an der Kropsburg, An der Kropsburg 5, St. Martin. ✆ 06323/5924. www.burgschaenke-kropsburg.de. Sommer 11 – 18 Uhr, Di Ruhetag, Winter Mi – So 11 – 17 Uhr. Große Gartenterrasse, lange Speisekarte, mit internationaler und Pfälzer Küche, auch mehrere Gerichte für Kinder.

Nicht weit vom Ausgangs- bzw. Endpunkt der Wanderung gibt es im Kurpark St. Martin (Im Stöckelfeld 7) Spielanlagen für **Minigolf, Boccia und Suffle Board.** Die Spielgeräte könnt ihr im Park Café ausleihen.

nach geht's immer geradeaus ins Ortszentrum hinunter.

Zum Märchenhaus mitten im Wald

Eußerthal – Geldmünzhütte und zurück, 76857 Eußerthal. **Länge:** 8 km hin und zurück, immer im Wald, nicht schwer. **Strecke:** Eußerthal – Geldmünzhütte Siebeldingen. **Altersempfehlung:** für Kinder ab 7 Jahre. **Bahn/Bus:** Südwestbus 522 Ramberg – Landau.

▶ Ihr startet am Nordwestrand von **Eußerthal.** am Parkplatz vor dem Sportplatz. Es geht immer leicht ansteigend im zunächst weiten, danach aber sehr engen und dicht bewaldeten Dürrental aufwärts (Markierung Gelb, bis zur Hütte). Am Anfang kommt ihr an drei Weihern vorbei. Danach seht ihr den schmalen Bergbach, der euch stets begleitet. Das macht schon Spaß. Ab und an ein Spielpäuschen ist nicht schlecht. Erst zum Schluss geht es stärker bergauf. Die **Geldmünzhütte** in der engen Waldschlucht hat etwas Märchenhaftes an sich. Es gibt eine gemütliche Gaststube sowie Tische im Freien, einfache Gerichte, Kaffee und Kuchen, Spielmöglichkeiten für Kinder – wenn das nicht ein gutes Angebot ist? Ihr kehrt auf derselben Route zurück, nun immer bergab. Deutlich anstrengender und länger wäre der Rundweg via Birkental und Schweinswoog.

Geldmünzhütte PWV Siebeldingen, Eußerthal. ✆ 04345/7826. ottgoeppel-gbr.online.de/geldmuenzhuette.html. So, Fei April – Sep 9.30 – 18, Nov – März 10 – 17 Uhr, Weihnachten, Neujahr, Ostersonntag und an schlechten Wintertagen geschlossen. Pfälzer Hüttenkost von Wurstbrot bis Erbsensuppe, selbst gemachter Kuchen, Spielplatz.

Auf dem Waldgeisterweg zu Gustav der Schnecke

76889 Oberotterbach. **Länge:** 5 km hin und zurück, leichte Orientierung, Markierung Gelb-Grüner Balken, steigungsfrei. **Strecke:** Oberotterbach – Otterbachtal – Oberotterbach. **Altersempfehlung:** ab 4 Jahre. **Kinderwagen geeignet:** ja.

▶ Die Kurzwanderung beginnt im Zentrum von **Oberotterbach.** Es geht nach Südwesten auf der Oberdorfstraße aus dem gemütlichen Weinort hinaus. Nachdem ihr die letzten Häuser hinter euch gelassen habt, führt der Spaziergang durch Wald

Naturgeister: Wie viele könnt ihr entdecken?

© Annette Sievers

Waldgaststätte im Schützenhaus, Oberdorfstraße 74, Oberotterbach. ✆ 06342/7522. schützenhaus-oberotterbach.de. täglich ab 11 Uhr. Pfälzer Küche, Flammkuchenspezialitäten.

und Wiesen ganz sanft steigend im **Tal des Otterbaches** aufwärts. Auf den nächsten 2 km streift ihr durch eine wundersame Baumwelt voller Waldgeister – zwei Dutzend bunter Gestalten aus Holz, manche pfiffig, andere finster oder witzig dreinblickend. Ein einheimischer Künstler hat sie im Baumstamm, Wurzelwerk oder freistehend geschaffen. Ob ihr wohl alle entdeckt? Sicherlich werdet ihr aber Gustav, die Schnecke am Ende der Geisterversammlung nicht übersehen. Dann geht's wieder auf derselben Route nach **Oberotterbach** zurück. Prima, dass im **Schützenhaus** am Ortsrand noch die Möglichkeit zum Einkehren besteht.

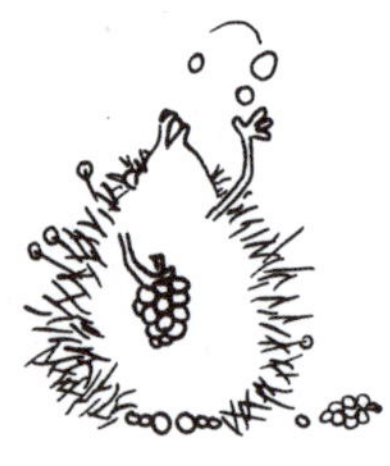

Umwelt erforschen

pmv Öko-Tipp!

Mit dem NABU der Natur auf der Spur

Naturschutzzentrum Hirtenhaus Mörzheim, NABU-Ortsgruppe Landau, Brühlstraße 21, 76829 Landau-Mörzheim. ✆ 06341/31628, www.nsz-hirtenhaus.de.
Altersempfehlung: ab 4 Jahre. **Zeiten:** ↗ Webseite.
Infos: Die Termine und die z.T. kommentierte Übersicht zu den Themen der Naturschule sowie dem Umwelt-Diplom für Kinder ab 8 Jahre findet ihr auf der Internetseite.

▶ Anfang der 90er-Jahre wurde das im Verfall begriffene Hirtenhaus von Mörzheim von der NABU-Ortsgruppe Landau in fleißiger Kleinarbeit renoviert, um fortan als Naturschutzstation und Zentrum für Umwelterziehung zu dienen. Heute ist es ein sehr lebendiger Ort, erfüllt von Diskussionen, Vorträgen, Dia-Schauen und Seminaren sowie Ausgangspunkt von zahlreichen naturkundlichen Exkursionen und Naturschutzaktivitäten. Der NABU Landau hat auch einen eigenen Weinberg und eine eigene Streuobstwiese, die beide natürlich ökologisch bewirtschaftet werden.

Naturgeburtstage für Kinder ab 5 Jahre mit bis zu 10 Freunden, im Freien, zu jeder Jahreszeit, ein alters- und jahreszeitgemäßes Thema, Dauer 3 Std, wetterfeste Kleidung und festes Schuhwerk erforderlich, unterschiedliche Preise auf Grund unterschiedlicher Materialkosten.

Kindergartengruppen und Schulklassen können im Rahmen der Naturerlebnisschule zu allen Jahreszeiten unter NABU-Regie in der Natur unter zahlreichen thematischen Aspekten auf Entdeckungsreise gehen und sich im Umweltschutz betätigen. Die Themen umfassen Insekten, Streuobstwiesen, Samen und Früchte, Bäume, Laubstreu, Spinnen usw.

Ein Einhorn! Sie hat sich einen Dorn auf die Nase geklebt

In allen Ferien gibt es spannende Programme für Kinder ab 7 Jahre. Ein tolles Fest ist der Tag der offenen Tür im April. Kinder, die sich aktiv in Natur und Umwelt engagieren wollen, können in der Naturschutzjugend NAJU aktiv werden.

pmv Öko-Tipp!

Rheinland-pfälzisches Storchenzentrum

Aktion Pfalzstorch e.V., Christiane Hilsendegen, Kirchstraße 1, 76879 Bornheim (Weinstraße). ✆ 06348/610757, www.pfalzstorch.de. **Bahn/Bus:** Bus 539 bis Linde direkt vorm Haus. **Zeiten:** Mo, Mi 13 – 16, So 14 – 17 Uhr sowie nach Anmeldung. **Preise:** 3,50 €, Storchentour 5 €; Kinder ab 6 Jahre 2 €, Storchentour 3,50 €; Familienkarte 8 €.

▶ Seit einigen Jahren sind wieder Störche in Rheinland-Pfalz heimisch. Das Storchenzentrum, einzige Institution dieser Art in der Pfalz, bietet eine informative Ausstellung mit interaktiven Stationen. Hier könnt ihr die Lebensweise des Weißstorches und die Lebensräume der Schwarz- und der Weißstörche erkunden. An einem großen Modell dürft ihr selbst

Mit dem Storchenzentrum ist die **Storchenscheune** verbunden, in der verletzte Störche gepflegt werden. In den Weppen 1, 76879 Bornheim.

ausprobieren, wie die für Störche wichtige Wiesenbewässerung funktioniert. Im Umweltbereich könnt ihr lernen wie ihr Vögel bestimmen könnt und welche Pflanzen und Tiere auf der Wiese und im Wasser leben.

Freizeit im Aktionszentrum Kaiserbacher Mühle

Ihr könnt in der Kaiserbacher Mühle toll Geburtstag feiern. Themen sind u.a.: Magische Hexenfeier, Wilder Indianergeburtstag, geheimnisvolle Schatzsuche, mit Robin Hood in den Wald oder Tiere erleben.

Aktionszentrum Kaiserbacher Mühle Klingenmünster, Lobby für Kinder e.V., Kaiserbacher Mühle, 76889 Klingenmünster. ✆ 06349/928415, www.lobbyfuer-kinder.de. **Bahn/Bus:** Bus 531 und 540 ab Landau. **Auto:** 2 km nördlich von Klingenmünster-Zentrum an der B48 Richtung Annweiler. **Infos:** Veranstaltungskalender mit Gebühren auf der Internetseite.

▶ Der Verein Lobby für Kinder ist in der Kaiserbacher Mühle zu Hause, einem eindrucksvollen großen Gebäudekomplex, der in den letzten Jahren mit viel Engagement samt Ställen renoviert und wohnlich gemacht worden ist. Das abwechslungsreiche Außengelände mit seinen verschiedenen Spielbereichen am Bach, im Wald und auf den Wiesen eignet sich vorzüglich für Freizeitaktivitäten mit Kindern.

Der Verein möchte Kinder für die unmittelbare Natur und Tierwelt sensibilisieren, aber auch einen

Wo kommt das Gemüse her? Im Schulbauerngarten der Kaiserbacher Mühle baut ihr es selbst an!

© Aktionszentrum Kaiserbacher Mühle

Blick für globale Zusammenhänge öffnen. Kreativität, Gemeinschaft und Verantwortung werden gefördert. Innerhalb von 14 Jahren hat der Verein ein erstaunlich vielfältiges Programm für Kinder, Familien mit Kindern und Erwachsene entwickelt, das von verschiedensten Menschen, z.B. Natur-, Kunst- und anderen Pädagogen getragen wird. Einige Aktivitäten, wie der *Club der Natur- und Tierfreunde, Spiel & Spaß in der Natur,* eine *Spielgruppe* für Krabbelkinder, *Treffen der Natur-Ranger* und der *Steinbildhauerkurs,* werden regelmäßig angeboten. In den Ferien finden Freizeiten statt.

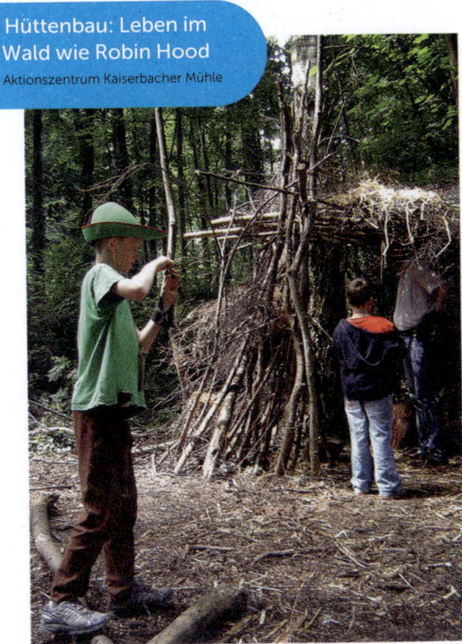
Hüttenbau: Leben im Wald wie Robin Hood
© Aktionszentrum Kaiserbacher Mühle

Naturerlebnispfade

Walderlebnispfad Am Eichelgarten

67454 Haßloch. www.hassloch.de. **Lage:** Start am Parkplatz August-Schön-Weg, Südrand von Haßloch, 2 km lang. **Zeiten:** immer zugänglich.

▶ Der Walderlebnispfad beginnt am Südrand des Städtchens. Es geht tief in den Wald hinein. Er hat 13 Stationen, an denen ihr Informatives über den heimischen Wald und die verschiedenen Baumarten erfahrt. Ihr könnt das Baumtelefon benutzen, Bäume messen, auf die Pirsch gehen oder das Bienenhotel betrachten. Langweilig wird euch auf den Stationen jedenfalls nicht. Ein Barfußpfad wurde auch in den Walderlebnispfad integriert, hier müsst ihr die Schuhe abstreifen und barfuß weiter gehen. Er führt sogar durch einen Bach und über einen Holzsteg. Der Barfußpfad ist übrigens Teil eines langen Spiel-

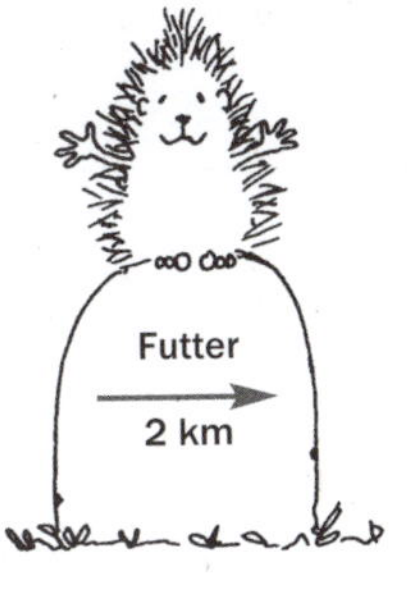

@ Auf der Internetseite gibt es einen Plan, den ihr euch aufs Handy laden könnt.

weges mit vielen Spielgeräten. Sogar ein Hochsitz mit Leiter und eine Schutzhütte gehört dazu.
Ihr kehrt von Station 13 auf bekannter Route zum Ausgangspunkt zurück. Dort ist rechts ganz nahe das *Naturfreundehaus Haßloch,* wo man einkehren kann (auch Biergarten, geschlossen, Do). Etwas weiter östlich ist als weiteres interessantes Objekt der bekannte ↗ **Vogelpark.**

Freizeitgebiet und Naturerlebnispfad im St. Martiner Tal

67487 St. Martin. ✆ 06323/5300, www.sankt-martin.de. **Lage:** Knapp 3 km westlich von St. Martin. **Bahn/Bus:** Bus 501 (Neustadt – Maikammer – Edenkoben – Landau) oder Kalmitexpress Neustadt – Maikammer – St. Martin – Kalmit (So, Fei). **Auto:** K514 Richtung Totenkopfhütte.

▶ Familien können viel unternehmen in den Wiesen und im Wald des schönen St. Martiner Tals. Direkt am Eingang befinden sich auf dem Weg die ersten Info-Stationen des 3,2 km langen **Naturerlebnispfades.** Dann umrundet ihr den beschaulichen Entenweiher, während ihr Teilstück für Teilstück des tollen circa 500 m langen **Barfußpfades** absolviert: Splitt, Kies, Sand, Rinde, Balancierstämme, Steine, Matsch, Wiese und Wasser kitzeln eure Sohlen. Oberhalb liegt ganz nahe das **PWV-Rasthaus an den Fichten.** Dort befindet sich ein gut ausgestatteter Spielplatz mit Schwebebahn, Rutsche, Wippen, Schaukeln und Sand.

PWV Rasthaus an den Fichten, St. Martin. ✆ 06323/7844. haus-an-den-fichten.de. Mai – Okt Mo – So 9.30 – 19, Nov – April 9.30 – 18 Uhr. Hüttenkost, Spielplatz, Barfußpfad.

Weiter in Richtung Nordosten ist der Naturerlebnispfad als **Rundlehrweg** angelegt. Er führt fast vollständig durch Wald, das Profil ist abwechslungsreich und eine Reihe recht interessanter Naturphänomene und Infotafeln säumen den Weg. Es geht um Benjeshecke, schwarzen Holunder, Haselnuss sowie verschiedene Lebensräume wie Feuchtbiotop, Waldrand und Totholz. Ein schöner Flecken zur Rast ist die Kirchquelle.

Bäume des Waldes

Waldlehrpfad im Edenkobener Tal, Forstamt Haardt, Westring 6, 76829 Landau. © 06341/92789, www.edesheim.de. **Länge:** 2 km langer, gut ausgebauter Rundweg, der auch mit dem Kinderwagen bewältigt werden kann. **Kinderwagen geeignet:** ja. **Auto:** Parkplatz Hüttenbrunnen. **Zeiten:** Ganzjährig begehbar.

▶ Kennt ihr die Holzbirne, die Douglasie oder die Weymouthkiefer? Auf dem Waldlehrpfad informieren euch Bildtafeln über die Vielzahl von Sträuchern und Bäumen. Auch über allgemeine Zusammenhänge im Ökosystem Pfälzerwald werdet ihr aufgeklärt. Dass im Wald herumliegendes totes Holz Nahrung und Unterschlupf für viele Tiere bedeutet, wisst ihr bestimmt schon. Aber habt ihr schon mal einen Waldbodenaufschnitt gesehen oder etwas über die Wichtigkeit der Waldameisen gehört? Waldameisen sind nämlich Allesfresser und sorgen so für einen sauberen, gut gedüngten Wald. Unter anderem fressen sie zudem viele Forstschädlinge wie Borkenkäfer. Gleichzeitig dienen sie Vögeln wie dem Grünspecht als Nahrungsgrundlage. So ist das in der Natur …

Im Wanderheim ↗ **Hüttenbrunnen** neben dem Parkplatz könnt ihr einkehren.

?! *Schon gewusst, dass sich die Zapfen der Tanne im Herbst bis auf die Spindel entblättern? Auf dem Waldboden sind also nie vollständige Zapfen zu finden. Falls ihr schon einmal ganze Zapfen gesammelt habt, waren das bestimmt Fichtenzapfen.*

Tierparks & Bauernhöfe

Sibirische Tiger Igor und Ninoshka

Zoo Landau, Hindenburgstraße 12 – 14, 76829 Landau. © 06341/13-7010, 13-7002 (Kasse). www.zoo-landau.de. **Kinderwagen geeignet:** ja. **Barrierefrei:** ja. **Bahn/Bus:** Vom Bhf Landau Mo – Fr Bus 501, 507, 522, 523, Sa, So, Fei Bus 501, 522 bis Zoo. **Zeiten:** April – Sep 9 – 18, Nov – Feb 10 – 16, März und Okt 9 – 17 Uhr, Kassenschluss 1 Std vor Schließung. **Preise:** 10,50 €, Jahreskarte 35 €; Kinder 4 – 12 Jahre 4,50 €, Jugendliche 13 – 17 Jahre 8 €, Gruppe ab 20 Pers 2,50 bzw.

3,50 €, Jahreskarte 15 bzw. 25 €; Senioren 9 €, Gruppe ab 20 Pers 5,50 € pro Pers, Familie 1 Erw, 2 Kinder 14,50 €, 2 Erw, max. 4 Kinder 25 €. **Infos:** Hund 3,50 € (Zutritt eingeschränkt), Bollerwagenverleih 2 €, Rollstuhlverleih kostenlos, Kombikarten für Zoo Landau, Tiergarten Heidelberg und Zoo Karlsruhe sowie Zoo Landau und Freizeitbad La Ola.

▶ Mehr als 600 Tiere aus über 100 meist exotischen Arten leben im Landauer Zoo. 2012 wurde der Zoo um ein großes Dromedargehege erweitert, in dieses kann man außerhalb des Zoo durch ein breites Schaufenster schauen und so Lust auf einen richtigen Zoobesuch bekommen.

Affenfütterung um 15.30 Uhr, Zeiten für übrige Tierfütterungen werden auf einer Tafel im Eingangsbereich angezeigt.

Im **Warmhaus** und dessen Außenanlagen leben interessante Affenarten, z.B. Schimpansen, Braunkopfklammeraffen, Weißhandgibbons und die sehr selten in Zoos gehaltenen Weißscheitelmangaben. Neben den Primaten befinden sich im Haus auch Aquarien und Terrarien mit den verschiedensten Fischen und Insekten, Vögeln und Krallenaffen. Die beliebtesten kleinen Affen sind die Kattas von der Insel Madagaskar, sie leben in einer geräumigen Außenanlage am Warmhaus. Eine weitere Attraktion sind die **Freiflugvoliere** für südamerikanische und afrikanische Vögel und der **Flamingoteich.** Daran schließt sich die naturnah gestaltete **Afrikaanlage** mit Streifengnus, Hartmann-Bergzebras und Natal-Rotduckern an. Es wird viel Wert auf eine naturnahe Tierpräsentation gelegt, so dass noch weitere Tierarten in Gemeinschaftshaltungen gezeigt werden. Die Pinselohrschweine teilen sich das Gehege mit den großen Watussi-Rindern. Auf einem felsigen Gelände seht ihr die hübschen Pinguine herumwatscheln, bei deren Fütterung ihr zusehen könnt. Mindestens genauso viel Spaß macht diese Schau bei den benachbarten Robben. Aus der Nähe könnt ihr noch Kängurus im Sand liegen sehen. Aus der Familie der Wildkatzen sind Luchs, Jaguar, Sudan-Gepard und sibirische Tiger vertreten.

Verspielt: Die Otter lieben es, herumzutollen

© Zoo Landau

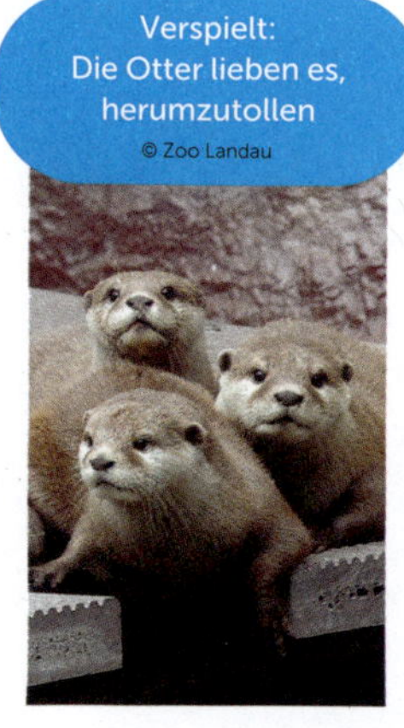

Die kleineren Kinder fühlen sich bei den Zwergziegen und Kaninchen des **Streichelzoos** wohl. Und zwischendurch reizt der wunderbare Spielplatz.

Tierforscher: Im Zoo Landau und in seiner Zooschule kommt ihr den Tieren ziemlich nahe
© Zoo Landau

pmv Öko-Tipp!

Lernen für Umwelt und Natur

Zooschule Landau, Hindenburgstraße 12 – 14, 76829 Landau. ✆ 06341/13-7010, www.zooschule-landau.de. **Bahn/Bus:** ↗ Zoo. **Zeiten:** März – Okt 9 – 18, Nov – Feb bis 16 Uhr, Kassenschluss 1 Std vorher; Bürostunden Mo – Fr 8 – 13.30 Uhr. **Preise:** Kita, Schulklasse 45 € bis 15 Kinder und 2 Erw, weiteres Kind 2,50 €, ab 5. Klasse 60 €. **Infos:** Abends Erlebnisführungen für Familien, Anmeldung für Kindergeburtstage und Workshops ✆ 06341/13-7002.

▶ Das pädgogische und ökologische Wirken des Landauer Zoos drückt sich in der „Schule für Nachhaltigkeit“ aus. Zahlreiche Kindergartengruppen und Schulklassen sind hier vormittags aktiv. In Kooperation mit der Universität Koblenz-Landau beschäftigt ihr euch in kleinen Gruppen mit ein oder zwei Tierarten und lernt sie intensiv kennen. Ganz obenan steht der Arten- und Tierschutz – theoretisch und praktisch. Lehrer und Erzieher können aus 20 unterschiedlichen Unterrichtseinheiten auswählen. Sehr reichhaltig ist auch das Zooschulen-Programm in den Ferien. Dann könnt ihr nachmittags informative Werkstunden besuchen oder sogar an mehrtägigen Sonderworkshops teilnehmen.

Die Zooschule Landau ist nicht ausschließlich für Kinder, es gibt auch Veranstaltungen für Erwachsene, Senioren und Behinderte.

♫ Feiert euren Geburtstag mit den Tieren! Ihr bekommt eine Führung durch den Zoo, könnt in der Zooschule basteln und eins der Zooschultiere streicheln! Fühlt mal Schlange, Frettchen, Minischwein, Ziege, Schaf, Bartagame oder Schildkröte. Ab 4 Jahre 5 Kinder 60 €, weiteres Kind 5 €, bis 10 Vorschulkinder 70 €, weiteres Kind 3,50 €, ab 6 Jahre 2,5 Std bis 10 Kinder 80 €, weiteres Kind 5 €, 3 Erw frei.

Kinder und Jugendliche können in der Jugendgruppe aktiv sein, regelmäßige Treffen mit tollen Aktionen, einmal im Monat Sa 14 – 16 Uhr.

Restaurant Zum Vogelpark, Rennbahnstraße 161, Haßloch. ✆ 06324/929707. www.vogelpark-hassloch.de. Di – Fr 11 – 14.30 und 17 – 22 und Sa, So 11 – 22 Uhr. Gutbürgerliche Küche, täglich wechselndes Stammessen.

?! *Wie viele große **Wüsten** kennt ihr schon mit Namen?*

Vögel im Haßlocher Wald

Vogelpark Haßloch, Rennbahnstraße 161, 67454 Haßloch. ✆ 06324/1553, Handy 0157/85841636. www.vogelpark-hassloch.de. **Lage:** Im Südosten von Haßloch auf dem Sumpfgelände eines ehemaligen Fischweihers vis-à-vis der Pferderennbahn. **Bahn/Bus:** R1 von Ludwigshafen, von R6 Neustadt a.d.W. sowie S1, S2. **Zeiten:** von Tagesanbruch bis Einbruch der Dunkelheit. **Preise:** Eintritt frei.

▶ Wundert euch nicht, wenn euch ein Pfau entgegenstolziert oder ein Hahn euch ankräht: Im Haßlocher Vogelpark sind viele Vögel zu Hause. Schön anzusehen sind die Teiche mit den Gänsen, Schwänen, Teichhühnern und zahlreichen Entenarten, interessant ist das Feuchtbiotop des Weißstorches. Infotafeln klären über das Woher und Wohin auf. In den zahlreichen Volieren sind sowohl einheimische Vögel wie Kohlraben (Kolkraben), Graureiher, Hühner, Wachteln und Amseln als auch fremdländische Vögel wie Mohrenkopfpapageien, Nilgänse, Königsfasane, Gelbbrustaras oder Webervögel zu sehen. Laufvögel wie Emu, Nandu und Nutria können ihre langen Beine in Gehegen trainieren. Nicht zu übersehen sind die großen Stein- und Reisighaufen, die von wildem Leben erfüllt sind, sowie die Infohütte mit Nistkästen. Ihr könnt auch einkehren und den Spielplatz mit Kriechröhre, Schaukeln und Rutsche besuchen.

Minifrösche und Riesenkrokodile

Reptilium Terrarien- und Wüstenzoo GmbH, Werner-Heisenberg-Straße 1, 76829 Landau. ✆ 06341/59796660, www.reptilium.de. **Lage:** Zentrum. **Bahn/Bus:** Von Hbf Landau 10 Min Fußweg. **Zeiten:** Täglich 10 – 18 Uhr, Führungen für Kindergärten, Schulklasse und Gruppe. **Preise:** 16,50 €, Mi 12,50 €; Kinder 4 – 14 Jahre 11,50 €, Mi 7,50 €; Familienkarte 2 Erw, 2 Kinder 54 €, jedes weitere Kind 7,50 €, ermäßigt für Behinderte, Schüler, Studenten, Rentner, Gruppe ab 15 Pers 12,50 €.

Infos: Schaufütterungen und Tierpräsentationen täglich, Fütterung der Riesenschlangen während der Zoo-Nacht 1. Do im Monat.

Winzling: Minifrosch auf Minihand
© Hannah Mehrfert

▶ Im Reptilium leben über 1000 Tiere aus 125 Arten: Krokodile, Schlangen, Fröschen sowie wirbellose Tiere wie Riesentausendfüßer, Skorpione und exotische Spinnen.
Es gibt ein **Nachthaus** mit nachtaktiven Reptilien und zwei große, tropisch-warme Hallen:
Das **Terrarium** ist vor allem das Reich der Reptilien und Amphibien der feuchten Tropen und Subtropen. Ihr seht große Schlangen wie eine Gelbe Anakonda oder ein 8 m langer Tigerpython, Sumpfkrokodile, Kaimane, Schildkröten mit unterschiedlich gemusterten Panzern und bunte Leguane.
In der **Wüstenhalle** sind ihre Artgenossen der trockenen Tropen zu sehen. Kaum zu glauben, wie die Tiere es schaffen, selbst in heißesten Zonen zu überleben. Die Savanne, eine Halbwüste, ist gar für ihren Artenreichtum bekannt. Seid schon mal neugierig auf die großen Kapwarane und Nashornleguane sowie die kleine Felsenklapperschlange und stellt euch auf allerlei Überraschungen ein, denn diese Halle ist gleichzeitig Erlebnissektor. Zum Glück gibt es in dieser Wüste Eis und Limo für euch, im Bistro nämlich. Besonders schön und lehrreich ist es, an den stündlichen **Fütterungen** und Tiervorführungen teilzunehmen. Bei einer Schlangenpräsentation dürft ihr euch die Schlange sogar um den Hals legen und ein Foto schießen lassen. In der **Brut- und Jungtierstation** seht ihr die Eigelege während der Brutzeit und könnt – mit etwas Glück – Geckos, Schlangen und Agame beim Schlüpfen beobachten.

♫ Geburtstagsfeier min 2,5 Std, freier Eintritt für Geburtstagskind, weitere Kinder 5 – 14 Jahre 6,50 €, ab 15 Jahre 11,50 €, Geburtstagspauschale mit Erlebnisführung mit Schlangen und andere Tiere füttern 70 €, Geburtstagsmenü, Gratis-Jahreskarte als Geschenk für Geburtstagskind.

Hofladen Annweiler: Mi und Fr 9 – 17 Uhr. **Hofladen Gut Hohenberg:** Mi und Fr 10 – 16 Uhr. Schüler dürfen hier mitarbeiten und so den letzten Schritt der Produktionskette miterleben. Ihr verkauft die hofeigenen Sachen wie z.B. Getreide, Kräuter, Gemüse, Eier und Kekse aus der Schulbäckerei.

pmv Öko-Tipp!

Vorbild der Ökolandwirtschaft

Gut Hohenberg – Schulbauernhof | Naturkindergarten, Krämerstraße, 76855 Queichhambach. ✆ 06346/ 928555, www.gut-hohenberg.de. **Lage:** Am Südostrand oberhalb von Queichhambach, ein wenig außerhalb. **Bahn/Bus:** Südwestbus 522 Landau – Ramberg, 523 Landau – Hauenstein. **Infos:** Ausführliche Informationen zur Landwirtschaft des Gutshofes, der pädagogischen Konzeption und zu den Angeboten unter www.soel.de.

▶ Die Stiftung *Ökologie & Landbau,* SÖL, hat 1998 das Gut Hohenberg in Queichhambach bei Annweiler gekauft, um daraus einen Modell- und Lernbauernhof des ökologischen Landbaus zu machen. Es entstand ein Ort, an dem umweltschonende Landwirtschaft betrieben und gleichzeitig erlebbar wird. Der landschaftlich wunderschön inmitten von Wiesen, Weiden und Streuobstwiesen mit mehreren hundert Bäumen gelegene Hof betreibt eine vielseitige Landwirtschaft, zu der Ackerbau, Waldwirtschaft und ein bunter Bauerngarten gehören. Auf dem Öko-Bauernhof leben Pferde, Kühe, Ziegen, Schweine, Katzen, Bienen und allerlei Untermieter aus der Vogelwelt. Erzeugt werden Kartoffeln, Getreide, Kürbisse, Eier, Milch, Apfelsaft, Marmelade, Brot sowie Fleisch von Rindern, Schweinen und Hühnern. Schulklassen können in zumeist 4-tägigen Aufenthalten die naturschonende Landwirtschaft kennen lernen und sogar aktiv werden – z.B. Kartoffeln legen oder ernten, Heu einfahren helfen, Äpfel sammeln und keltern, Ziegen und Kühe melken, Ställe ausmisten und Tiere füttern oder im Bauerngarten pflanzen, gießen oder jäten sowie die Milch zu Quark, Butter oder Käse verarbeiten. Die Schulkinder haben einen eigenen Trakt mit Blick auf den Hohenberg und Ess-, Spiel- und Aufenhaltsraum sowie mit anschließender großer Küche und vier Schlafsälen im Obergeschoss. Im Außenbereich befinden sich ein Grillplatz und eine Kletterwand. Insgesamt gibt es viel Platz zum Spielen, Entdecken und Herumtollen. Schüler können außerdem bei einem Tagesaufenthalt für 2 – 3 Stunden auf dem Gutshof dabei sein. Schade, dass es noch kein Angebot für Familienferien auf dem Bauernhof gibt.

Glückliches Schweineleben: Auf Gut Hohenberg könnt ihr beim Füttern helfen

© Unplash

Ponyreiten

Ponyfarm & Gestüt Die Pfalz, Frank, Helga und Ulrich Tettenborn, An der Ponyfarm 1, 67454 Haßloch. ✆ 06324/3614, www.ponyfarm-pfalz.de. **Lage:** Neben dem Holiday Park, 3 km südlich von Haßloch, am Haßlocher Wald. **Bahn/Bus:** Bus 518 bis Holiday Park. **Zeiten:** nach Absprache. **Preise:** Ponyreiten 30 Min 20 €, Reitunterricht Gruppe 60 Min 22 €, Einzeln 45 Min 30 €, Ausritt ab 25 €; Ferienwoche 7 – 9 Jahre 435 €; Vereinsmitglieder zahlen weniger.

▶ Die Ponyfarm weist eine Reihe von Besonderheiten auf, was sie gerade für Kinder interessant macht. Da ist einmal die Zucht der Shetland-, Dartmoor-, Exmoor-, New-Forest- und Connemara-Ponys, die nicht sehr verbreitet sind. Insgesamt hat das Ponyparadies 65 Ponys und Pferde, dazu gehören auch Haflinger, Fjord-Pferde und schwere Warmblüter. In den Ferien werden regelmäßig Reiterferien (So 15 – Sa 13.30 Uhr) angeboten. Ihr könnt hier aber auch Reiten lernen, einen Voltigier-Kurs belegen oder beim Schnupperkurs mit Ponys in Kontakt kommen. Falls ihr schon länger reitet, bietet die Ponyfarm auch geführte Ausritte für Kinder und Erwachsene an.

♫ Auch Nicht-Gäste können auf der Ponyfarm Kindergeburtstag feiern. Gestaltung auf Anfrage nach Wunsch.

 **Waldgaststätte Groß-Eppental,** ✆ 06322/2380. www.bad-duerkheim.com. Mi – So ab 10 Uhr. Großer, freundlicher Gastraum mit gedeckten Tischen, Biergarten, Pfälzer Küche, Wild- und Saisongerichte, Kuchen.

Schöne Rundwanderungen zum Hühnenstein oder zum Dickenstein oberhalb von Lambrecht oder Hellerplatzhaus sowie schöne, kurze Streckenwanderung zur Kaltenbrunnerhütte.

pmv Öko-Tipp!

Übernachten bei den Naturfreunden

NFH Groß-Eppental

Großes Eppental 212, 67098 Bad Dürkheim-Hausen in der Pfalz. ✆ 06322/2380, www.K11.naturfreunde-haus.de. Etwa 1 km südlich vom Ortsteil Hausen in einem Seitental der Isenach. **Bahn/Bus:** Vom Bhf Bad Dürkheim Bus nach Hausen, danach 1 km zu Fuß. **Zeiten:** Mi – So ab 10 Uhr. **Preise:** ÜF ab 25 €, HP ab 30 €; Kinder bis 12 Jahre 20 €.

▶ 1961 erbautes Haus, in einem romantischen Tal des Pfälzerwalds gelegen. 15 Betten, 1 EZ und 7 DZ, mit Waschbecken. Zwei Gruppenräume, voll bewirtschaftet, mit Biergarten, Spielplatz, Grillstelle.

NFH Heidenbrunnental

Siedlerstraße 100, 67434 Neustadt a.d.W. ✆ 06321/88169, www.naturfreundehaus-neustadt.de. **Lage:** 3 km westlich von Neustadt a.d.W. **Bahn/Bus:** Hbf Neustadt a.d.W. Rhein-Neckar-Bus 517 Richtung Lambrecht bis Hoffmann & Engelmann oder Mo – Sa auch Rhein-Neckar-Bus Richtung Schöntal bis Heidenbrunnental. **Auto:** Von Neustadt über Siedlerstraße 2 km geradeaus. **Rad:** Parkplatz am NFH. **Zeiten:** Mi – So, Fei ab 10 Uhr (24., 25. und 31. Dez geschlossen). **Preise:** Ü 18,50 €, ÜF 25,50 €, HP 32 €; Kinderpreise auf Nachfrage; Für NF Mitglieder kostet es 2,50 € weniger. **Infos:** Handtücher mitbringen.

▶ Im Heidenbrunnental in 221 m Höhe mitten im Wald 42 Betten in DZ und Mehr-Bett-Zimmern. Voll bewirtschaftetes Lokal, Spielplatz. Ökologische Bildungsstation, interessantes Programm.

NFH Bethof

Ortsgruppe Bad Bergzabern e.V., Hubert Zois, Am Bethof 1, 76889 Vorderweidenthal. ✆ 06398/993010, 993011 (Camping). naturfreunde-badbergzabern.de.

Bahn/Bus: Von Bhf Bad Bergzabern Südwestbus 545 nach Dahn bis Lauterschwan, dann Beschilderung NFH und Wandermarkierung „Roter Punkt" 25 Min zu Fuß. **Auto:** Von Bad Bergzabern B427 bis Birkenhördt, schließlich K11, Schild Campingplatz Bethof. **Zeiten:** Mitte Feb – Dez Di – So 11 – 22. **Preise:** ÜF ab 30 €, EZ-Zuschlag 3 €, Frühstück 7 €, HP ab 41 €; NF Mitglieder zahlen 2 € weniger.

▶ In 300 m Höhe mitten im Wald, 29 Betten in 2-, 3- und 4-Bettzimmern mit Waschbecken oder Du/WC sowie Blockhütte mit 14 Betten. Küche für Selbstversorger, Liegewiese, Spielplatz, Lagerfeuer- und Grillplatz, Campingplatz. Voll bewirtschaftetes Lokal mit Biergarten und typisch regionaler Kost.

Campingplatz Bethof, Am Bethof 1, Vorderweidenthal. ✆ 06398/993011. www.bethof.de. Mitte März – Ende Okt, 8 – 13 und 15 – 20 Uhr. 50 Stellplätze, Erw. 6,50 €, Kinder 6 – 14 Jahre 3,50 €. Stellplatz Wohnwagen 12,50 €, Zelt 7,50 €, Frühstück gibt's für 7 € im NFH.

Radeln & Skaten

Auf dem Queichtalradweg von der Weinstraße an den Rhein

76829 Landau. **Länge:** Circa 29 km, abwechslungsreich, leicht und flach. Trotz Ausschilderung müsst ihr oft die Radkarte zu Rate ziehen. **Strecke:** Hbf Landau – Offenbach (Queich) – Bellheim – Germersheim.

▶ Die Tour beginnt auf der Ostseite des **Landauer Hauptbahnhofes.** Ihr wendet euch nach rechts und fahrt die Woogstraße hinunter. Nach knapp 1 km geht's links in die Straße Zum Queichanger. Direkt hinter der Queich-Brücke fahrt ihr rechts auf den **Queichtalradweg** und folgt dem quirligen Flüsschen abwärts. Kurz darauf lockt links das Spaßbad ↗ **La Ola.** Anschließend rollt ihr mehr oder weniger nahe zur Queich durch Aue Richtung Osten. Kurz vor **Offenbach** überquert der Radweg die L509. Danach verläuft die Route ein Stück am Ostrand des Städtchens, bevor es rechts am Freibad vorbei zum Rathaus hinübergeht. Dort wendet ihr euch nach links und verlasst den großen Ort via Jakobstraße/Hochstädter Straße immer geradeaus.

FIT & FIDEL MIT DEN VIECHERN

Knittelsheimer Mühle, Knittelsheim. ✆ 06348/8366. www.knittelsheimer-muehle.de. Mo, Mi – Sa ab 15 Uhr. Große ehemalige Mühle, sechs unterschiedliche Gasträume, Biergärten am Bach und im Innenhof mit Spielplatz. Breites Angebot, Gerichte der Saison und Kinderkarte. 8 Zimmer, EZ 58 €, DZ ab 100 € beides mit Frühstück.

?! *Eine **Lore** ist ein Transportwagon, der vor allen Dingen zum Transport von Sand benutzt wurde.*

In einem **Wald** kommt ihr an einem beschaulichen Waldsee vorbei, danach stößt der Queichtalradweg auf einen Querweg. Rechts liegt malerisch Ottersheim, eure Route verläuft aber links am Waldrand entlang. Kurz danach seid ihr an der Oldtimerscheune mit Wagnerei und Hufschmiede. Es geht kurz darauf wieder in den Wald. Die Route führt rechts über den **Mit-Mach-Waldlehrpfad**, der noch mehr Spaß in die Tour bringt. Schnurstracks landet ihr am Ende des Lehrpfads am kleinen Speyerbach, dem ihr rechts zur nahen, auf einer Lichtung liegenden **Knittelsheimer Mühle** folgt. Hier lässt es sich gut erholen und stärken.

Anschließend taucht der Queichtalradweg bis **Bellheim** wieder in den Wald ein. Hier befand sich im Zweiten Weltkrieg ein großes Waffenlager, das über eine Bahnverbindung versorgt wurde. Eine **Lore**, neben einer Infotafel aufgestellt, erinnert daran. Bei Bellheim kommt ihr am Waldrand an dem abwechslungsreichen **Spielplatz** mit Hangelseilbahn, Grillhütte, Kriechrohr, Rutschen und Bolzplatz sowie dem Freibad vorbei. Auch hier ist also eine gute Gelegenheit zum Rasten (auch Kiosk, Eis, Snacks). Anschließend geht es nochmals ein langes Stück durch Wald, bevor ihr am Stadtrand von **Germersheim** ankommt. Der beschilderte Queichtalradweg führt nun ganz lange an der L599 entlang, bevor ihr rechts via An Fronte Beckerstraße und Klosterstraße zum riesigen Ludwigstor hinunterrollt. Dort ist es links per Bahnhofstraße nicht mehr weit zum Bahnhof.

Erlebnis- & Freizeitparks

pmv Öko-Tipp!

alla hopp!-Anlage Deidesheim

Dietmar Hopp Stiftung, Bürgermeister-Oberhettinger-Straße 1, 67146 Deidesheim. ✆ 06326/96770, www.alla-hopp.de. **Kinderwagen geeignet:** ja. **Auto:**

B271 Richtung Deidesheim/Bad Dürkheim bis Ausfahrt Deidesheim. **Rad:** Anreise zu Fuß oder mit dem Rad empfohlen. **Zeiten:** ganzjährig 8 – 19 Uhr. **Infos:** Es gibt öffentliche Toiletten und einen extra Platz für Hunde.

▶ Auf der weitläufigen Anlage solltet ihr den **Bewegungsparcours für Jedermann** ausprobieren. Hier trainiert ihr, vielleicht mit den Großeltern gemeinsam, Beweglichkeit, Koordination, Ausdauer und Kraft. Auf dem **Kinderspielplatz** spielen die Jüngsten bis 6 Jahre. Der naturnahe **Spiel- und Bewegungsplatz** dient Schulkindern bis 12 Jahre zum kreativen Spielen, Klettern, Hangeln und Balancieren. Das verbessert Motorik und Beweglichkeit. Auf dem **Bewegungsplatz** findet ihr ausreichend Platz zum Skaten und Chillen.

Weitere **alla hopp!-Spielplätze** an der Weinstraße gibt es in Grünstadt (In der Haarschnur) und Edenkoben (Unter dem Kloster 1). Sie sind ähnlich ausgestattet. www.alla-hopp.de.

Wildpark und Riesenspielplatz

Kurpfalz-Park Wachenheim, Rotsteig, 67157 Wachenheim. ✆ 06325/3760171, www.kurpfalzpark.de. **Barrierefrei:** ja. **Bahn/Bus:** Mai – Okt täglich von Neustadt Bhf Rhein-Neckar-Bus 510 (22 Min). **Zeiten:** April – Ende Okt (Saison) 9 – 17 Uhr, Mitte Juli – Mitte Aug 1 Std länger, Nov – Mitte April nur Wildpark 10 – 16 Uhr geöffnet; Greifvogel-Vorführungen Mai – Anfang Sep um 11.30 und 15.30 Uhr. **Preise:** 18 €, außerhalb der Saison 6 €; Kinder 4 – 14 Jahre 16 €, außerhalb der Saison 5,50 €; Senioren 16 €, jeden Fr (außer Fei) 50 % Rabatt auf eine Kinderkarte bis 14 Jahre. **Infos:** Grillplatz 25 €, Reservierung ✆ 06325/2077.

▶ Der Kurpfalz-Park ist ein **Erlebnispark** für Kinder aller Jahrgänge und zugleich **Wildpark.**

Eine große Attraktion ist der **Kurpfalz-Coaster.** Mit einer Geschwindigkeit von ca. 40 km/h, Höhenunterschieden bis zu 4 m und einem Kreisel vor der Zieleinfahrt erlebt ihr eine spannende und abwechslungsreiche Fahrt. Es gibt eine Sommerrodelbahn und im Rutschenparadies könnt ihr im freien Fall durch eine dunkle Röhre oder per Wellenbahn in die Tiefe sausen. Das fantastische Piratennest und

Geburtstagskinder haben freien Eintritt. Auf der Webseite könnt ihr eine Parkrallye herunterladen.

Es gibt allerlei schöne Picknickplätze, an der Fischerhütte befindet sich eine Grillanlage, am **Seebergweiher** könnt ihr auf der Sonnenterrasse des Selbstbedienungslokals sitzen.

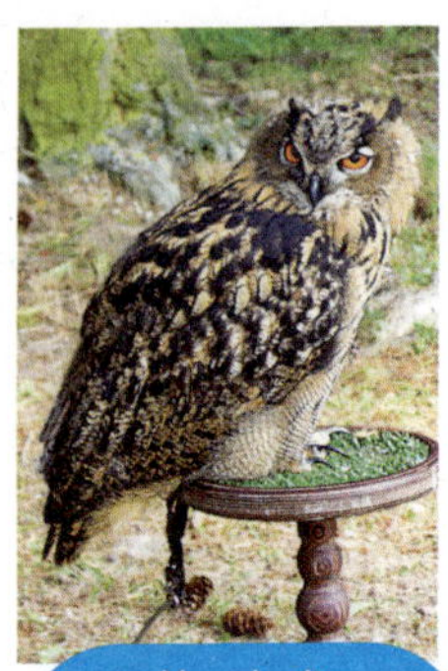

Vogel mit Rundumblick: Uhu in Wachenheim
© Annette Sievers

die Spielburg bilden einen spannenden Abenteuerspielplatz. In der Nähe ist der Irrgarten mit seinen kniffligen Sackgassen.

Über einen Teil dieses Aktivgeländes könnt ihr mit dem **Schwebesessellift** fahren. Auch das nasse Element ist in diesem Bereich vertreten. Wenn die Bumberboats aufeinanderprallen, spritzt das Wasser hoch auf. Stiller ist's auf dem Teich nebenan, wo ihr **Schwanen-Tretboote** fahren könnt. Nach all dem Getobe könnt ihr mit dem **Kurpfalz-Express** entspannt eine Runde durch das abwechslungsreiche Gelände drehen, zu dem auch ein Bach, Wildwasser- und Forellenteiche gehören.

Der 700.000 qm große **Wildpark** mit Waldlehrpfad beherbergt Mufflons, weiße und schwarze Damhirsche, Rot-, Stein-, Sika- und Schwarzwild. Anziehungspunkte sind das Wolfsgehege und die Luchs- und die Uhu-Zuchtstation. Beeindruckend sind die **Greifvogel-Freiflug-Vorführungen** mit Adlern, Milanen und Falken. Ihr werdet den Atem anhalten, wenn die großen Adler ihre Schwingen ausbreiten oder die Falken über eure Köpfe hinwegzischen.

Fun- und Action-Center: Holiday Park Haßloch

♫ Feiert mit Biene Maja oder Tabaluga euren Geburtstag. Freier Eintritt für Geburtstagskind, ab sechs Kindern bis 13 Jahre, Eintritt mit Geburtstagsmenü ab 20 €.

Holiday-Park-Straße 6, 67454 Haßloch. ✆ 06324/5993-0, www.holidaypark.de. **Bahn/Bus:** Ab Bhf Haßloch (Stg. Süd) Bus 518. **Auto:** Parken 8 €. **Zeiten:** Täglich 10 – 17.30 Uhr, je nach Monat und Tag bis 18, 20 oder 22.30 Uhr, zu manchen Zeiten nur Holiday Indoor, Majaland und Free Fall Tower, ➚ Webseite. **Preise:** 42,50 €, ab 17 Uhr 32,50 € (im Winter 15 €); Kinder unter 85 cm frei, bis 1 m 15,50 € (im Winter 11 €), bis 1,39 m 37,50 € (im Winter 20 €), größer als 1,40 m 42,50 €; Senioren ab 70 Jahre 15,50 € (im Winter 11 €).

▶ Im Holiday Park Haßloch stürzen sich die Wagemutigsten vom 70 m hohen *Free-Fall-Tower*. Für Nervenkitzel sorgen auch die Riesenachterbahn *bigFM Expedition GeForce* und der *DinoSplash*, durch dessen wilde Stromschnellen es mit Rundbooten geht. Mit dem *WickiSplash* erlebt man eine aufregende Wildwasserbahn, die auch mal rückwärts bergab gehen kann. Nicht ganz so rau sind die Runden, die man in schwindelnd erregender Höhe um den *Lighthouse Tower* dreht. Im hohen *Flugkarussell* habt ihr einen weiten Blick über den Park. Im **Majaland** mit elf Familienattraktionen kommt ihr voll auf eure Kosten und könnt *Biene Maja* und *Willie* persönlich treffen! *Tabaluga* begrüßt Klein und Groß in **Tabalugas Abenteuer** und verspricht Spaß für die ganze Familie. Auf 400.000 qm erwarten euch außerdem märchenhafte und phantasievoll gestaltete Welten.

Bahnen & Betriebe

Im Kuckucksbähnel unterwegs

Eisenbahnmuseum Neustadt a.d.W., DGEG Deutsche Gesellschaft für Eisenbahngeschichte e.V., Schillerstraße 3, 67434 Neustadt a.d.W. ✆ 06321/30390, Handy 0173/9461618. www.eisenbahnmuseum-neustadt.de. **Strecke:** Von Neustadt a.d.W. nach Elmstein im Pfälzerwald. **Zeiten:** Museum Di – Fr 10 – 13, Sa, So, Fei 10 – 16 Uhr, Mai – Okt Fahrten der Kuckucksbähnel immer am Wochenende, Termine im Internet. **Preise:** Einfache Fahrt Neustadt – Elmstein 12 € mit Rückfahrt 16 €, Lambrecht – Elmstein 10 € mit Rückfahrt 14 €, Museum 5 €; Kinder 4 – 15 Jahre einfache Fahrt Neustadt – Elmstein 6 € mit Rückfahrt 8 €, Lambrecht – Elmstein 5 € mit Rückfahrt 7 €Museum 2 €; Familienkarte Neustadt – Elmstein 25 € mit Rückfahrt 34 €, Lambrecht – Elmstein 21 € mit Rückfahrt 30 €.

▶ Das alte Bähnchen dampft durch das beschauliche *Elmsteiner Tal* von Neustadt a.d.W. im Pfälzerwald nach Elmstein hinauf – zumindest an ausgewählten Sonntagen. 1 Stunde und 16 Minuten dauert diese fantastische, 20 km lange Fahrt. Drei uralte Loks sind im Einsatz, zwei Dampfloks aus den Jahren

TECHNIK & GESCHICHTE MIT M. MAU

Fahrkarten gibt's in Neustadt an Gleis 5 im Hbf und im Bhf Elmstein vor Abfahrt der Züge. Unterwegs Zusteigende lösen sie beim Zugpersonal.

1904 und 1910 sowie eine Diesellok von 1941. Die Wagen sind nicht minder alt, sogar ein kleines Restaurant ist an Bord. Neustadt – Lambrecht wird auf der zweigleisigen Hauptstrecke der DB Richtung Kaiserslautern zurückgelegt, dann folgt die eigentliche 12,9 km lange Strecke im Elmsteiner Tal durch Tunnel und Schluchten, an Bächen entlang, an Dörfern vorbei und durch Wald und Wiesen. Gehalten wird in **Lambrecht, Frankeneck, Erfenstein** *(Burg Spangenberg),* **Breitenstein, Helmbach** (1,5 km zum ↗ *Helmbachweiher*) und **Elmstein** (Endbahnhof). Von allen Haltestellen gehen Wanderwege ab.

Mit der Sesselbahn zur Ruine Rietburg

Rietburgbahn, 1. Pfälzische Sesselbahn GmbH, Villastraße 66, 67480 Edenkoben. ✆ 06323/1800 (Talstation), 1788 (Büro). www.rietburgbahn-edenkoben.de. **Altersempfehlung:** Kinder bis 4 Jahre müssen auf dem Schoß eines Erw mitfahren, Kinder bis 6 Jahre nur in Begleitung. **Bahn/Bus:** Ab Bhf Edenkoben PalatinaBus 506 (Mai – Okt So, Fei) bis Abzweig Ludwigshöhe. **Auto:** A65 Edenkoben, im Ort den Hinweisen zur Ludwigshöhe folgen. **Zeiten:** März So 9 – 17, April – Juni Mo – Fr 10 – 17.30, Sa, So, Fei 10 – 18 Uhr, Juli – Okt Mo – Fr 9.30 – 17.30, Sa,So, Fei 9.30 – 18 Uhr, Okt – Nov täglich 10 – 17 Uhr. **Preise:** Berg- und Talfahrt 8 €, einfach 5,50 €; Kinder 4 – 14 Jahre Berg- und Talfahrt 4 €, einfach 3 €; Familien (2 Erw, 2 – 4 Kinder) Berg- und Talfahrt 20 €, einfach 15 €; Gruppen ab 20 Pers Berg- und Talfahrt 7,50 €, einfach 4,50 €. **Infos:** Erlebnisfahrten ↗ Internet.

Achtung! Schloss Villa Ludwigshöhe ist wegen Sanierung geschlossen.

▶ Die einzige Sesselbahn der Pfalz verbindet das ehemalige königlich-bayerische **Schloss Ludwigshöhe** bei Edenkoben mit der **Burgruine Rietburg,** die wegen des faszinierenden weiten Ausblicks vom Taunus über den Odenwald bis zum Hochschwarzwald als die Aussichtsterrasse der Deutschen Weinstraße gilt. In nur 8 Minuten bewältigt ihr in der Zweiergondel zwischen Kastanienbäumen gleitend einen Höhenunterschied von 220 m. Oben warten eine Burg samt **Burgschänke** und ein Gehege mit Damwild, das ihr jederzeit umrunden könnt – allemal genug, um mit Kindern einen ereignisreichen Nachmittag zu verbringen.
Von der Burgruine führen markierte Wanderwege zum **Hilschweiher,** zur **Edenkobener Hütte,** zum **Ludwigsturm** und auch zum Schloss Ludwigshöhe hinunter (stellenweise steil!).

Nudeln in jeder Form

Gutting Pfalznudel GmbH, Gerlinde Thelen, Hauptstraße 43/45, 67483 Großfischlingen. ✆ 06323/5719, www.pfalznudel.de. **Auto:** Von A65 Ausfahrt Edenkoben, Richtung Venningen und Großfischlingen. **Rad:** Am Radweg Südliche Weinstraße. **Zeiten:** Empfohlene Anfangszeiten für Betriebsbesichtigung 10.30, 14 und 17 Uhr. **Preise:** Eintritt frei, nur nach vorheriger Anmeldung, Gruppen ab 20 Pers.

▶ Wie kommt das Loch in die Makkaroni? Was um Himmelswillen sind Lebkuchen- oder Fahrradnudeln? Wie schmecken Schokonudeln? Wahrscheinlich wie das doppelte Glück … Antworten findet ihr bei einer Betriebsbesichtigung der Pfalznudel, wo ihr euch einer Gruppe anschließen könnt oder beim Probieren gleich vor Ort im Restaurant Nudelholz niederlassen. Ihr seht Nudeln in Form von Hunden, Polizeiautos und mehr. Lasst euch überraschen!

?! *Die Rietburg ließ Konrad von Riet um 1200 erbauen, da mussten viele Bauern aus der Umgebung ohne Lohn hart schuften!*

Höhengaststätte Rietburg, ✆ 06323/2936. www.rhodt.de/alle_gastgeber/hoehengaststaette-rietburg. Jan – Karfreitag Sa, So, dann bis Anfang Nov täglich 9 – 18 Uhr, Nov und Dez geschlossen. Pfälzer und saisonale Küche, Weine aus Rhodt, Kaffee und Kuchen. Immer gut besucht.

Im Nudelshop gibt es die bunte Pasta-Schar Mo – Fr ab 8, Sa ab 9 und So ab 11 Uhr zu kaufen.

Nudelholz, Großfischlingen. ✆ 06323/5719. Täglich 11 – 17 Uhr. Restaurant mit Garten, von Pasta über Vorspeise bis zum Dessert. Reservierung erforderlich.

Burgen & Bastionen

Die Hardenburg: Eine der größten Burgruinen der Pfalz

Generaldirektion Kulturelles Erbe Rheinland-Pfalz, 67098 Bad Dürkheim-Hardenburg. ✆ 06322/7530, www.burgenlandschaft-pfalz.de. **Bahn/Bus:** Von Bad Dürkheim Bhf Bus 485 bis Hardenburg Waldschlössel. **Auto:** Parkplatz an der B37 kurz hinter Hardenburg, 10 Min Aufstieg. **Zeiten:** Feb – Mitte März und Nov Sa, So, Fei 10 – 17 Uhr, Mitte März – Okt Di – So 10 – 18 Uhr. **Preise:** 4,50 €, ab 10 Pers 4 €; Kinder 6 – 18 Jahre 2,50 €, ab 10 Pers 2 €; Familienkarte (bis 4 Kinder) 4,50 – 9 €. **Infos:** individuelle Führungen möglich.

▶ Hoch über dem Dorf **Hardenburg** im Isenachtal liegt eine der größten Burgruinen des Landes (180 x 90 m). Die ursprüngliche Anlage wurde um 1205/1214 unter den Grafen von Leiningen erbaut und bis 1590 erheblich erweitert. 1794 wurde sie von französischen Truppen zerstört. Selbst die Ruine ist noch von einer dicken Mauer umgeben, die massiven Rundtürme haben die Brandschatzung beinahe unbeschadet überstanden. Nicht nur Kindern flößt das Eintreten durch das 8 m hohe Tor-Rondell Ehrfurcht ein. Der große Hof der Oberburg ist umgeben von mehr oder weniger erhaltenen Gebäuden, durch deren verwinkelte Gewölbe, Gänge und Türme ihr streifen könnt. Dort scheint im Halbdunkel alles voller Gespenster und Abenteuer zu sein! Ihr dürft sogar den hohen Hauptturm der Oberburg besteigen, von dem ihr einen tolle Blick auf das Dorf habt.

Beim jährlichen **Burgfest** und **Mittelaltermarkt** im September wird das alles nochmals getoppt. Dann bearbeiten Schmiede glühendes Eisen, Händler bieten mittelalterlichen Schmuck und Kleider an, Märchenerzähler und Musiker spielen auf und Ritter liefern sich heiße Duelle. Es gibt Bogenschießen, Axtwerfen, Spiele und Mitmachaktionen für Kinder – und reichlich zu essen.

Landgasthof Waldschlössel, Kaiserslauterer Straße 393, Bad Dürkheim-Hardenburg. ✆ 06322/9872450. www.restaurant-waldschloessl.de. Di – So ab 11.30, Fr ab 17. Regionale Gerichte, durchgehend warme Küche.

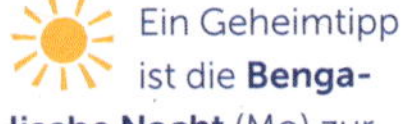

Ein Geheimtipp ist die **Bengalische Nacht** (Mo) zur ↗ Kerwe unter der Hardenburg. Die Mauern, Türme, Schießscharten und Zinnen der Ruine werden durch bengalische Fackeln circa 10 Min in ein mystisches Licht getaucht.

Wiege der deutschen Demokratie: Hambacher Schloss

67434 Neustadt a.d.W.-Hambach. ✆ 06321/926290, Hambach Hotline, jetzt Audio Guides ✆ 06321/9569979. www.hambacher-schloss.de. **Altersempfehlung:** ab 2. Klasse. **Barrierefrei:** ja. **Bahn/Bus:** Von Neustadt Hbf etwa stündlich mit Bus 502, in 23 Min bis Hambach, Schloss. **Auto:** A61 Ausfahrt Neustadt-Süd auf die B39 Beschilderung Hambach/Hambacher Schloss folgen. **Rad:** Abzweigung vom Radweg Weinstraße, Behindertenparkplätze direkt am Schloss. **Zeiten:** April – Okt 10 – 18 Uhr, Nov – März 11 – 17 Uhr, öffentliche Führungen April – Okt 11, 12, 14, 15, 16, Nov – März Sa, So, Fei 11, 12, 14 Uhr, Gruppen- und Themenführungen nach Voranmeldung unter ✆ 06321/ 926260. **Preise:** 6,50 €, öffentliche Führung 10 €; Kinder 6 – 18 Jahre 3 €, öffentliche Führung 6,50 €; Familie 13 €, mit Führung 16,50 €, Ermäßigung für Schüler, Studenten, Behinderte, Gruppe 10 Erw 5,50 €, Kinder 2 € pro Pers. **Infos:** öffentliche Führung Fr – So und Fei 11, 12, 14 und 15 Uhr, 45 Min, inszenierter Kinderworkshop „Hinauf, hinauf zum Schloss! Eine abenteuerliche Reise zum Hambacher Fest 1832" 15 Pers 95 €, als Kindergeburtstag 120 € (15 Kinder, 2 Erw).

Hinauf zum Schloss! Die Demokraten erstürmen mit der Fahne das Hambacher Schloss

© Hambacher Schloss

▶ Dieses stattliche Bergschloss hoch über den Rebfeldern von Hambach ist ein beliebtes Ausflugsziel mit großer historische Bedeutung. Denn hier fand 1832 jene legendäre Versammlung statt, auf der Zehntausende Anti-Monarchisten, also Gegner des Königstums aus allen Teilen Deutschlands die Volkssouveränität und die Einheit der Nation forderten:

♫ Feiert mit Spielen und Kostümen aus dem 19. Jahrhundert, max. 15 Kinder und 2 Erw, 90 Min, 120 € plus Eintritt.

Restaurant 1832, im Hambacher Schloss. ✆ 06321/ 9597880. www.hambacher-schloss.de. täglich 12 – 16 Uhr. Es gibt für Kinder eine Extra-Karte.

das Hambacher Fest. Das Schloss gilt seither als die Wiege der deutschen Demokratie und wie die Paulskirche in Frankfurt und der Reichstag in Berlin als Symbol von Einheit und Freiheit, also der Demokratie. Die Dauerausstellung *Hinauf, hinauf zum Schloss!* erzählt davon und bietet zahlreiche Medien- und Aktivstationen. Hier könnt ihr Geschichte begreifen und selbst erleben. Es gilt: Anfassen ist nicht nur erlaubt, sondern gewünscht. Ein bestimmtes Symbol weist darauf hin, wo ihr etwas Spannendes entdecken, ausprobieren oder basteln könnt.

Es finden spannende Veranstaltungen für Kinder auf dem Schloss statt. Etwa die inszenierte **Kinderführung**, max 25 Pers, 45 Min, 85 € Führung plus Eintritt. Oder ihr nehmt an einem **Kinderworkshop** teil und fordert in historischen Kostümen die Demokratie für Deutschland, max. 25 Pers, 90 Min, 95 € Führung plus Eintritt. Alle Angebote richten sich an Kinder von 7 bis 11 Jahre. Im **Kindertheater** erwarten euch spannende Geschichten wie **Melwins Stern** oder **Annika und der Reisekoffer** ab 6,50 € pro Pers.

Madenburg bei Eschbach

76831 Eschbach. ✆ 06345/3531 (Büro für Tourismus Landau-Land), www.madenburg-pfalz.de. **Auto:** Sträßchen von Eschbach bis Parkplatz Madenburg 2 km, dann 20 Min zu Fuß. **Zeiten:** Öffnungszeiten wie die Burgschänke, Führungen werden vom Büro für Tourismus angeboten, bitte telefonisch vereinbaren.

Burgschänke, Eschbach. ✆ 06345/7110. www.madenburg-pfalz.de. April – Okt Di – So 10.30 – 19 Uhr, Nov – März Mi – So 11.30 – 17 Uhr. Kleines Lokal, große Terrasse, Pfälzer Küche, Flammkuchen, Brotzeitkarte, Mi Funzelabend.

▶ Die ehemalige Reichsburg aus dem 11. Jahrhundert steht auf einem Felsausläufer des 476 m hohen Rothenberges mitten im Wald oberhalb des Weinbaudorfes Eschbach. Sie ist zwar seit dem Pfälzischen Erbfolgekrieg (1688 – 1697) Ruine, aber noch immer ein eindrucksvolles Bauwerk: Sie ist 180 m lang und 50 m breit. Es ist noch ganz schön viel erhalten: u.a. zwei Tore, die mächtige Schild- und Ringmauer, der Zwinger, die Grundmauern des Palas (Wohntrakt) und der Kemenaten (Frauengemächer) in der Vor-

und Oberburg, zwei Renaissance-Treppentürme und Teile des Bergfrieds. Ihr könnt spannende Streifzüge unternehmen und habt viel Platz für Spiele. Ihr könnt die Burg auch auf einem etwa 4 km langen Rundweg erwandern.

Wo Richard Löwenherz gefangen gehalten wurde: Burg Trifels

76855 Annweiler am Trifels. © 06346/8470, Handy 0180/5221360 (Besucherdienst). www.burgenlandschaft-pfalz.de. **Bahn/Bus:** Bhf Annweiler (183 m) von Landau oder Pirmasens, von da 1 1/2 Std zu Fuß ↗ Von Annweiler auf die Burg Trifels. **Auto:** Von Annweiler Trifelsstraße 6 km bis zum Parkplatz am Ausflugslokal Barbarossa, die letzten 600 m zu Fuß steil hinauf (circa 20 Min). **Rad:** Immer stark bergauf, nur etwas für Bergfahrer. **Zeiten:** Di – So 9 – 18 Uhr. **Preise:** 4,50 €, ab 10 Pers 4 €; Kinder 6 – 18 Jahre 2,50 €, ab 10 Pers 2 €; Ermäßigungsberechtigte 2,50 €, Familie 1 Erw mit max. 4 Kindern 4,50 €, bei 2 Erw 9 €. **Infos:** Führungen (April – Okt) Mo – Fr 13, Sa, So 10.30 und 13 Uhr, Gruppe nach Anmeldung, nicht mit Kinderwagen oder Rollstuhl begehbar.

▶ Die Stauferburg Trifels thront in knapp 500 m Höhe über Annweiler und dem Queichtal, wie der Name andeutet, auf einem dreifach gespaltenen Felsen. Sie war im Mittelalter sehr bedeutend, weil hier 1125 – 1273 die **Reichskleinodien** verwahrt wurden. Diese Symbole der Macht bestanden aus Kaiserkrone, Reichsapfel, Reichskreuz, Zepter und Schwert. Nur wer diese besaß, galt als legitimer Herrscher. Nicht zu Unrecht hieß es: „Wer den Trifels hat, hat das Reich“. Hier wurden außerdem hochkarätige Feinde gefangen gehalten, einer war der englische Herrscher *Richard Löwenherz,* den ihr aus *Robin Hood* kennt (möglicherweise sechs Monate, allerdings nur für 31. März – 19. April 1193 mit Sicherheit belegt). Aus jener Zeit ist noch der *Hauptturm* mit den massiven staufischen Buckelquadern erhalten, der gleich-

Allerhand los ist auf der Burg beim Burgfest **Burgbelebung** an Wochenenden im Juni, Juli und August. Da sind Ritter, Musiker, Gaukler und Handwerker, die euch für zwei Tage zurück ins Mittelalter versetzen.

?! *Ein Kleinod ist ein Schmuckstück. Die echten Reichskleinodien werden in Wien aufbewahrt. Bis 1806 waren sie die Hoheitszeichen der deutschen Kaiser.*

Barbarossa, Trifelsstraße 72, Annweiler am Trifels. © 06346/8479. www.barbarossa-trifels.de. Mi – So ab 10 Uhr. Gute, herzhafte pfälzische Küche und Kaffee und Kuchen.

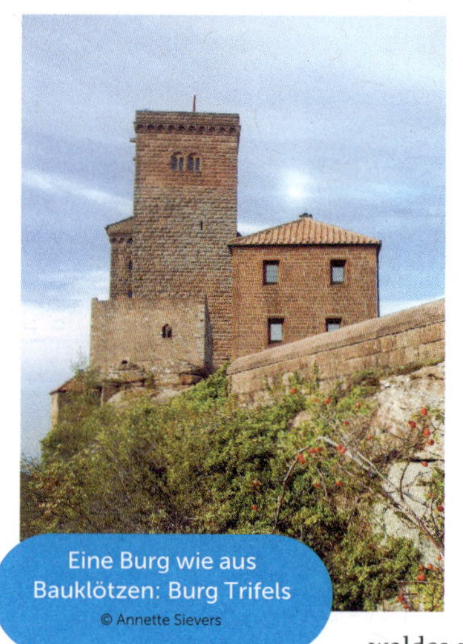
Eine Burg wie aus Bauklötzen: Burg Trifels

zeitig Torturm, Schatzkammer und Kapelle war. Hier sind heute Kopien der Reichskleinodien ausgestellt. Dagegen ist der *Palas,* so nennt man das Hauptgebäude einer mittelalterlichen Burg, ein Neubau aus der Zeit von 1938 bis 1947. Er wurde aus ideologischen Gründen von den Nazis nach dem Vorbild monumentaler süditalienischer Stauferkastelle hinzugefügt.

Es macht bereits Spaß, durch die mächtigen Tore in die Kaiserpfalz einzutreten, im Burghof herumzustreifen, auf den vielen Treppenstufen in dem hohen Hauptturm aufzusteigen und vom Dach den atemberaubenden Blick auf Annweiler und die Berge des Pfälzerwaldes zu genießen. Doch auch das Burginnere ist filmreif. Die **Dauerausstellung** *Reichsburg Trifels – Macht und Mythos,* informiert über Geschichte und Funktion der Burg sowie über ihre staufischen Herrscher.

Museumsschätze

Die Römer an der Weinstraße

Villa Rustica bei Wachenheim, Touristinformation Wachenheim, Weinstraße 15, 67157 Wachenheim. ✆ 06322/9580-801, www.villa-rustica-wachenheim.de. **Lage:** Am Römerwanderweg (20 km lang). **Bahn/Bus:** Von Bhf Wachenheim 2 km Fußweg, durchaus als Spaziergang denkbar, zumal auf halbem Weg das Freibad liegt. **Auto:** B271 von Bad Dürkheim bis Parkplatz Villa Rustica. **Rad:** Vom Radweg Wachenheim – Bad Dürkheim rechts ab, ausgeschildert. **Zeiten:** Jederzeit zugänglich, Führungen über die Touristinformation Wachenheim möglich. **Infos:** Alle Texte der Infotafeln können im Internet heruntergeladen werden.

▶ Mit den römischen Legionären kamen im 2. und 3. Jahrhundert auch Bauern aus Italien in die Pfalz. Sie sorgten dafür, dass Legionäre und Bevölkerung Getreide zum Brotbacken hatten und brachten auch manch eine Obstsorte mit. Ihre Gutshöfe hießen auf Latein Villa Rustica, und so ein *Landhaus* könnt ihr bei Wachenheim sehen. Obwohl die Villa Rustica im 3. Jahrhundert bereits aus Stein gebaut war, wurde sie Anfang des 5. Jahrhunderts durch Brand teilweise zerstört. Das sehr große, z.T. doppelstöckige Herrenhaus besaß eine repräsentative Empfangshalle. Die Römer liebten es, zu baden und so hatte auch dieses Haus zwei großzügige Badeanlagen, die wie die Wohnräume eine **Fußbodenheizung** hatten. Nebengebäude dienten als Gesindehaus, Lager, Speicher und Stallungen. Es gab einen Brunnen, einen Trockenofen für Getreide und einen Backofen (rekonstruiert!) sowie Gärten für Nutz- und Heilpflanzen (wieder angelegt!). Dank zahlreicher verständlich geschriebener Infotafeln könnt ihr euch gut orientieren und erfahrt viel über das römische Leben auf dem Lande.

?! *Wusstet ihr, dass sowohl die leckeren Aprikosen als auch Kirschen erst von den Römern in Deutschland eingeführt wurden?*

?! *Hypokausten nennt man die römische Fußbodenheizung, bei der heiße Luft unter den Zimmern hindurchgeleitet wurde. Dafür war allerdings viel Feuerholz nötig!*

Heimatmuseum im Haus Catoir

Stadtmuseum Bad Dürkheim, Römerstraße 20, 67098 Bad Dürkheim. ✆ 06322/935404, www.bad-duerkheim.de. **Barrierefrei:** ja. **Zeiten:** Di – So 14 – 17 Uhr. **Preise:** Eintritt frei.

▶ Das Museum befindet sich im schönen barocken **Haus Catoir** aus dem Jahre 1781, in dem einst der Weinhändler Catoir mit seiner Familie gewohnt hat. Später befand sich ein Lyzeum (Hochschule) darin, heute dient es als Kulturzentrum mit Veranstaltungssaal, der **Offenen Werkstatt,** der städtischen **Musikschule,** der **Stadtbibliothek** und dem **JuKib.** Das **Heimatmuseum** im Haus Catoir dokumentiert die Entwicklung der Stadt und ihrer Umgebung von den ersten Siedlungsspuren in der Jungsteinzeit bis in die Gegenwart. Die 2016 erweiterte Präsentation zeigt u.a. eine Bauernstube mit Schlafplatz um 1800, eine gut ausgestattete Küche und ein vornehmes Wohnzimmer aus dem 18./19. Jahrhundert mit Möbeln der ehemaligen Hausbesitzer des heutigen Museums. Weinbau ist im großen Gewölbekeller das Thema.

Für Kinder, vor allem für Schulklassen, gibt es verschiedene Spezialführungen, wie z.B. *Ritter, Bürger, Bauersmann – so lebte man im Mittelalter* bei der ihr Rüstungsteile und höfische Kleidung anprobieren dürft. Handfest geht es zu bei den Führungen *Als Großvater noch Kind war* – da wird mit der Hand Butter geschlagen – und bei *Salz, Saline, Solbad,* bei der Salz hergestellt wird.

♫ Geburtstag für 8 – 12 Kinder, 4 – 12 Jahre, 1,5 Std, 28 €.

?! *Die Pollichia ist ein 170 Jahre alter Verein von 3000 Naturwissenschaftlern und Freunden der Naturwissenschaften in 15 pfälzischen Kreisen. Sie widmen sich ausgiebig der Erforschung der Natur der Pfalz (Geologie, Mineralogie, Pflanzen- und Tierwelt etc.) und verbreiten dieses Wissen durch Ausstellungen, Vorträge und Exkursionen.*

Eine wahre Fundgrube des Naturwissens: Das Pfalzmuseum

Pfalzmuseum für Naturkunde Bad Dürkheim, Pollichia-Museum, Hermann-Schäfer-Straße 17, 67098 Bad Dürkheim-Grethen. ✆ 06322/9413-0, www.pfalzmuseum.de. **Bahn/Bus:** Vom Bhf Bus SWD 485 bis Herzogmühle; vom Zentrum 30 Min zu Fuß. **Zeiten:** Di – So 10 – 17, Mi bis 20 Uhr. **Preise:** 2 €, Gruppe ab 10 Pers 1,80 €, Führung (zusätzlich zum Eintritt) bis max. 30 Pers/Gruppe 32 €, fachwissenschaftliche Führung 40 €; Kinder ab 6 Jahre 1,30 €, Gruppe ab 10 Pers 1 €; Familienkarte 4,10 €. **Infos:** Stationen der Experimentierwerkstatt könnt ihr im Internet herunterladen, ebenso das umfangreiche Halbjahresprogramm.

▶ Das Naturkundemuseum in der alten **Herzogmühle** im Bad Dürkheimer, wird von einem Zweckverband getragen, der **Pollichia.** Gegenwärtig befindet es sich im Umbruch zum interaktiven Museum mit sich abwechselnder Raumtypen. Im Eingangsbereich ist es z.B. möglich, sich per Touchscreen die Pfalz im Überblick und die verschiedenen Naturräume mit Bildern und Texten an die Wand projizieren zu lassen. Im Erdgeschoss liegen die Räumen „Emotionen", „Faszination", „Nordpfälzer Bergland" und

„Forschen". Im 1. Obergeschoss informieren die „Landschaftsräume" über die charakteristischen Pfälzer Landschaften wie den Pfälzerwald, den Westrich und das Nordpfälzer Bergland. In den „Begegnungsräumen" wird das Verhältnis des Menschen zur Natur beleuchtet. Hierzu zählen beispielsweise die Räume „Emotionen", „Faszination" oder „Schützen".

Naturkunde:
Mit Lupe und Mikroskop werdet ihr zu Zellforschern

Das Naturkundemuseum bietet ein breites **museumspägagogisches Programm** für Kinder. Es gibt die Experimentierwerkstatt *Sinne mit fantasievollen Experimenten* für Familien, Schulen oder Vereine; Praktikum *Natur für Schulklassen* (Outdoor); Outdoor-Programm für Familien mit Kindern (4 x im Halbjahr, je 3 Std); themenbezogene Führungen im Museum für Kinder 3 – 12 Jahre; Lesenacht für Kinder ab 8 Jahre (nur im Winter), Schummerstunde für Kinder ab 4 Jahre und Ferienprogramme für Kinder ab 5 Jahre.

Dampfzugzeit im historischen Pfalzbahn-Lokschuppen

DGEG Eisenbahnmuseum Neustadt, Schillerstraße 3, 67403 Neustadt a.d.W. ✆ 06321/30390, Handy 0173/9461618. www.eisenbahnmuseum-neustadt.de. **Lage:** Eingang nur von der Schillerstraße. **Zeiten:** Di – Fr 10 – 13, Sa, So, Fei 10 – 16 Uhr, Jan, Feb Sa 10 – 16 Uhr. **Preise:** 5 €; Kinder 4 – 15 Jahre 2 €.

▶ Das Neustädter Eisenbahnmuseum befindet sich standesgemäß im 1981 renovierten Lokschuppen aus der Pionierzeit der regionalen Dampfrösser. Die Zeitspanne reicht von der wuchtigen pfälzischen

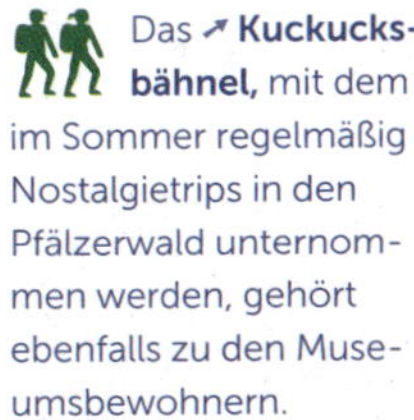

Das ↗ **Kuckucksbähnel,** mit dem im Sommer regelmäßig Nostalgietrips in den Pfälzerwald unternommen werden, gehört ebenfalls zu den Museumsbewohnern.

Schnellzugdampflok Bauart *Crampton* aus dem Jahre 1853 (hier allerdings Nachbau von 1925) bis zur eleganten Intercity-Elektro-Lokomotive von 1973. Schwerpunkt und Stolz des Museums sind die noch im Original erhaltenen Dampflokomotiven der alten Pfalzbahn, allen voran die *Pfälzer T1* von 1892 und die *Pfälzer T5* von 1907. Natürlich ist auch einiges von der ehemaligen Reichsbahn zu sehen, wie die *Elektroloks E17* und die *ET11*.

Aber es gibt noch mehr zu entdecken: Reisezüge und Güterwagen, eine Dampfschneeschleuder, Triebwagen, eine VW-Draisine, Signale und Schrankenwärterhäuschen und eine kleine Werkstatt. Schaut euch auch an, wie man vor 100 Jahren reiste: Man saß damals noch auf harten Holzbänken und im Winter kam die Wärme aus Öfen, die mit Holz befeuert wurden. Schließlich solltet ihr unbedingt in den Inforaum hinaufsteigen. Da gibt es nicht nur Bücher für Eisenbahner, sondern auch eine große **Spur-1-Modelleisenbahn** (19 x 7 m, sogar ein Ringlokschuppen mit Drehscheibe), die flott ihre Runden dreht – ein tolles Spektakel für alle Eisenbahnfreunde.

© Hannah Mahrfert

Handwerk und Weinbau

Museum für Weinbau und Stadtgeschichte Edenkoben, Weinstraße 107, 67480 Edenkoben. ✆ 06323/81514, www.museum-edenkoben.de. **Bahn/Bus:** Von Neustadt und Lindau L500/501 bis Goldenes Eck, ab Bhf Edenkoben L505 bis Kath. Kirche. **Auto:** Parken am Goldenen Eck (50 m) oder Burgunderplatz (100 m). **Zeiten:** April – Dez Mi 10 –12, Fr 15 – 18 Uhr, Sa, So 14 – 17 Uhr, Jan – März für Gruppen ab 10 Pers nach Anmeldung. **Preise:** 3 €; Kinder ab 12 Jahre 2 €; Gruppen ab 10 Pers, Schüler 2 €, Führungspauschale 25 €.

▶ Die große und inhaltlich hervorragend und kritisch zusammengestellte Ausstellung zur Ortsgeschichte Edenkobens wird auf zwei Informationsebenen gezeigt: Im Flur wird zunächst allgemein Deutsche und Pfälzer Geschichte skizziert, um dann in den abgehenden Räumen detaillierter und intensiver zu zeigen, wie diese Geschichte konkret ausgesehen hat: das Mittelalter um **Kloster Heilsbruck**, die Neuerungen unter den Besatzern der Französischen Revolution, die Jahre unter der rückschrittlichen bayerischen Monarchie, die Industrialisierung, die Anfänge der Demokratie in der Pfalz, die ersten Ansätze der Frauenemanzipation etc. werden thematisiert.

Im Kellergeschoss findet sich schließlich als zweiter Schwerpunkt **Handwerk** von einst inklusive Weinbau. Hier begebt ihr euch auf eine spannende Entdeckungsreise durch Sattlerei, Schmiede, Schusterei und Wagnerei.

?! *Das Kloster Heilsbruck wurde 1262 errichtet. Hier lebten Nonnen vom Zisterzienserorden. Zum Kloster gehörten über 1500 Höfe und Güter sowie 46 Ortschaften! Heute ist es ein Weingut.*

Jüdische Vergangenheit in Landau

Frank-Loebsches Haus Landau, Kaufhausgasse 9, 76829 Landau. ✆ 06341/134202, www.landau.de.
Zeiten: Di – Do 10 – 12 und 14 – 17, Fr – So 11 – 13 Uhr.
Preise: Eintritt frei. **Infos:** Führungen für Gruppen nach Vereinbarung, Büro für Tourismus, ✆ 06341/13-8301.

▶ Das **Frank-Loebsche Haus**, ein dreistöckiges Bauwerk mit Renaissance-Treppenturm, das den schönen Arkadenhof komplett umschließt, wurde zwischen dem 15. und 17. Jahrhundert erbaut. Es gilt als Zeuge jüdischer Geschichte in Landau. Seit 1870 gehörte es dem Bankier *Zacharias Frank*, dem Urgroßvater **Anne Franks.** Von den Nazis wurde die Familie ihres Eigentums beraubt. Seit 1983 wird hier aufgrund einer Bürgerinitiative die Geschichte der Landauer Juden in Mittelalter und Neuzeit dargestellt.

Im Frank-Loebschen Haus gibt es außerdem eine Ausstellung zu den Verbrechen der Nazis gegen die **Roma und Sinti** in der Pfalz, die fast vollzählig getötet wurden. Es wird dokumentiert, dass viele maßgeblich an den Verbrechen beteiligten Personen nach 1945 nicht nur unbehelligt blieben, sondern sogar Karriere machten.

Anne Frank verlebte ihre Kindheit in Frankfurt, dort gibt es ein Dokumentationszentrum. Mehr dazu lest ihr auch in *Frankfurt mit Kindern*, pmv.

Ihr könnt hier auch Geburtstag feiern und Höhlenmalerei selber machen, Keramiken aus der Jungsteinzeit herstellen, römische Münzen prägen oder keltischen Schmuck basteln.

Burgbelebung: An mehreren Sommer-Wochenenden finden auf Burg Trifels, Annweiler, Mittelalterfeste statt.

Museum unterm Trifels Annweiler

Am Schipkapass 4, 76855 Annweiler am Trifels. ✆ 06346/96597, www.annweiler.de. **Zeiten:** 20. Mai – Okt Mi – Sa 13 – 17, So, Fei 10 – 17 Uhr, Nov – Mitte März Sa, So 13 – 17 Uhr, zwischen Weihnachten und Neujahr geschlossen. **Preise:** 3,50 €; Kinder 6 – 18 Jahre 1,50 €; Ermäßigung für Familien, Gruppen sowie beim Vorzeigen einer Eintrittskarte der Burg Trifels oder des Schuhmuseums in Hauenstein. **Infos:** Führungen nach Voranmeldung auch außerhalb der Öffnungszeiten; auf die Interessen von Kindern wird engagiert eingegangen.

▶ Das Museum ist über drei idyllische **Fachwerkhäuser** und eine ehemalige **Wassermühle** verteilt – eine wundervolle Anlage! Präsentiert wird Stadt- und Regionalgeschichte von der Vor- und Frühgeschichte bis zum Industriezeitalter. Ein Schwerpunkt ist die Baugeschichte der **Burg Trifels**, insbesondere die Zeit von 1220 bis 1250, als der Kaiserpfalz unter *Friedrich II.*, dem Stadtgründer von Annweiler, große Bedeutung als Reichsgut zukam. Es wird auch nicht übergangen, dass die Nazis versuchten, die Trifels als „nationale Weihestätte" für ihre Propaganda zu benutzen. Denn eine so bedeutende durch und durch „deutsche" Burg passte gut in deren ideologisch deformiertes Geschichtsbewusstsein.

Darüber hinaus werden anschaulich kulturelle Zusammenhänge sowie Aspekte der Natur- und Landschaftsgeschichte aufgezeigt. Wie sah das Queichtal vor dem Einfluss des Menschen aus? Tierstimmen vermitteln den Eindruck unberührter Natur. Die Rekonstruktion der bei *Wilgartswiesen* gelegenen **Weidental-Höhle** mit Funden aus der mittleren Steinzeit verdeutlicht, wie der Mensch in die Natur eingegriffen hat. Zum Mittelalter wird anhand von Puppen, Modellen und Zeichnungen vorgeführt, mit welchen Arbeitsgeräten und Hebewerkzeugen die Kirchen und Burgen unter großen Mühen und Risiken errichtet wurden. Interessant auch, wie sich

im Mittelalter die Beziehung der Menschen zum Wald änderte: vom ängstlich gemiedenen gefährlichem „Märchenwald“ zum rigoros ausgebeuteten Wirtschaftsgut.
Ihr könnt einem Steinzeitmenschen in der Höhle begegnen und Werkzeuge aus der Steinzeit testen. Gegenüber vom Museum befindet sich eine komplette **Gerberei.** Vorführungen sind möglich. Die Gerberei, eine ausgesprochen beschwerliche Arbeit, war im Mittelalter sehr wichtig für die Stadt.

Zur Alten Gerberei, Prangertshof 11, Annweiler. ✆ 06346/3566. www.gerberei.de. Di – So ab 17.30 Uhr, Sa, So und Fei auch 11.30 – 14.30 Uhr. Traditionelle Pfälzer Küche, Flammkuchen, Weinstube.

Steinzeit in der Scheune

Museum Herxheim, Untere Hauptstraße 53, 76863 Herxheim. ✆ 07276/502477, Handy 0170/7940527. www.museum-herxheim.de. **Zeiten:** Do, Fr 14 – 19, Sa, So 11 – 18 Uhr, Di, Mi nach Vereinbarung. **Preise:** 4,50 €; Kinder ab 6 Jahre 3,50 €; Familien 12 €, Schulklasse 1,50 € pro Kind, Gruppe ab 12 Pers 3 € pro Pers. **Infos:** nach Anmeldung möglich sind Führungen (Steinzeit- oder Sonderausstellung) 38 € pro Gruppe bis 25 Pers zzgl. Eintritt, Workshops inkl. Steinzeitführung 8 € pro Kind, 13 € pro Erw zzgl. Eintritt.

▶ Mittelpunkt der Ausstellung sind die Ausgrabungsfunde einer **jungsteinzeitlichen Siedlung** im Herxheimer Gewerbegebiet West. Damals, vor über 7000 Jahren, wurden die Menschen sesshaft und betrieben Ackerbau. Zahlreiche Werkzeuge und Arbeitsgeräte aus Tierknochen, Geweihen und Felsgestein sowie Keramikgefäße sind zu sehen. Mysteriös erscheinen die Knochenfunde mehrerer hundert Menschen im Kellergeschoss der Museumsscheune – zerlegte Skelette, systematisch zerschlagene

Urururalt: In der Steinzeitausstellung könnt ihr Bekanntschaft mit euren Vorfahren machen
© Museum Harxheim, H. Dudenhöffer

 Im Rahmen von *Steinzeit live* könnt ihr u.a. in der Feuersteinwerkstatt aus Baumrinde, Feuerstein und Steinkleber ein steinzeitliches Rindenmesser bauen, im Kurs Zwirnen und Schmücken Anhänger basteln, Perlen und Amulette aus Ton und Holz herstellen oder im Lehmkuppelofen steinzeitliches Brot backen. Alle Kurse dauern mit Führung circa 3 Std, 5 €.

Knochen sowie zerbrochene Keramik, angehäuft in Gruben um die Steinzeitsiedlung. Dabei handelt es sich vermutlich um bislang unbekannte Bestattungsriten.

Der zweite Schwerpunkt des Museums informiert über **Leben und Arbeit** der Herxheimer in den vergangenen Jahrhunderten. Lange war der Anbau von Flachs und Hanf vorherrschend. Im Dorf stand fast in jedem Haus ein Webstuhl, mit dem aus den Fasern Leinenstoffe gewebt wurden. Als dies im 19. Jahrhundert kein Geld mehr einbrachte, folgten der Anbau von Tabak und die Herstellung von Zigarren. Nun war halb Herxheim eine Tabakfabrik.

Dank interaktiver Computerterminals, Diaschauen, Filmen und Musik im Bereich Medien und Vermittlung könnt ihr den Besuch zu einem Hör- und Spielerlebnis machen. Beeindruckend sind die museumspädagogischen Aktivitäten von **Steinzeit live**, zur Archäologie und die interaktiven Führungen – alles nach dem Prinzip „Museum zum Anfassen“.

KULTUR & TERMINE MIT MOCKES

Theater, Bücher & Märkte

Das große Kindertheater-Festival

Theater International, Festival für Kinder und Jugendliche, Kulturbüro Bad Dürkheim, Mannheimer Straße 24, 67098 Bad Dürkheim. ✆ 06322/935-130, 935-131. www.bad-duerkheim.de.

▶ Das Kulturbüro Bad Dürkheim veranstaltet gemeinsam mit Ludwigshafen, Speyer und Haßloch für Kinder und Jugendliche von 3 bis 16 Jahre seit 21 Jahren die Woche **Kindertheater international,** eine hochkarätige Veranstaltung. Täglich sind mehrere Vorstellungen. Gespielt wird im *Dürkheimer Haus,* Kaiserslauterer Straße 1, und im *Haus Catoir,* Römerstraße 20.

Kindertheater im Hambacher Schloss

Hambacher Schloss, 67434 Neustadt a.d.W.-Hambach. ✆ 06321/926290, www.hambacher-schloss.de. **Altersempfehlung:** ab 4 Jahre. **Barrierefrei:** ja. **Preise:** 6,50 €. **Infos:** Kartenbestellung unter zeitreisen@hambacher-schloss.de oder bei Tabak Weis in Neustadt.

▶ Im Hambacher Schloss wird regelmäßig Kindertheater gespielt: An sieben Sonntagen um 11 Uhr heißt es Vorhang auf für abenteuerliche Geschichten und fantasievolle Puppen. Auf dem Programm stehen Stücke wie *Frau Holle, Der Zauberlehrling* oder *Weihnachten in der Geigenbauwerkstatt.*

Kindertheater in Landau

Leben und Kultur e.V., Haus am Westbahnhof, An 44, Nr. 40a, 76829 Landau. ✆ 06341/86436, www.haus-amwestbahnhof.de. **Zeiten:** Büro Di, Do 9 – 12, Mo, Di, Do 14 – 16, Mi 16 – 18 Uhr. **Preise:** 8 €; Kinder 6 €.

▶ Das Haus am Westbahnhof ist ein Produkt der Ökologie- und Friedensbewegung der 1980er-Jahre. Die hier lebendige Kultur bietet Kabarett, Kunst, Jazz und klassische Musik, Lesungen, Workshops und natürlich Kindertheater. Beliebte Stücke sind *Der Grüffelo* oder *Mama Muh.*

Offene Werkstatt

Kreativzentrum im Haus Catoir, Römerstraße 20, 67098 Bad Dürkheim. ✆ 06322/ 980715, www.offene-werkstatt.org. **Infos:** Für die Veranstaltungen ist eine Anmeldung erforderlich.

▶ Die Offene Werkstatt bietet Kindern wie Erwachsenen viele Möglichkeiten, in unterschiedliche Bereiche der Malerei, der Bildenden Kunst, des Kunsthandwerks und der Fotografie einzusteigen oder sich weiterzuentwickeln. Kinder lernen in der *Werkstatt für Vorschulkinder* oder *Werkstatt für Schulkinder* zu zeichnen, zu töpfern, mit Holz, Gips, Filz u.a. zu arbeiten. Manche Kurse dauern nur wenige Stunden, andere sogar eine ganze Woche (Ferienwerkstätten).

Über das ganze Jahr gibt es im **Haus Catoir** Kindertheater vom Kulturbüro.

FESTE UND MÄRKTE

März: Landau: **Faschingsumzug.**

April: 4. Wochenende, Freinsheim: **Blütenfest.**

Letzte Woche und 3 Tage im Mai, Landau: **Maimarkt.**

Mai: Christi Himmelfahrt, Klingenmünster, Burg Landeck: **Burgspiele** für Kinder.

Muttertag, Bad Bergzabern: **Deutsch-Französischer Bauernmarkt.**

Mai: Anfang Mai, 3 Tage, Haßloch: **Frühjahrskerwe.**

Mitte Mai, Ende Juni 4 Tage, Bad Dürkheim: **Stadtfest.**

Juni: Anfang Juni, Annweiler: **Richard-Löwenherz-Fest.**

1. Wochenende, Freinsheim: **Altstadtfest.**

3. Wochenende, Hambach: **Schlossstraßenfest.**

4. Sa, Eschbach, Madenburg: **Johannisfeuer.**

4. Wochenende, Klingenmünster, Burg Landeck: **Landeckfest,** Burgfest mit Mittelalterspektakel.

Letztes Wochenende, Bad Dürkheim, Fr – Mo **Kerwe** unter der Hardenburg.

Juli: 3. Wochenende Fr – Mo, Freinsheim: **Stadtmauerfest.**

4. Wochenende Fr – Di, Hambach: **Jakobuskerwe.**

August: 3. Wochenende Sa – Mo, Wachtenburg: **Burgfest.**

Letztes Wochenende, Freinsheim: **Mittelalter Markt.**

Letzter So, Bockenheim – Schweigen-Rechtenbach: **Autofreie Weinstraße.**

September: 2. und 3. Wochenende Fr – Di und Fr – Mo, Bad Dürkheim: **Wurstmarkt.**

Anfang Sep, 10 Tage, Landau: **Herbstmarkt**

Letztes Wochenende, Bad Dürkheim, Hardenburg: Burgfest mit Mittelaltermarkt.

Oktober: 1. So, Bad Dürkheim: **Bauernmarkt.**

Dezember: 1. – 4. Advent, Landau: **Nikolausmarkt.**

1. – 4. Advent Sa, So, Deidesheim, Bad Dürkheim, Freinsheim und Neustadt: **Weihnachtsmarkt.**

3. Advent Sa, So, Klingenmünster, Burg Landeck: **Mittelalterlicher Weihnachtsmarkt.**

Vorlesestunden

Stadtbücherei Bad Dürkheim, Römerstraße 20, im Haus Catoir, 67098 Bad Dürkheim. ✆ 06322/980766 (Büro), 982432 (Büchereileitung). www.stadtbuecherei-bad-duerkheim.de. **Altersempfehlung:** ab 3 Jahre. **Zeiten:** Mo, Di, Do, Fr 14 – 18, Mi 10 – 12 und 14 – 18, Sa 10 – 12 Uhr. **Preise:** Eintritt frei. **Infos:** zum Bilderbuchvorlesen und Kinder-Lesetreff bitte anmelden, Termine auf der Homepage, Dauer 16 – 16.15 Uhr.

▶ Die Stadtbücherei leiht nicht nur Bücher, Kassetten und CDs an Kinder aus, sondern versucht, bei möglichst vielen schon früh die Lust am Lesen zu wecken. Schon für die 3-Jährigen gibt es den Vorlesespaß aus der **Bilderbuchschatzkiste.** Kinder im Grundschulalter können am **Lesetreff** teilnehmen. Dort hört ihr spannende Geschichten und könnt anschließend darüber reden. Zum Abschluss wird gemalt und gebastelt.

Mittelalterlicher Weihnachtsmarkt auf Burg Landeck

76889 Klingenmünster. www.landeck-burg.de.
Lage: Von Klingenmünster gibt es zwei Aufstiege, der westliche ist der steilere. **Bahn/Bus:** Von der Klingbach-Halle Pendelbus zur Burg. **Auto:** Bei Frauenlob-Mühle rechts zum Burgparkplatz. **Termin:** 3. Advent Sa 12 – 20, So 10 – 18 Uhr.

▶ Der mittelalterliche Weihnachtsmarkt in der mächtigen Burg aus dem 13. Jahrhundert hoch über Klingenmünstern ist etwas ganz Besonderes. Das spürt ihr schon, wenn ihr auf der Brücke den tiefen Burggraben überquert und durch verschiedene Tore in den Burghof einmarschiert. Überall treiben sich Ritter, Knappen und Burgfräulens rum! Ein Schmied zeigt seine handwerklichen Künste. Händlerinnen preisen ihre mittelalterlichen Waren an. Toll sieht es aus, wenn am Abend die zahlreichen Fackeln und Schwedenfeuer lodern.

Auf Burg Landeck gibt es ein Museum sowie übers Jahr weitere Feste: Burgspiele für Kinder an Christi Himmelfahrt, Ritterlager (4 Tage, mehrmals im Jahr), Landeckfest, Ende Juni, mit Mittelaltermarkt (2 Tage).

Burgschänke Landeck, ✆ 06349/8744. www.hotel-restaurant-stiftsgut-keyser-muehle.de. Sommer Mo – Do 12 – 20, Fr, Sa 12 – 21, So 11 – 20 Uhr Winter ↗ Webseite. Kleines Lokal, großer Bereich im Freien mit tollem Ausblick.

NATURPARK
PFÄLZERWALD &
KAISERSLAUTERN

BÄUME, BURGEN & TEUFEL

Wo ihr auch hinschaut: nichts als Wald! Der Pfälzerwald ist mit seinen 178.000 ha Deutschlands größtes zusammenhängendes Waldgebiet! Steigt auf die Kalmit, mit 673 m seine höchste Erhebung, oder auf eine der vielen Burgen im Wasgau, dann seht ihr es selbst. Zusammen mit den Nordvogesen im Elsass bildet er ein Biosphärenreservat, das sich wundervoll zum Wandern und Klettern eignet. Denn der Pfälzerwald steht auf Buntsandstein, der von Wind und Wetter oft merkwürdig verformt ist. Zum Beispiel der riesige Teufelstisch. Aber die Roten Teufel leben in Kaiserslautern, das wisst ihr längst. Seid ihr auch schon einem Elwedritsch begegnet? Dann passt bei Mondenschein im Wald nur auf …!

Von Wald umgeben: Burg Berwartstein

MEINE LIEBLINGSTIPPS FÜR DIE REGION

Im Pfälzerwald gibt es außer schönen Wandertouren und Naturlehrpfaden für Kinder viel zu entdecken. In **Kaiserslautern** könnt ihr das *Fritz-Walter-Stadion* oder die größte *Dinosaurier-Austellung* besuchen. Besuchenswerte **Kleinstädte** sind beispielsweise Dahn, Fischbach, Hauenstein und Rodalben. Sie sind umgeben von einem gut ausgebauten und markierten Netz von Rad- und Wanderwegen, vielen Wanderhütten, zahlreichen Ferienwohnungen und tollen Spielplätzen. Familien sind hier besonders willkommen! Hauptattraktionen sind die gut erhaltene *Burg Berwartstein*, das *Besucherbergwerk Nothweiler*, der *Teufelstisch* bei Hinterweidenthal, die *Bärenhöhle* bei Rodalben, das informative *Biosphärenhaus* in Fischbach, das originelle *Dynamikum* in Pirmasens und das *Schuhmuseum* von Hauenstein.

Wanderkarten sind unbedingt notwendig. Wanderungen im Pfälzerwald werden fast vollständig durch die Karten des **Pietruska-Verlages** im Maßstab 1:40.000 abgedeckt, was manchmal nicht genau genug ist.

Die **topografischen Karten** mit Wander- und Radwanderwegen der Serie Naturpark Pfälzerwald des **Landesvermessungsamtes Rheinland-Pfalz** (LVermGeo) haben den genaueren Maßstab 1:25.000, sie zeigen allerdings hauptsächlich die populären Wanderwege. Für den ganzen Pfälzerwald braucht es mehrere Blätter:

- Blatt 2 Grünstadt und Stumpfwald mit Leininger Land,
- Blatt 4 Mittel- und Unterhaardt mit Bad Dürkheim und Leininger Land,
- Blatt 6 Oberhaardt von Neustadt a.d.W. bis zum Queichtal, jeweils 6,90 €, alle mit UTM-Koordinatengitter für GPS-Nutzer.

Touristinformation Dahner Felsenland: www.dahner-felsenland.net

Tourist Information Kaiserslautern: www.kaiserslautern.de.

Erlebnis- und Freibäder

IM & AM WASSER MIT SAM

Wasserspaß im Felsenland

Badeparadies Dahn, Eybergstraße 1, 66994 Dahn. ✆ 06391/2179, www.felsland-badeparadies.de. **Zeiten:** Ganzjährig, Freibad-Saison Mai – Aug Mo – Do 9 – 21, Fr 9 – 22, Sa, So und Fei 9 – 20 Uhr, Kassenschluss Badeparadies Mo – Do 20, Fr 21, Sa, So, Fei 19 Uhr. **Preise:** 2 Std 3,90 €, 10er Karte 35 €, 30er Karte 93 €, Tag 5,90 €, 10er Karte 53 €, 30er Karte 141 €; Kinder 4 – 15 Jahre 2 Std 1,90 €, 10er Karte 17 €, 30er Karte 45 €, Tag 2,90 €, 10er Karte 26 €, 30er Karte 69 €; Schüler, Studenten halber Preis.

▶ Im Dahner Erlebnis- und Familienbad könnt ihr eine ganze Menge unternehmen und zwar bei jedem Wetter. In der lichtdurchfluteten **Halle** gibt es ein großes Warmsprudelbecken und allerlei Spaßelemente wie Massagedüsen, Wasserfontänen, Schwallduschen, Massagepilz, Luftsprudelliegen und Strömungskanal. Den meisten Spaß habt ihr aber an der 45 m langen Riesenrutsche.

Im **Freien** könnt ihr auch im Winter baden und euch dabei noch das Vergnügen erlauben, von der Halle aus rauszuschwimmen. Das steht natürlich nicht im Vergleich dazu, was sich hier in der warmen Jahreszeit abspielt. Zentren der sommerlichen Wasserfreuden sind das 25-m-Sport- und das große Warmsprudelbecken. Kleinere Kinder tummeln sich bevorzugt im Planschbereich, in der Wasserspielanlage und auf dem Spielplatz. Ansonsten: Die Liegewiese ist ausgedehnt; es kann Beachvolleyball gespielt werden. Es gibt einen Kiosk.

Erlebnis Wasser, Wärme, Wellnes

monte mare, Mailänder Straße 6, 67657 Kaiserslautern. ✆ 0631/3038-0, www.monte-mare.de/kaiserslautern. **Zeiten:** Mo – So, Fei 10 – 19 Uhr. **Preise:** Mo – Fr 75 Min 5 €, 3 Std 8,50 €, jede weitere 1/2 Std 1,50 €, Tageskarte 14,50 €; Kinder bis 1 m frei, Kinder bis 17 Jahre 75 Min

Für 14,50 € pro Person könnt ihr im Bad Geburtstag feiern. Euch erwarten Spiele, Musik und ein im Preis enthaltenes Kindermenü. Findet die Feier am oder bis zu 4 Wochen nach dem Geburtstag statt, erhält das Geburtstagskind Eintritt und Menü kostenlos.

Für schwimmsportlich interessierte Kinder ist der rührige *Kaiserslauterner Schwimmsportklub 1911*, die richtige Adresse, www.ksk1911.de.

4 €, 3 Std 6,50 €, jede weitere halbe Std 1,50 €, Tageskarte 12,50 €; Familien-Tageskarte 1 oder 2 Eltern oder Großeltern, alle eigenen Kinder/Enkel bis 17 Jahre 24,90 €. **Infos:** Zuschlag Sa, So und Fei 3 € pro Pers.

▶ Das Spektrum des Lauterer Hallen- und Erlebnisbads monte mare reicht von total sportlich bis Freizeitspaß pur. Dem **Schwimmsport** dient das 25-m-Becken mit Sprunganlage (1 m, 3 m), in dem auch Schulen und Vereine trainieren und Wettkämpfe stattfinden, sogar Wasserball. Von der Tribüne aus können dann 300 Fans zuschauen. Zu diesem Sportbereich gehört auch ein Lehrschwimmbecken. Die Palette der Schwimmkurse für Kinder ist groß, sie reicht von Wassergewöhnung für Babys bis zum Training für fortgeschrittene Jungschwimmer, die ihre Wettkampfstärke verbessern wollen.

Herz des **Erlebnisbereichs** sind drei miteinander verbundene Becken. Vom Strand des rauschenden tropischen Wellenbades geht es in ein Erlebnisbecken mit Turboduschen und Stromschnellen. Anschließend schwimmt ihr auf dem Kanalweg ins Außenbecken hinaus. Hier sind auf der großen Liegewiese die älteren Kinder aktiv, während sich die jüngeren in der bunten Erlebniswelt amüsieren. Eine besondere Faszination geht für die Mutigen allerdings von den beiden 100 m langen Riesenrutschen aus. Die eine, die Black Hole, lockt vor allem mit Licht- und Toneffekten, die andere, die Reifenrutsche, bietet eine rasende Abfahrt. Eltern und Großeltern lockt darüber hinaus noch das vielseitige Angebot der Wellness- und Saunalandschaft.

Freizeitbad Azur Ramstein-Miesenbach

Schernauer Straße 50, 66877 Ramstein-Miesenbach. ✆ 06371/71500, www.freizeitbad-azur.de. **Bahn/Bus:** Von Bhf Landstuhl und Bhf Ramstein Bus 6529 oder 6530 bis Haltestelle Azurbad. **Zeiten:** Winter Mo 13 – 22, Di – Sa 10 – 22, So und Fei 9 – 21 Uhr. **Preise:** 90 Min 3,80 €, Tageskarte 5,50 €, 10er Karte 49,50 €; Kinder

4 – 17 Jahre 90 Min 3 €, Tageskarte 4,50 €, 10er Karte 40,50 €; Familienrabatt (max. 2 Erw, Kinder) 15 %.

▶ In der **Halle** geht alles ein wenig enger zu. Das Sportbecken ist 25 m lang und wie zumeist schmucklos. Dagegen besitzt das Nichtschwimmerbecken ein paar Erlebniselemente. Für die kleinen und ganz kleinen Kids ist das Kinderbecken eine tolle Sache. Denn dort gibt es einen begehbaren Leuchtturm mit Mini-Rutsche, einen Schiffchenkanal und einen Nilpferdbrunnen. Schön, dass die 41 m lange Rutsche relativ flach verläuft, so können sich auch kleinere Kinder schon auf diesen Tripp wagen. Per Kanal könnt ihr sogar ins Außenbecken hinausschwimmen.

Draußen im **Freibad** ist natürlich alles viel größer. Das Sportbecken hat z.B. die olympische Dimension von 50 m Länge. Für junge Sprungkönige ist das separate Sprungbecken mit 5 m-Turm und 3- und 1-m-Brettern eine Traumarena, in der sie ungestört den freien Fall genießen können. In das Mehrzweckbecken mit allerlei Extras mündet immerhin eine 60 m lange Schlangenrutsche. Kleinere Kinder können in einem recht großen Planschbereich Schiffchenkanal und auf einem ansprechenden Spielplatz mit Rutsche, Hangelbereich und Matschecke richtig austoben. Größere Kinder und Erwachsene können Basketball, Beachvolleyball oder Tischtennis spielen. Die Liegewiese ist groß, besitzt aber kaum schattige Fleckchen. Es ist empfehlenswert Sonnenschirme mitzubringen.

Sportbad der Region

Städtisches Warmfreibad, Am Warmfreibad 1, 67657 Kaiserslautern. ✆ 0631/414-6884, www.kaiserslautern.de. **Bahn/Bus:** TWK-Bus 101 bis Warmfreibad. **Zeiten:** Mitte Mai – Mitte Sep Mo 12 – 20, Di, Do – So 8 – 20 Uhr, Mi schon ab 7 Uhr, Kassenschluss 19 Uhr. **Preise:** 4,10 €, Mo – Fr nach 18 Uhr 3,40 €, 12er Karte 41 €, Saisonkarte 80 €; Kinder ab 6 Jahre, Jugendliche,

Schüler und Azubis 2,30 €, 12er Karte 23 €, Saisonkarte 40 €; Familiensaisonkarte 1. Erw 80 €, 2. Erw 60 €, 1. und 2. Kind bis 14 Jahre 24 €, 3. Kind frei, Schülerferienkarte 18,50 €. **Infos:** Preisermäßigung durch Sozial- oder Familienpass.

Ganz in der Nähe liegen Volkspark und Wildpark, es gibt also Raum für viele weitere Aktivitäten, wenn es euch im Bad langweilig werden sollte.

▶ Das beheizte Freibad im Südosten der Stadt verfügt über ein 50-m-Sportbecken mit 8 Bahnen. Das Springerbecken krönt ein 10-m-Turm. Ihr könnt aber auch aus 1, 3, 5 und 7,5 m Höhe den Sprung in die Tiefe antreten – eine wundervolle Anlage. Man muss aber nicht unbedingt sportbegeistert sein, das Nichtschwimmerbecken ist ein wahres Erlebnisbecken mit Breitrutsche, Massagedüsen und Schwallduschen. Kleinere Kinder können sich gleichfalls wohl fühlen, dafür sorgen schon das Planschbecken, die Wasserspielanlage und der Spielplatz mit Schaukeln und reichlich Sand. Die größeren können auch Beachvolleyball spielen. Die Liegewiese ist weitläufig. Das muss sie auch sein, denn an schönen Sommertagen ist das beliebte Bad stark besucht.

Freibad Enkenbach-Alsenborn

Burgstraße 17, 67677 Enkenbach-Alsenborn-Enkenbach. ✆ 06303/807538 (Bademeister), 807522 (Kasse). www.enkenbach-alsenborn.de. **Zeiten:** Mai – Mitte Sep Mo 12 – 20, Di – So 9 – 20 Uhr. **Preise:** 3 €, nach 17 Uhr 1 €, 12er Karte 30 €, Saisonkarte 50 €; Kinder 6 – 18 Jahre 2 €, nach 17 Uhr 1 €, 12er Karte 20 €, Saisonkarte 30 €, Familiensaisonkarte 70 €; Kinder, die zu Beginn der Badesaison das 5. Lebensjahr noch nicht vollendet haben, haben freien Eintritt. **Infos:** Kasse des Freibads 14 – 18 Uhr geöffnet, übrige Zeit Kassenautomat.

▶ Das Kernstück des Freibades ist ein schön konstruiertes und vielseitiges Kombibecken. Den Schwimmfreudigen garantieren 4 Bahnen à 50 m und 2 Bahnen à 25 m Länge ausgiebigen Schwimmspaß. In das separate Sprungbecken könnt ihr nach einfachen oder kunstvollen Sprüngen aus 1, 3 und 5 m Höhe mit oder ohne Spritzer eintauchen. In den Nichtschwimmerbereich des großen Kombibeckens mündet eine Breitrutsche. Die Kleinsten wurden mit einem Planschbecken bedacht, das aus zwei übereinander angelegten Becken besteht. Ein Sonnensegel schützt sie vor zu viel Sonne. Die Liegewiese ist schön groß und bietet genug Schatten. Hier könnt ihr Tischtennis und Beachvolleyball spielen.

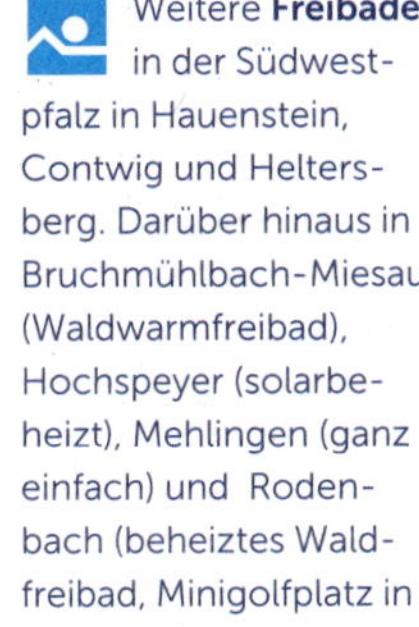

Weitere **Freibäder** in der Südwestpfalz in Hauenstein, Contwig und Heltersberg. Darüber hinaus in Bruchmühlbach-Miesau (Waldwarmfreibad), Hochspeyer (solarbeheizt), Mehlingen (ganz einfach) und Rodenbach (beheiztes Waldfreibad, Minigolfplatz in der Nähe).

Wasserfreuden auf Pfälzerwaldhöhe

Warmfreibad Trippstadt, Am Schwimmbad, 67705 Trippstadt. ✆ 06306/701495, www.trippstadt.de. **Zeiten:** Mai – Sep 10 –20 Uhr. **Preise:** 4,50 €, 12er Karte 40 €; Kinder 4 – 16 Jahre 2,50 €, 12er Karte 25 €; Tageskarte Familie 10 €.

▶ Das beheizte Freibad (24°) liegt landschaftlich ausgesprochen schön. Die Schwimmfreudigen und Sprungkünstler genießen das Schwimmerbecken mit 50-m-Bahnen und das abgetrennte Sprungbecken. Das Badeleben tobt aber im Nichtschwimmerbecken mit Riesenrutsche. Das Planschbecken ist etwas von dieser bewegten Szene abgesetzt. Die Liegewiese ist groß und lässt Raum zum Herumtollen. Aktive größere Kinder können Tischtennis und Basketball spielen. Der Kiosk mit Terrasse bietet kalte Getränke, Kaffee, Kuchen, Eis, Süßigkeiten und Snacks.

Strand- & Naturbäder

Chlorfreie Wasserfreuden

Naturerlebnisbad Landstuhl, Kaiserstraße 126, 66849 Landstuhl. ✆ 06371/130571, www.neb-landstuhl.de. **Lage:** Am Ostrand der Stadt, am Hang. **Bahn/Bus:** Bhf Landstuhl, über Bahnstraße und Schützenstraße, ca. 15 Min zu Fuß. **Zeiten:** Mitte Mai – Anfang Sep 10 – 20 Uhr, Kassenschluss 1 Std vor Schließung des Bades. **Preise:** 3,50 €, Saison 52,50 €, 10er Karte 27 € (gültig bis nächs-

@ Es gibt einen interessanten Stadtplan für Kinder von der Verbandsgemeinde. Hier stehen alle für Kinder wichtigen Einrichtungen in Landstuhl und den Nachbargemeinden Hauptstuhl, Mittelbrunn, Oberarnbach, Bann und Kindsbach drauf, unter www.landstuhl.de.

tes Jahr); Kinder ab 6 Jahre 2 €, Saison 30 €, 10er Karte 13,50 €; Familiensaisonkarte 1 Erw und eigene Kinder 82 €, 2 Erw und Kinder 110 €.

▶ Hier erfüllt sich der Traum vom chlorfreien, naturnahen Baden. Zentrum dieser schönen Anlage im Grünen ist ein 78 m langer und 18 m breiter See, der in einen Schwimmer- und Nichtschwimmerbereich aufgeteilt ist. Vom 2 m hohen Sprungfelsen aus könnt ihr zum Sprung in den tieferen Teil des Sees ansetzen. Viel Spaß macht ein Durchgang auf der Raftingstrecke. Das ist auch schon etwas für kleinere Kinder. Diese und die ganz Kleinen verbringen ihren Badeaufenthalt allerdings hauptsächlich am und im Bachlauf, der den See mit dem reinigenden Pflanzenfilter verbindet. Das Bad ist nicht nur schön, sondern auch gemütlich. Die Liege- und Spielwiese mit Spielplatz ist groß genug. Ein Kiosk bietet Getränke und Snacks. Seit Sommer 2010 gibt es auch einen Sauna- und Wellnessbereich am Bad. Das chlorfreie Wasser wird in einem Kreislauf durch Absetzbecken, Pflanzenfilter und Kiesbecken zurück in den Badeteich befördert.

Badespaß im Plub

Im Plub könnt ihr auch Kindergeburtstag feiern, Anmeldung mind. eine Woche im Voraus. Das Geburtstagskind hat freien Eintritt.

Luft- und Badepark Plub, Lemberger Straße 41, 66955 Pirmasens. ✆ 06331/7250-0, www.plub.de. **Bahn/Bus:** Bus 201, 207, 210, 250, 255, 256 bis Plub. **Zeiten:** Hallenbad Mo 12 – 20, Di – So, Fei 9 – 20 Uhr, Freibad Mitte Mai – Juni täglich 13 – 20 Uhr, Juli – Anfang Sep 8 – 20 Uhr. **Preise:** Tageskarte für Frei- und Hallenbad 5 €, ab 18 Uhr 2,80 €, 10+1 Karte 50 €; Kinder 6 – 16 Jahre und Ermäßigungsberechtigte Tag 3 €, abends 2,30 €, 10+1 Karte 28 €; Familie 2 Erw, 1 Kind Tag 11,50 €, jedes weitere Kind 1,50 €.

▶ Das kombinierte Hallen- und Freibad versorgt die Pirmasenser Wasserratten rund ums Jahr. In der **Halle** erwarten euch je ein Sport-, Bewegungs- und Planschbecken. Zusätzlichen Spaß bieten der Whirlpool, Wasserspiele, Wasserkanonen und besonders

die 82 m lange Riesen-Wasser-Wendelrutsche, die sowohl von der Halle als auch vom Freibad aus benutzt werden kann. Eine Schwimmschleuse dient als Verbindung zu einem beheizten Außenbereich. Es gibt auch einen großen **Saunabereich.**
Im Sommer öffnet zusätzlich das **Freibad** seine beheizten Becken für Schwimmer, Nichtschwimmer und Planscher mit Sonnensegel. Dann könnt ihr von den Sprungbrettern (1 und 3 m) oder per Breitrutsche den freien Fall üben, die Strahlen der Wasserspiele genießen oder faul im reichlich vorhandenen Baumschatten liegen. Die große Liegewiese und der Spielplatz laden zu Aktivitäten verschiedenster Art ein.
Gastronomie gibt es sowohl in der Halle als auch im Freibad: Sauna-Bistro in der Halle, Terrassencafé mit Kiosk im Freien. Es werden Babyschwimmen und Kinderschwimmkurse angeboten. Die Durchführung liegt in den Händen von Schwimmvereinen und der DLRG Pirmasens – Info über die Schwimmmeister.

Waldidylle für Natur-Badefans am Helmbachweiher

67471 Elmstein-Helmbach. www.badeseen.rlp.de.
Lage: 1,5 km südlich von Helmbach. **Bahn/Bus:** Rhein-Neckar-Bus 517 von Neustadt Hbf – Helmbach Bhf. **Auto:** Von Elmstein links K51 Richtung Iggelbach, 1,5 km bis zum Helmbachsee. **Zeiten:** Ganzjährig zugänglich.

▶ Mitten im Wald liegt dieser kleine, beschauliche Badesee mit Steg, Kneipp-Anlage, Liegewiesen, Grillplatz und Kiosk. 2,5 km sind es zum ↗ **Naturfreundehaus im Kohlbachtal**, 5,5 km bis zur Geiswiese mit einem weiteren Badesee und 6,7 km bis zur Linde beim **Badeweiher Geiswiese** in idyllischer Lage und herrlich ruhig. Dabei ist auch ein Jugendzeltplatz, eine Grillhütte und viel Platz für Spiele. Alles schöne Ziele für Wanderungen oder Radtouren

pmv Öko-Tipp!

Naturbadeweiher im Langenthal

Am Weiher 40, 67475 Weidenthal. ✆ 06329/1431, 261. www.weidenthal.de/naturbadweiher. **Bahn/Bus:** S1/S1 von Ludwigshafen oder Kaiserslautern bis Weidenthal, dann ca. 1,8 km. **Auto:** An der B39 auf halbem Weg zwischen Kaiserslautern und Neustadt a.d.W. **Zeiten:** Ende Mai – Ende Aug, wetterabhängig täglich 12.30 – 18.30 Uhr. **Preise:** 2,70 €, ab 17 Uhr 1,70 €; Kinder ab 6 Jahre, Schüler, Azubis, Studenten 1,10 €.

Etwas Abwechslung kann eine Partie auf der Minigolfanlage bringen (Erw 1,50, Kinder 1 €, Zeiten wie Badeweiher).

▶ Der kleine, von Wald umgebene Weiher liegt am südwestlichen Ortsrand von Weidenthal. Er wird von erstklassigem Quellwasser gespeist, ihr könnt also chlorfrei baden. Im von einer Beckenmauer umrandeten Badesee (ca. 110 x 40 m) befindet sich als eine Insel mit einem alten Lindenbaum. Für die Kleinen sind Nichtschwimmersektor und Planschbecken abgegrenzt. Für die Größeren steht auch ein Sprungbrett zur Verfügung. Die Liegewiese ist groß, Badeaufsicht, Umkleiden, Dusche und WC sowie ein Kiosk für den kleinen Hunger und Durst sind vorhanden.

Die Wesch

Freibad Waschmühle, Waschmühle 1, 67653 Kaiserslautern. ✆ 0631/3704108, www.kaiserslautern.de. **Bahn/Bus:** TWK-Bus 112 bis Freibad Waschmühle. **Zeiten:** Mitte Mai – Mitte Sep Mo, Mi – So 8 – 20, Di ab 12 Uhr, Kasse schließt um 19 Uhr. **Preise:** 3 €, Mo – Fr ab 18 Uhr 2,30 €, 12er Karte 30 €, Saisonkarte 58 €; Kinder 6 – 15 Jahre 1,60 €, 12er Karte 16 €, Saison 29 €; Familiensaisonkarte 1. Elternteil 54,50 €, 2. Elternteil 45,50 €, 1. und 2. Kind jeweils 18 €, ab 3. Kind frei, Sommerferienkarte (nur mit Schülerausweis!) 17 €.

▶ Im Eselsbachtal liegt von Wald umgeben diese riesige 165 m lange und 45 m breite Freiluft-Badewanne. Nach wie vor ist dieses etwa ein Jahrhundert Jahre alte Gewässer unbeheizt und so auch an heißen Sommertagen frisch. Hier ist alles groß: Es gibt einen

10-m-Sprungturm, einen großen Nichtschwimmerbereich, riesige Liegeflächen – und natürlich auch einen Kiosk mit Limo und Snacks.

Eingebettet im Wald: Schönes Naturbad
© Naturbad Otterberg

Baden im Wald

Naturbad Otterberg, 67697 Otterberg. ✆ 06301/4900, www.otterberg.de. **Bahn/Bus:** 15 Min vom Zentrum am nordöstlichen Ortsrand am Wald. **Zeiten:** Anfang Juni – Ende Aug Mo 13 – 20 Uhr, Di – So 10 – 20 Uhr. **Preise:** 3 €, ab 18 Uhr 2 €; Kinder und Jugendliche 3 – 18 Jahre 1,50 €, abends 1 €.

▶ Das von einer Quelle versorgte Naturfreibad liegt mitten in einer schönen Liegewiese am Waldrand. Das Kombibecken für Schwimmer und Nichtschwimmer ist ganz groß. An heißen Sommertagen bleibt das Wasser angenehm frisch. Es gibt einen kleinen Spielplatz. Für den kleinen Hunger und Durst reicht der Kiosk, ansonsten müsst ihr euch zur direkt benachbarten Gaststätte aufmachen.

Naturnaher Erlebnisspielplatz Ottertal, 600 m östlich vom Bhf Lampertsmühle/Otterbach. Mit Kriechrohr, Barfußpfad, Tipi, Spiel- und Pcknick-Wiese. Otterberg ist ein malerisches Städtchen mit Einkehrmglichkeiten.

Seehofweiher bei Erlenbach

Schulstraße 29, 76891 Erlenbach. www.dahner-felsenland.de. **Lage:** Unterhalb der Burg Berwartstein. **Bahn/Bus:** Südwestbuslinien von Dahn 548, Bad Bergzabern 525 oder Annweiler 525 bis Erlenbach, dann 1 km zu Fuß. **Zeiten:** ganzjährig zugänglich.

▶ Südöstlich der Burg Berwartstein liegt dieser idyllische Wald- und Badesee (15 ha, max. 3 m tief) mit seinen sanften Ufern, der seine Existenz der Aufstauung des Erlenbachs verdankt. An seinem Südteil befindet sich ein flacher Sandstrand, der so ganz nach dem Geschmack von Kindern ist, weil ihr hier bud-

Surfbretter, Kajaks etc. sind im Seehofweiher nicht gestattet.

Kiosk am Badesee Seehof, ✆ 06398/9932121. www.kiosk-am-seehof.de. April – Nov ab 11 Uhr. Snacks, Getränke, Eis.

deln, planschen und bauen könnt. Außerdem gibt es eine große Liegewiese zum Herumtollen und einen Kiosk, der euch mit Snacks, Getränken und Eis versorgt. Es existieren auch Badeaufsicht und WC.

Bade- & Bootsvergnügen

Baden und paddeln am schönen Gelterswoog

67661 Kaiserslautern-Hohenecken. ✆ Handy 0152/ 53191911. https://gelterswoog-kl.de. **Bahn/Bus:** TWK-Bus 101, 103, 104, 111 bis Gelterswoog Strandbad. **Auto:** 8 km südwestlich vom Lauterer Zentrum direkt neben der B270. **Zeiten:** Mai – Sep Mo 12 – 20, Di – So 10 – 20 Uhr, Kassenschluss 19 Uhr. **Preise:** 5 €, Bootverleih 30 Min 3 € pro Pers, SUP 5 € für 30 Min, Tischtennis 1 € für 60 Min, Sonnenliege und Schirm 15 € pro Tag; Kinder 6 – 18 Jahre 3 €; Familienkarte mit Kindern bis 14 Jahre 140 €.

 Neben dem Strandbad könnt ihr **Minigolf** spielen. ✆ 0631/99395, Mai – Sep ab 11 Uhr, Vor- und Nachsaison Mo – Sa ab 13, So, Fei ab 11 Uhr, 2,50 €, Kinder unter 16 Jahre 1,50 €.

▶ In dem kleinen **Waldsee** (500 m breit, 1 km lang), der vor 300 Jahren durch Aufstauen eines Baches angelegt wurde, war bis 1926 das Baden verboten. Pfarrer und Förster kassierten die am Ufer abgelegten Kleider! Heute präsentiert sich der See als ein ausgesprochen lebendiges, besucherfreundliches Badegewässer mit Strandbad und Liegewiese am Nordostrand. In dem bis zu 3,50 m tiefen Gewässer wird aber nicht nur geschwommen, sondern auch getaucht, **Boot** gefahren, gerudert, gepaddelt und gesurft. Auch für kleine Kinder ist es einfach, denn der Einstieg ist sandig und flach. Natürlich ist auch für das leibliche Wohl gesorgt. Weniger angenehm ist der mitunter starke Autoverkehr auf der am Ostufer entlangführenden Bundesstraße.

Rund um den See, in dem Seerosen blühen und der von hohen Tannen umgeben ist, führt ein breiter **Rundwanderweg,** 3 km, ohne Steigung, für Kinder ab 6 Jahre. Vom Westende lassen sich von der Rundwanderung Abstecher ins Walkmühltal und Kolbental unternehmen.

Das nordöstliche Seeufer teilen sich das Strandbad mit einem 300 m langen Sandstrand und einem gemütlichen Biergarten und die große Freizeitanlage mit Kiosk, 18-Loch-Kleingolfbahn, Tischtennisplatten, Bolzplatz, Boulebahnen, Tischfußball, Federbzw. Volleyballfeld, Kletterburg, **Spielplatz** mit Torwand und einem weiteren Biergarten sowie mietbarer Grillhütte. Am Südufer bestimmen das **Seehotel Gelterswoog** und der **Campingplatz** die Szene. Ihr könnt euch vorstellen, dass hier allerhand los ist.

Seehotel Gelterswoog, Am Gelterswoog 20, Kaiserslautern. ✆ 0631/35300. www.seehotel-gelterswoog.de. Mo – Sa 18 – 22 Uhr. Italienische und deutsche Küche, bis fünf Fischgerichte täglich.

Wasserspatzen Gelterswoog

Paddlergilde Kaiserslautern 1926 e.V., Vereinsheim am Gelterswoog, Gelterswoog 15, 67661 Kaiserslautern. ✆ 0631/59812, www.paddlergilde-kl.de. **Zeiten:** Training Kanu-Wandern Mo 17 – 18.30, Mi 17.30 – 19 Uhr, Kanurennsport Kinder bis 12 Jahre Di und Fr 16 – 18.30 Uhr, Kanuslalom für alle April – Okt Mo 18.30 – 20, Do 17.30 – 19 Uhr, Nov – März Mo, Fr 18.30 – 20, Sa 16 – 18 Uhr. **Infos:** Vorraussetzungen Schwimmabzeichen Bronze (Freischwimmer).

▶ Am frühen Freitagabend übt der 6- bis 12-jährige Nachwuchs der Lauterer Paddlergilde. Es geht mehr um eine allgemeine athletische Grundausbildung und das allmähliche Herantasten an den Umgang mit Booten auf dem nassen Element, also wird auch gespielt, geturnt und geschwommen (im Winter in der Halle). Erst wenn ihr 11 oder 12 seid beginnt ihr so peu à peu mit dem Wettkampfsport. Ihr könnt auch an Kanu-Wandertouren teilnehmen oder im Wildwasserkajak fahren.

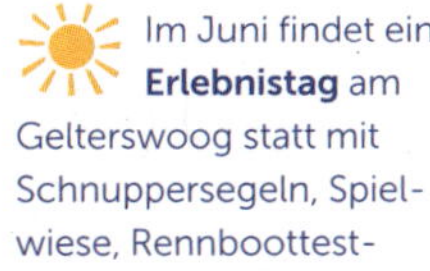

Im Juni findet ein **Erlebnistag** am Gelterswoog statt mit Schnuppersegeln, Spielwiese, Rennboottestfahrten.

Tretboot fahren auf dem Clausensee im Schwarzbachtal

Camping Clausensee, 67714 Waldfischbach-Burgalben. ✆ 06333/5744, www.vgwaldfischbach-burgalben.de. **Lage:** 9 km östlich von Waldfischbach-Burgalben. **Auto:** In Waldfischbach-Burgalben auf K32 Richtung Leimen. **Rad:** Radweg von Waldfischbach-Burgalben. **Zeiten:** Mai – Sep 9 – 19 Uhr. **Preise:** Baden 3 €, Tretbootverleih, SUP Boards, Boulekugeln und eBikes; Kinder 2 – 13 Jahre 2 €; Camping in der HS Erw ab 11,50 €, Kinder 2 – 13 Jahre 6 €, Zelt 9 €, WoMo 22 €. **Infos:** Umkleidekabi-

Schirmbar am Clausensee, Waldfischbach-Burgalben. ✆ 06333/5744. www.schirmbar-clausensee.de. April – Sep täglich ab 11 – 20 Uhr, durchgehend warme Küche. Kiosk, Lokal und Biergarten. Pfälzer Küche und Flammkuchen, Frühstück.

nen, WC und Kaltduschen vorhanden, Hunde nicht erlaubt.

▶ Der kleine See von 4 ha liegt im beschaulichen *Schwarzbachtal.* Auf dem Gelände des Campingplatzes Clausensee gibt es einen sehr flachen, sandigen Einstieg und macht ihn auch für kleinere Kinder zum geeigneten Badegewässer. Ihr könnt außerdem mit Tret- und Ruderboot in See stechen. Am See sind auch die Angler gut vertreten, denn das Gewässer gilt als fischreich (Forellen, Karpfen, Barsche). Ein Teil des vom Schwarzbach gespeisten Sees steht unter Naturschutz.

NATUR & UMWELT MIT KARLOTTA

?! *Felsbrocken, die bei großen Felswänden herumliegen, heißen Verhaspelungen. Daher der Name* ***Haspelfelsen.***

Wandern & Spazieren

Erlebniswanderung zum Teufelsfelsen

66955 Pirmasens-Niedersimten. **Länge:** 4 km, keine Steigung, außer bei den kurzen Aufstiegen zu den Höhepunkten, leicht, teilweise etwas schottriger Waldweg. **Strecke:** NFH Niedersimten – Gersbachtal – Teufelsfelsen – NFH Niedersimten. **Altersempfehlung:** ab 4 Jahre. **Kinderwagen geeignet:** ja. **Bahn/Bus:** Niedersimten Saar-Pfalz-Bus 255 bis Wasgaustraße, zu Fuß 2 km, Sträßchen bis Naturfreundehaus, über die Hälfte auch auf Wanderweg möglich. **Auto:** Parkplatz am NFH.

▶ Ihr beginnt diese schöne Rundwanderung durch das bewaldete **Gersbachtal** am Parkplatz beim **Naturfreundehaus Niedersimten.** Es geht rechts am Bach aufwärts. Direkt hinter der Schranke bietet sich rechts ein Abstecher zum etwas oberhalb gelegenen **Haspelfelsen** an. Die Route führt auf den nächsten 2 km an 3 Stauweihern vorbei durch feucht-üppige Bachwildnis. Im letzten Abschnitt des für seine Feuchtigkeit bekannten Tals gibt es einige Quellbäche. Danach spaziert ihr auf der anderen Bachseite abwärts. Auf halber Strecke des Rückwegs befindet sich rechts oben der Höhepunkt der Tour: der **Teufelsfelsen,** zwischen dessen imposanten Felsen Quellwasser herabstürzt. Da müsst ihr natürlich rauf. Keine Angst, es führt ein Pfad mittendurch, alles ist durch Geländer abgesichert. Danach seid ihr bald wieder am **Naturfreundehaus,** dort gibt es deftig zu essen und der Spielplatz ist durchaus einladend.

NFH Niedersimten, Gersbachtalstraße 100, Pirmasens-Niedersimten. ✆ 06331/46288. www.naturfreunde-niedersimten.de. Di, Mi, Fr – So ab 9 Uhr. Durchgehend warme Küche, jeden Tag eine andere Spezialität des Hauses. Ü 13 – 17 €, EZ-Zuschlag 5 €, Bettwäsche 5 €, Frühstück 5,80 €, Kinder 3 – 10 Jahre Ü 9 – 10 €.

Zur dunklen Bärenhöhle und bizarren Bruderfelsen

Verkehrsverein Rodalben e.V., 66976 Rodalben. www.felsenwanderweg.de. **Länge:** Circa 5 km, keine starke Steigung, leicht. **Strecke:** Bhf Rodalben – Bärenhöhle – Bruderfelsen – Alter Bierkeller – Bhf Rodalben. **Altersempfehlung:** ab 5 Jahre. **Bahn/Bus:** RB 28, Bus 248 bis Bhf Rodalben.

▶ Ihr geht vom **Bahnhof** rechts die Bahnhofsstraßen hinunter. Dort biegt die Route rechts in die verkehrsreiche Pirmasenser Straße – wobei ihr dann sofort auf die linke Seite wechselt, um eine spätere riskante Überquerung zu vermeiden. 400 m hinter der Abzweigung geht ihr links in einen breiten Weg (Grüner Querbalken, später auch F für Felsenwanderweg), der durch das urige Langenbachtal zur **Bärenhöhle** und dem Bärenfelsen führt, der größten natürlichen Sandsteinhöhle in der ganzen Pfalz. Ihr kommt unterhalb an und staunt über einen kleinen, dennoch spektakulären Wasserfall. Auf einem steilen Treppenweg geht es zur Felshöhle hinauf. Ein Bächlein fließt euch entgegen, ihr könnt in die volle Tiefe des gewaltigen Felsens hineingehen. Maße der Höhle: Anfangsbreite 27 m, Tiefe 37 m, Höhe 9 m. Neben dem Eingang gibt es einen Tisch und Bänke für ein Picknick.

Anschließend bleibt ihr oben und geht rechts auf Alternativroute durch den Wald zum Bruderfelsen. Unterwegs kommt ihr an kleineren Felsen vorbei und durchquert einen dichten, düsteren Streifen Fichtenwald. Nach 1,5 km wird die Pirmasenser Straße überquert (wieder auf der Hauptroute F).

Taschenlampe mitnehmen, denn in der Bärenhöhle ist es ziemlich düster.

Kurz darauf seid ihr am eindrucksvollen **Bruderfelsen.** Er besteht aus zwei eng beieinander stehenden, interessant geformten, roten Säulen. Hier ist die Aussicht auf Rodalben sehr schön. Es gibt auch eine Bank zum Ausruhen. 800 m westlich kommt ihr zum Alten Bierkeller, eine weitere bizarre Felsformation. Er hat auch eine Höhle, die jedoch nicht betreten werden darf. Es kann euch aber niemand hindern, mit der Taschenlampe hineinzuleuchten. Rechts wandert ihr anschließend via Bergstraße und Brücke durch die kleine **Altstadt** zum **Bahnhof** zurück.

Rundwanderung zum Naturfreundehaus im Kohlbachtal

NFH im Kohlbachtal, Im Kohlbachtal, Lambrecht. © 06328/666. www.naturfreunde-rlp.de. Wochenende und Fei ab 9 Uhr, warme Küche 11.30 – 18 Uhr. Übernachtung möglich, Reservierung unter © 06325/304533. Ü ab 14,50 €.

67471 Elmstein-Helmbach. **Länge:** 8 km, im Wald. **Strecke:** Helmbach – Helmbachweiher – NFH Kohlbachtal – Forsthaus Heldenstein – Helmbach. **Altersempfehlung:** ab 8 Jahre. **Bahn/Bus:** Rhein-Neckar-Bus 517 von Neustadt a.d.W. bis Helmbach Bhf.

▶ Ihr startet am **Bhf Helmbach** (200 m). Die ersten 1,5 km verlaufen auf der verkehrsarmen Straße Richtung Iggelbach. Nach gut 30 Min seid ihr am beschaulichen ↗ **Helmbachweiher.** Danach geht ihr auf einem Wanderweg auf der rechten Seite des **Kohlbaches** aufwärts und später auf derselben Route zurück – immer ganz dicht am Bächlein. Das **Naturfreundehaus** (260 m) liegt im tiefen Wald direkt am Kohlbach. Hier gibt es Tische im Freien, einen Spielplatz sowie eine gute Auswahl an Pfälzer Gerichten.

Wenn ihr euch fit genug fühlt, könnt ihr statt zum Ausgangspunkt zurückzukehren, zum **Forsthaus Heldenstein** in 460 m Höhe, 5 km, aufsteigen (keine Einkehr, Forsthaus wurde Mai 2022 geschlossen). Das ist nur 1 km länger, als die Rückkehr zum **Bhf Helmbach**, allerdings viel anstrengender.

Rund um Vogelwoog und Hammerwoog

67659 Kaiserslautern-Nord. **Länge:** 5 km leichte Rundwanderung, Wald und zwei Seen. **Strecke:** Hammerbachtal – Vogelwoog – Hammerwoog – Vogelwoog. **Altersempfehlung:** ab 5 Jahre. **Bahn/Bus:** TWK-Bus 105, 107 bis Lothringer Dell, dann noch ein Stück zu Fuß; auf gleichem Weg zurück. **Infos:** NSG Vogelwoog-Schmalzwoog, Faltblatt mit Übersicht zu Flora und Fauna und Tipps für umweltfreundliches Verhalten.

▶ Am Südrand des Hammerbachtals lauft ihr vom Ostufer des Vogelwoogs zum Hammerwoog hinüber. Das ist eine Strecke, auf der es fast wie im Urwald zugeht. Zuerst seid ihr am Rande eines Feuchtbiotops. Dann begleitet ihr den langen Schlauch des **Hammerwoogs** (auch *Blechhammer Weiher* genannt), um ihn schließlich am *Hotel Blechhammer* vorbei gegen den Uhrzeigersinn zu umrunden. Schön, wenn gerade die Seerosen blühen. Anschließend wandert ihr am Nordrand des Hammerbachtals wieder zum Vogelwoog hinüber. Diese Route ist weniger spektakulär, ein breiter Weg mit deutlichem Abstand zu Gewässer und Uferwildnis. Diesmal passiert ihr das *Kunst Café am Vogelwoog* und dreht abschließend eine Runde um den weiten **Vogelwoog.** Das ist noch einmal ein richtig schönes Wegstück. Weite Blicke über den See wechseln mit Blicken in dichtes Gehölz, Schilf, Sumpf und Schlamm. Wenn ihr Glück habt, taucht sogar mal ein Graureiher auf.

Der Vogelwoog wird von Grundwasser gespeist, das jedoch nicht ausreicht, um ihn vor dem Verlanden zu bewahren, sodass er mit zusätzlichem Wasser aufgefüllt werden muss. Er besitzt einen breiten Schilfsaum, in dem Graureiher auf Beutefang gehen. In der Moorzone westlich vom See sind verschiedene Torfmoose, Wollgras und **Sonnentau-Pflanzen** zu finden. Wo das Moor entwässert ist, sind hingegen Pfeifengras, Heidekraut und der seltene Lungen-

?! *Durch schlechtes Benehmen vieler Besucher gelten nun strikte Regeln, wie Wege nicht verlassen, kein Feuer machen, Müll mitnehmen, keine Pflanzen beschädigen, keine Tiere stören und keine Zelt- oder sonstigen Lager errichten!*

Kunst Café am Vogelwoog, Vogelwoogstraße 100, Kaiserslautern. ✆ 0631/41454504. www.kunstcafeamvogelwoog.de. Di – So 9 – 18, Sa 12 – 18 Uhr je nach Witterung. Frische Waffeln und Kuchen, Künstlerfrühstück, wechselnde Tageskarte.

?! ***Sonnentau*** *gehört zu den fliegenfangenden Krautpflanzen. Seine Blätter sind mit klebrigen Tröpfchen behaftet und schließen sich, sobald sich ein Insekt darauf niedergelassen hat. Eiweiß-Enzyme kauen und verdauen es sozusagen für ihn.*

enzian zu Hause. Weiter im Westen und Süden bedingen sandige Böden wiederum eine andere Pflanzen- und Tierwelt. Als Ganzes ist das **Naturschutzgebiet Vogelwoog-Schmalzwoog** ein ausgesprochenes Paradies, das eine größere Zahl von seltenen Pflanzenarten aufweist. Wenn ihr ganz viel Kraft und Lust habt, könnt ihr auch noch eine Runde auf dem knapp 3 km langen **Walderlebnispfad** drehen, der am Vogelwoog beginnt. Viele von den 19 Stationen sind zum Mitmachen.

Kaiserslautern aus der Vogelperspektive

67661 Kaiserslautern. **Länge:** 6,5 km, steiler Aufstieg. **Strecke:** Bremerstraße – Humbergturm – Ausflugslokal Bremerhof – Bremerstraße. **Altersempfehlung:** für wanderfreudige Kinder ab 8 9 Jahre. **Bahn/Bus:** Vom Hbf K´lautern TWK-Bus 102 bis Kantstraße; Rückfahrt mit TWK-Bus 102 von der Haltestelle Dunkeltälchen zum Hbf.

Bremerhof, Bremerhof 1, Kaiserslautern. ✆ 0631/316320. www.bremerhof-kl.de. Ab 10 Uhr, durchgehend warme Küche. 2 km südlich der Stadt auf einer Waldwiese, ehemaliger Gutshof, Hotel, Restaurant, Biergarten, Spielplatz, Krimidinner.

▶ Von der Ecke Bremerstraße/Kantstraße (in 246 m Höhe) am Rand des Stadtwalds geht es in der Kantstraße aufwärts. Bald darauf biegt ihr beim Grillplatz rechts ab. Nun geht es in südlicher Richtung stetig kräftig bergauf durch tiefen Wald zum 424 m hohen **Humberg** (Markierungen Gelbes W, Blaues W, Blaues B). Da oben steht ein 23 m hoher **Turm,** von dem ihr einen sagenhaften Blick auf die Stadt Kaiserslautern und den Donnersberg im Norden habt. Unterhalb ist viel Platz zum Herumtollen, es gibt auch einen Tisch mit Bänken zum Rasten. Danach unternehmt ihr den steilen

Bietet Platz für alle: Biergarten Bremerhof
© Annette Sievers

Abstieg durch ebenfalls tiefen Wald auf dem Wanderweg 2 (Rot-Weiße Markierung) zum **Bremerhof**, einem beliebten Lokal mit Spielplatz, das von Wiesen umgeben ist. Nach der Einkehr geht es in nördlicher Richtung auf dem Waldlehrpfad zur Bremerstraße, Ecke Dunkeltälchen, nahe dem Ausgangspunkt der Rundwanderung, hinunter.

4-Burgen-Tour im Deutsch-Französischen Grenzgebiet

76891 Nothweiler. **Länge:** 9 km, drei steile Aufstiege, abwechslungsreiche Rundwanderung. **Strecke:** Nothweiler – Wegelnburg – Sagenweg Felsenland – Hohenburg – Burg Löwenstein – Burg Fleckenstein – Gimbelhof – Nothweiler. **Altersempfehlung:** wegen des schweren Profils der ersten Hälfte nur für wanderfreudige Kinder ab 9 Jahre. **Zeiten:** Burg Fleckenstein Jan – März So 12 – 16 Uhr, März, Nov Sa, So 12 – 17 Uhr, März – Juni, Sep, Okt täglich 10 – 17.30 Uhr, Juli – Aug 10 – 18 Uhr, 26 – 31. Dez täglich 12 – 16 Uhr. **Preise:** Burg Fleckenstein 4,50 €; Kinder 4 – 18 Jahre 3 €. **Infos:** Der Sagenweg Felsenland ist insgesamt 90 km lang.

▶ Die Rundwanderung beginnt im Zentrum von **Nothweiler** auf 280 m Höhe. Es geht in westlicher Richtung steil bergauf zum Wald (Markierungen Blau, Grün, Rot-Gelb). Der Blick auf das Dorf im Kessel ist wunderschön. Im Wald biegt ihr nach links ab. Es geht weiter bergauf, zum Schluss schön steil, bis zur **Wegelnburg** (zuletzt Markierungen Rot, Rot-Gelb). Jetzt seid ihr schon auf 571 m Höhe. Ihr könnt die Ruine besteigen, die Aussicht ist natürlich super. Anschließend steigt ihr auf dem **Sagenweg Felsenland** (Rot-Weiß-Rot) nach einem kurzen Flachstück ebenfalls ziemlich steil zur nahen **Ruine Hohenburg**, 551 m, auf. Auch diese Ruine ist recht mächtig und kann ebenfalls bestiegen werden. Von ihr ist es nicht weit zur dritten Ruine im Bunde, der **Burg Löwenstein.** Die Löwenstein, auf breitem Fels angelegt, ist sehr ramponiert und bietet auch keinen so

Ferme Gimbelhof, Lembach. ✆ 0033 388/944358. www.gimbelhof.com. Mi – So ab 8 Uhr, warme Küche 12 – 14 und 18.30 – 21 Uhr, kleine Gerichte und Kuchen den ganzen Tag. Regionale und saisonale Gerichte, warme Küche Mi – So 12 – 14, 18.30 – 20.30 Uhr, Frühstück, kleine Gerichte und Kuchen den ganzen Tag.

Burg Fleckenstein: Burg und Museum sind ein Highlight für Kinder
© Hannah Mehrfert

spektakulären Ausblick. Ihr folgt weiter dem Sagenweg Felsenland. Es geht nun steil bergab. Bald wird ein breiter Weg erreicht – dort rechts, kurz darauf links in Pfad, und weiter bergab.

Euer nächstes Ziel liegt tief unten auf 334 m Höhe und heißt **Petit Fleckenstein;** es ist stark besucht. Ihr könnt hier einkehren. Ihr seid jetzt in Frankreich. Natürlich werdet ihr den Abstecher zur nahen **Burg Fleckenstein** unternehmen. Diese Felsenburg ist noch gut erhalten. Anschließend geht ihr in nordöstlicher Richtung durch den Wald zum **Gimbelhof** hinüber, der am Rande einer großen Waldwiese liegt. Dort gibt es einen gemütlichen Biergarten und einen großen Spielplatz. Ein Wegweiser zeigt den Weg Richtung Nothweiler – zurück nach Deutschland. Das ist zugleich die Radstrecke. Es geht wieder in den Wald (Markierung Blauer Punkt, Rotes Kreuz, Schwarze Markierung). 1 km hinter dem Gimbelhof biegt ihr links ab. Ohne Orientierungsprobleme schafft ihr sicher die etwa 2 km durchs Tal zum Ausgangspunkt **Nothweiler.**

?! *Um die **Burg Fleckenstein** rankt sich die Legende, dass der Teufel persönlich den 110 m tiefen Brunnen gegraben habe. Doch der Burgherr kam ihm auf die Schliche und ließ ihn rasch vom Burgkaplan mit Weihwasser verjagen. Fortan floss frisches, klares Wasser aus dem Brunnen.*

Umwelt erforschen

pmv Öko-Tipp!

Dinos in der Lauterer Gartenschau

Lauterstraße 51, 67659 Kaiserslautern. ✆ 0631/71007-0, www.gartenschau-kl.de. **Zeiten:** April – Okt täglich 9 – 19 Uhr. **Preise:** 7 €; Kinder 6 – 16 Jahre 3,50 €, Schüler 16 – 25 Jahre 5 €; Familie (1 Erw, eigene Kinder) 12 €,

Familie (2 Erw, eigene Kinder) 19 €. **Infos:** Führungen Anmeldungen erforderlich, Kosten ab 60 €.

▶ Hier ist nach der Landesgartenschau im Jahr 2000 ein Natur- und Freizeitpark mit einem Riesenangebot entstanden – gerade für Kinder spannend. Der Park besteht aus zwei höchst unterschiedlichen Teilen, einem oben am Hang des **Kaiserberges** und einem unten im Tal der neuen Lauter unterhalb eines gewaltigen Buntsandsteinfelsens gelegenen Teil. Am Hang gibt es eine Reihe von ausgesprochen interessanten und teilweise geheimnisvollen Naturlehrpfaden. Einen Wingert habt ihr bestimmt, einen historischen **Bauern-** oder einen **Arzneimittelgarten** vielleicht schon, aber einen **Getreidegarten** und einen **Baumschnittlehrpfad** sicher noch nicht gesehen. Und der **Biblische Garten**, der so symbolisch angelegt ist und nur Pflanzen enthält, die in der Bibel vorkommen, über dem liegt schon so etwas wie ein Zauber. Zauberhaft sind auch die Weidenschule Grünes Klassenzimmer und die Weidenkirche. Auf dem Kaiserberg ist zudem das **Freilandlabor**, das in der Gartenschau Naturerlebnisunterricht unter freiem Himmel bietet. Darüber hinaus findet ihr hier einen Spielplatz, einen Picknickplatz und ein **Lokal** zum Einkehren. Schön ist die Aussicht auf die Stadt Kaiserslautern.

Der sogenannte **Neumühlepark** im Tal wird dagegen von einem Riesenspielplatz eingenommen. Hier könnt ihr im Bach oder Teich planschen, Minigolf spielen, euch auf Skating- oder Bolzplatz austoben und vom 18 m hohen Rutschenturm abwärts sausen! Viele Kinder kommen deshalb immer wieder in die Gartenschau. Selbst der Dinolehrpfad mit 80 verschiedenen, lebensgroßen Dinosauriern kann da nicht mithalten. Dass man in der Neumühlepark-Gartenschau andererseits auch viele Ältere trifft, hängt damit zusammen, dass prachtvolle Blumenrabatte existieren und es Spaß macht, am Bach *Neue Lauter* zu spazieren.

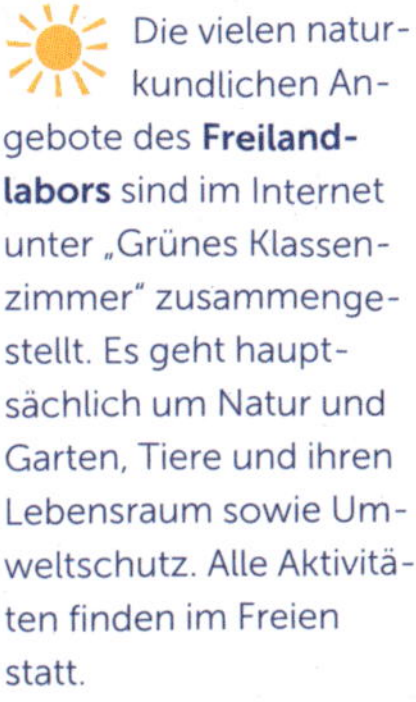
Die vielen naturkundlichen Angebote des **Freilandlabors** sind im Internet unter „Grünes Klassenzimmer" zusammengestellt. Es geht hauptsächlich um Natur und Garten, Tiere und ihren Lebensraum sowie Umweltschutz. Alle Aktivitäten finden im Freien statt.

Brauhaus an der Gartenschau, Forellenstraße 6, Kaiserslautern. ✆ 0631/3709703. www.das-brauhaus-kl.de. Mo – Sa 11.30 – 14, 17 – 22, So, Fei 11 –22 Uhr. Täglich wechselndes, preiswertes Stammessen, warme Küche.

Abenteuer Golf Erw 4 €, Kinder bis 17 Jahre 2,50 €, im Neumühlepark, Öffnungszeiten wie Park.

Barrierefrei: ja. **Bahn/Bus:** Ab Bhf Hinterweidenthal Saar-Pfalz-Bus 251 nach Fischbach. **Rad:** Radweg von Hinterweidenthal via Dahn, Reichenbach, Bruchweiler-Bärenbach, Rumbach und Fischbach, ab Dahn 17 km, nicht schwer, nur hinter Rumbach ist eine leichte Steigung zu bewältigen.
Zeiten: März, Nov täglich 9.30 – 16, April, Okt 9.30 – 17, Mai –Sep 9.30 – 18 Uhr; Baumwipfelpfad bei schlechtem Wetter geschlossen. **Preise:** Biosphärenhaus und Baumwipfelpfad 9 €, ab 10 Pers 8 €, ab 30 Pers 7 €; Kinder 4 – 17 Jahre 7 €, ab 10 Pers 6,50 €, ab 30 Pers 6 €; Erw mit Kind 14 €, 2 Erw mit 2 Kindern 25 €. **Infos:** Exkursionen, Veranstaltungskalender, Angebote für Schulklassen und erwachsene Besuchergruppen im Internet.

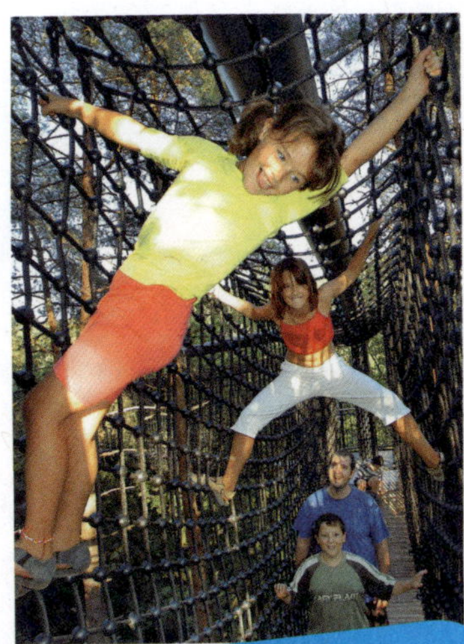

Viel Action rund um Naturthemen: Im Biosphärenhaus Fischbach wird es nie langweilig

▶ Das **Biosphärenhaus** ist ein wunderbares naturpädagogisches Zentrum wo ihr einerseits Einblick in Geologie, Pflanzen- und Tierwelt des Biosphären-Reservats Pfälzerwald bekommt, andererseits auf verschiedenen Lehrpfaden aktiv forschen könnt.

In dem großen Glashaus, das vollständig durch erneuerbare Energie versorgt wird, verteilt sich auf vier Etagen eine Naturausstellung mit Berührungsmonitoren, Hör- und Spielstationen. In der ersten Etage geht es mit dem **Sandsteinbereich** los. Ihr seht die typischen Sandsteinfelsen und erfahrt, welche Pflanzen und Tiere darin leben, z.B. Mauereidechsen und Schlingnattern in Spalten. In der zweiten Etage dreht sich alles um das Thema **Gewässer.** Ihr lernt Sturz- und Tümpelquellen, Sicker- und Sumpfquellen kennen und erfahrt wie Bäche als Antrieb für Mühlen und ihre Teiche zur Fischzucht genutzt wurden. Beim Froschkonzert lernt ihr, die Töne von Kreuz- und Erdkröte, Gelbbauchunke, Feuersala-

Im Sommer könnt ihr an bestimmten Terminen auf dem **Baumwipfelpfad** übernachten, zuerst gibt es eine Nachtwanderung, dann geht ihr auf einer Plattform des Wipfelpfades im Schlafsack zu Bett. Am nächsten Morgen frühstüc[illegible] mit den Vögeln [illegible] fern. Super!

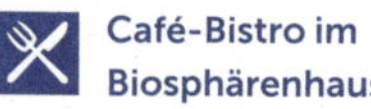

Café-Bistro im Biosphärenhaus, Fischbach. ✆ 06393/9933219. Öffnungszeiten variable meist wie Öffnungszeiten Biosphärenhaus. Eis, Kuchen auf zwei Aussichtsterrassen, im Bistro und Bürgersaal auch für große Gruppen.

mander, Teichmolch und Grasfrosch zu unterscheiden. Im Bereich **Offenland** erfahrt ihr Interessantes zum Wald im Reservat und wie gut bzw. schlecht es ihm geht.

Geheimnisvoll und spannend ist schließlich der **Nachtwald** in der Nachtetage: Wie orientieren sich eigentlich Eule, Nachtfalter, Fledermaus, Siebenschläfer oder Glühwürmchen im Dunkeln? Durch den schummrigen Raum huschen auf einer Riesenleinwand Vögel und Säugetiere, geheimnisvolle Stimmen erklingen. Ein bisschen unheimlich!

Draußen wartet der **Baumwipfelpfad** auf euch. Das ist ein Holzsteg, der sich in 18 m Höhe durch die Kronenzone des Waldes windet. Von hier oben seht ihr die Welt der Fledermäuse, Baumläufer, Borkenkäfer, Nachtfalter und Misteln. Auf den 10 Infotafeln Wipfel-Wissen zum Anfassen und Mitmachen stehen ausgesprochen interessante Sachen, z.B. warum der Specht Höhlen in die Bäume hämmern kann, ohne eine Gehirnerschütterung zu bekommen, oder wie die Eule mit den Augen hört. Ein Teil ist sogar behindertengerecht angelegt. Aber auf drei schwankenden Teller-, Seil- und Hängebrücken könnt ihr eure Schwindelfreiheit testen. Am Ende des Parcours werdet ihr sicher nicht den normalen Ausgang über die Rampe benutzen wollen, sondern die 40 m lange Baumrutsche!

Treffpunkt für Ökos: Märkte und Ausstellungen gehören zum Programm am Johanniskreuz

pmv Öko-Tipp!

Das Försterhaus am Johanniskreuz

Haus der Nachhaltigkeit, 67705 Trippstadt-Johanniskreuz. ✆ 06306/9210-130, www.hdn-pfalz.de. **Bahn/Bus:** Saar-Pfalz-Bus 135 und 150 bis Johanniskreuz (April – Mitte Okt nur So und Fei); Ruftaxi ✆ 0631/366777, 60 Min vorher anrufen, Preis wie VRN-Tarif. **Auto:**

Johanniskreuz gut ausgeschildert. **Zeiten:** Ganzjährig So – Fr 10 – 17 Uhr. **Preise:** Eintritt frei.

▶ Auf der großen Lichtung Johanniskreuz, 9 km südöstlich von Trippstadt, findet ihr das Haus der Nachhaltigkeit, ein ökologisch ausgesprochen zweckmäßiges Bauwerk aus Holz. Im Mittelpunkt steht eine optisch sehenswerte und sprachlich durchaus verständliche und pfiffige Ausstellung mit Präsentationen, Filmen und ein 3D-Landschaftsmodell. Hier lernt ihr, wie man effektiv im Alltag nachhaltig handeln kann. Vorbildlich ist, dass das Haus der Nachhaltigkeit baubiologisch konsequent das Prinzip der Nachhaltigkeit umsetzt, es ist aus dem nachwachsenden Rohstoff Holz, es erhält seine Energie von Sonnenkollektoren und sein Wasser für die Toilette und anderes wird vom Regen gespendet.

Ihr könnt im **Waldladen** ökologisch erzeugte Speisen und Getränke, regionaltypische Handwerkskunst und Spiele zum Thema Nachhaltigkeit kaufen. Kinder können sich außerdem auf den **Spielplatz** mit Dachsbau freuen.

Es gibt viel zu erleben: Walderlebnisprogramm 30 €, Baumklettern 2 Std 8 €, Geocaching 2,5 Std 90 €. Mehrmals im Jahr gibt es schöne **Märkte** am Haus der Nachhaltigkeit, wie die Pflanzentauschbörse oder der beliebte Weihnachtsmarkt.

Café Nicklis, Trippstädter Weg 3, Trippstadt-Johanniskreuz. © 06306/2466. April – Okt No – Sa 11 – 19, So 10 – 20 Uhr. Biker-Treff, kleiner Imbiss, im Sommer viel los.

pmv Öko-Tipp!

Spielen und Forschen an der Sauer

Wassererlebnisweg, ↗ Biosphärenhaus Fischbach, 66996 Fischbach (Pfalz). © 06393/92100, www.biosphaerenhaus.de. **Länge:** 1,5 km, leicht, spannend, auch mit Kinderwagen begehbar, gut barfuß zu laufen. **Bahn/Bus:** Ab Bhf Hinterweidenthal Saar-Pfalz-Bus 251 nach Fischbach. **Zeiten:** immer zugänglich.

▶ Der Fischbacher **WasserErlebnisWeg** an der *Sauer* thematisiert Qualität und Belastung des Bachwassers, wie es durch den Menschen mit Hilfe von Wasserrädern für den Antrieb von Mühlen oder zum Bewässern der Felder genutzt wurde. Auch von den Pflanzen und Tieren, die im Bach leben und mit seiner Strömung fertig werden müssen, ist die Rede. Das Schilf z.B. muss sich gut verwurzeln und bietet dabei Wohnplatz für gleich mehrere Tierchen auf einem einzigen Schilfrohr.

Im Vordergrund steht bei diesem Lehrpfad eindeutig das spielerische Lernen durch Anschauen und Mitmachen. Ihr erforscht die Qualität des Bachwassers über die Art und Anzahl der vorhandenen Tiere in einem bestimmten Bereich (Saprobienindex) oder wie Wasserkraft eine Mühle antreibt. Der Erlebnisweg beginnt gegenüber vom Biosphärenhaus an der Straße mit den ersten 3 Stationen. Es gibt einen Übersichtsplan. Wenn ihr gar Becherlupe und Kescher dabei habt, dann nix wie ins Wasser und ran ans aktive Entdecken! An Station 11 verlasst ihr das Gewässer und geht durch einen Schilfstreifen zum Wald hinüber. Parallel zum Bach geht es nun wieder zum Radweg Fischbach – Dahn zurück. Auf diesem Abschnitt befinden sich die letzten drei Stationen.

?! *Wenn ihr alle Infotafeln genau studiert habt, wisst ihr warum Fische weder auf der Wasseroberfläche treiben noch auf den Grund absinken, sondern pudelwohl mitten im Wasser schwimmen.*

Barfuß durch den Freizeitpark Birkenfeld

66996 Ludwigswinkel. www.ludwigswinkel.de. **Lage:** Ostrand von Ludwigswinkel. **Auto:** Von Fischbach L478 Richtung Ludwigswinkel, nach 1,5 km links ab, noch 1 km bis Parkplatz Freizeitpark Birkenfeld. **Zeiten:** Barfußpfad Ostern – Okt ab 10 Uhr. **Preise:** Barfußpfad 2 €; Kinder 4 – 17 Jahre 1 €. **Infos:** Prospekt zum Barfußpfad mit detaillierter Beschreibung im Internet und bei der Touristinformation Dahner Felsenland.

▶ In der weiten Aue nordöstlich von Ludwigswinkel könnt ihr im Freizeitpark Birkenfeld einen erlebnisreichen Tag verbringen. Da wäre z.B. der 1,6 km lange **Barfuß-Rundweg**, der gleichzeitig ein informativer **Naturlehrpfad** ist. Ihr startet am **Schuhdepot/ Kiosk** im Freizeitpark Birkenfeld. Die zehn Stationen bieten eine fantastische Fußreflexzonenmassage. Aber auch die Verbindungswege entfachen ein wahres Feuerwerk der Fußgefühle.

Kiosk, am Freizeitpark, Ludwigswinkel. © 06393/ 809936. www.cafe-im-schoental.de. Kiosk täglich, Restaurant Mi, Do 16 – 22, Fr – So 11.30 – 23 Uhr. Snacks wie Kartoffelsalat, Pizza oder Bratwurst, mehrere Gerichte einschließlich eines Tagesgerichts (nur im Sommer) sowie warme und kalte Getränke und Eis.

Ihr geht über Waldboden und Baumrinde, balanciert über Schwebebalken, Kant- und Rundhölzer. Auch über Sand, Splitt, Schotter, Pflastersteine und die Stoppeln einer frisch gemähten Wiese führt der erlebnisreiche Rundweg. Viele Kinder sind regelrecht außer Rand und Band in den nassen Stationen: den Märschen durch den Sumpfgraben und die Bachpassagen mit Sand-, Kies- und Natursteinböden. An der 10. und letzten Station werden die Füße schließlich beim Wassertreten wieder sauber.

Rund, pieksig, warm, weich? Was fühlen eure Füße auf dem Barfußpfad?
© Freizeitpark Birkenfeld

Es existiert auch ein **Spielplatz** mit Holzschiff, Seilbahn, kleinen Hütten, Kriechrohr, Wippe, Drehscheibe und viel Sand. Daneben gibt es einen Bewegungsparcour, Basket-, Bolz- und Bouelplatz sowie eine Möglichkeit zum Grillen mit offener Hütte, Tischen und Bänken.

Die **Minigolfanlage** ist von Ostern bis Ende Okt geöffnet (täglich 10 – 19 Uhr, Erw 2 €, Kinder 6 – 14 Jahre 1 €). Bälle und Schläger erhaltet ihr am Kiosk.

Zusätzliche Abwechslung bietet der Badestrand am Ostufer des idyllischen **Schöntalweihers,** 2 km nordwestlich von Ludwigswinkel (Sanitäranlagen Mai – Sep).

Natur zum Anfassen

Naturerlebnispfad, Heidestraße 33, 67678 Enkenbach-Alsenborn-Enkenbach. ✆ 06303/913168, www.enkenbach-alsenborn.de. **Lage:** Am Südwestrand von Enkenbach Richtung Kaiserslautern zwischen der L395 und Sportplätzen, im Wald. **Rad:** Nahe Radweg Alsenborn-Enkenbach – Kaiserslautern. **Infos:** Auf der Internetseite kann man ein Prospekt herunterladen.

▶ Der Lehrpfad, eine kurze Rundwanderung im Wald, ist ganz auf aktiv sein angelegt. Entsprechend geht es gleich durch einen Kriechtunnel (Station 4).

Anschließend messt ihr euch mit allerlei Tieren im Weitsprung (Station 5), untersucht Tierspuren (Station 6), testet das Baumtelefon der Spechte (Station 7), lasst die Langhölzer des Waldxylophons (Station 8) und die Röhren des Dendrophons (Station 9) erklingen. Damit habt ihr schon die Hälfte des Rundweges hinter euch. Vom Hochsitz sieht alles ganz anders aus (Station 10). Wieder mit Bodenhaftung gilt es mit frischen Kräften, auf einem Baumstamm und einem Klettergerüst zu balancieren (Station 11). Es folgen zwei ganz ruhige Stationen mit der Hängematte und der Waldliege. Anschließend befreit ihr die Füße aus Schuhen und Strümpfen und dreht eine Runde auf dem **Barfußpfad** (Station 14) um einen beschaulichen Tümpel. Danach ist es nicht weit bis zur **Heidehütte**, eine prima Gelegenheit, die leckeren Snacks und erfrischenden Getränke auszupacken oder zu grillen. Schade, dass die Spaßtour durch die Natur schon endet.

Südwestlich von Mehlingen erstreckt sich auf einem ehemaligen Truppenübungsgelände die **Mehlinger Heide.** Auf einem 3,5 km langen Lehrpfad lernt ihr Borstgras, Sandrasen, Besenginster und Sandmelker kennen. Im Aug blüht die Heide rosarot!

Waldlehrpfad Taubensuhl

76857 Taubensuhl. ✆ 06341/9278-0, www.wald.rlp.de. **Länge:** Rundweg 3,2 km, im Wald, Plateau in 525 m Höhe, kaum Steigung, kaum Gefälle, Profil leicht, zugleich gemütliche Kurzwanderung. **Bahn/Bus:** Bus 506 Mai – Okt So, Fei vormittags stündlich von Edenkoben zum Forsthaus Taubensuhl, Rückweg So, Fei nachmittags. **Auto:** Parkplatz neben Waldgaststätte Forsthaus Taubensuhl (geschlossen). **Rad:** 8 km nordwestlich von Eußerthal, 7 km langer Aufstieg, nur etwas für ganz sportliche 12- bis 13-jährige Jungradler. **Infos:** Unter www.wald-rlp.de könnt ihr den Propsekt *Interaktiver Waldlehrpfad* auf dem Taubensuhl herunterladen. Er enthält eine anschauliche Planskizze.

▶ Dies ist ein erlebnisreicher Lehrpfad und zugleich eine gemütliche Rundwanderung. Ihr startet an der Waldgaststätte Forsthaus Taubensuhl. Es geht auf kürzestem Weg nach Norden zum Wald. Dort steht eine Infotafel, auf der ihr eine Skizze des Rundweges studieren könnt. An den 13 Stationen bieten sich allerlei Aktivitäten an: Am 12 m langen Baumtelefon hört ihr jedes kleinste Kratzen und Klopfen auch am anderen Ende (Station 3). Vom Hochsitz (Station 5) können in der Dämmerung manchmal Hase, Dachs, Fuchs, Reh oder Wildschwein gesichtet werden. Im Insektenheim (Station 9) ist es möglich, Bienen und Wespen zu beobachten. Auf dem **Sinnespfad** (Station 10) ertasten eure Füße Rundhölzer, Spähne, Kiesel, Baumstümpfe und Steine. Außerdem gibt es einen herkömmlichen Spielplatz mit Rutsche, Klettergerüst und Schaukeln. Zum Picknick bieten sich die Schutzhütten der Stationen 6 und 10 an.

Tierpark & Reiten

Luchs und Wisent entdecken

Tierpark Betzenberg/Wildgehege Kaiserslautern, Am Betzenberg, 67657 Kaiserslautern. ✆ 0631/365-2317 (Tourist-Info), www.wildpark-kaiserslautern.de. **Bahn/Bus:** TWK-Bus 101 bis Gasthaus Quack. **Zeiten:** Frei zugänglich. **Preise:** Eintritt frei. **Infos:** Führungen jeden 2. So, 10 – 12 Uhr.

▶ Dieser 25 ha große Wildpark im Eichen- und Buchenwald am Kaiserslauterner *Betzenberg* ist zugleich grüne Lunge sowie Spazier- und Jogginggelände der Großstadt. Die Gehege sind sehr weitläufig und mit Futterhäusern und offenen Stallungen versehen. Im Wildpark sind ausschließlich Tiere zu Hause, die bei uns auch in freier Wildbahn vorkommen oder einmal heimisch waren, bevor sie aus ihrem Lebensraum vertrieben wurden: Rothirsch, Wildschwein, Damhirsch, Mufflon, Wisent, Auerochs, rückgezüchteter Tarpan (Wildpferd), Wildkatze, Luchs.

Hier gibt es einen schönen Rundweg: Etwa 300 m hinter der **Gaststätte Quack** biegt ihr nach rechts ab und geht in südwestlicher Richtung am Rande des Wildparks bergauf. Auf Höhe der Waldschule (Holz-

☐ Für die Pirsch ist ein Fernglas hilfreich!

Gasthaus Quack, Entersweiler Straße 74, Kaiserslautern. ✆ 0631/42828. www.quack-kl.de. täglich 11 – 21 Uhr. Gasthaus und Biergarten, preiswerte Tagesessen, Pfälzer Küche, auch Gerichte für Kinder.

bänke und Infotafeln) haltet ihr euch links und geht nun in südlicher Richtung – jetzt ziemlich Höhe haltend – an Schwarzwild und Auerochsen vorbei zum Wisentgehege, wo zusätzlich ein Feuchtbiotop angelegt wurde. Von dort kehrt ihr schließlich gen Norden an Luchs- und Damwildgehegen entlang – jetzt stets bergab – zum Quack zurück.

Von Alpaka bis Zebra

Zoo Kaiserslautern, Zum Tierpark 10, 67661 Kaiserslautern-Siegelbach. ✆ 06301/7169-0, www.zoo-kl.de. **Bahn/Bus:** Saar-Pfalz-Bus 140, TWK-Bus 101 bis Siegelbach-Zoo. **Auto:** A6 K´lautern-West 3 km Richtung Lauterecken bis Siegelbach, Hauptparkplatz Richtung Rodenbach Ortsende. **Rad:** Vom Vogelwoog am Nordrand markierter Rad- und Wanderweg zum Zoo. **Zeiten:** Feb – März 10 – 17, April – Okt 8.30 – 18.30, Nov – Jan 9 – 16 Uhr. **Preise:** Tageskarte 9 €, ab 18 Uhr 8 €; Kinder 4 – 17 Jahre und Schüler, Studenten, Schwerbehinderte 6 €, Zooschule Kita-Kind 7,50 €, Grundschule 8 €, weiterführende Schule 8,50 €; Kleingruppe (2 Erw, 1 Kind) 18 €, Großgruppe (2 Erw, 4 Kinder) 21,50 €. **Infos:** Angebote für kinderspezifische Führungen für Kindergärten und Schulklassen, Hunde 2 €, Hundeschule 4,50 €.

Für Kindergeburtstage gibt es eine Fachführung mit anschließender Zooralye, 100 €, Anmeldung unter ✆ 06301/7169-25.

▶ Umgeben von Wald, in Nachbarschaft zu Enten- und Fischteichen, befindet sich der Tierpark in schöner Lage. Die Lauterer wissen das zu schätzen, über 100.000 Besucher kommen jährlich hierher. Auf den 7 ha Fläche sind rund 590 Tiere untergebracht, unter den 100 Tierarten sind Känguru, Zebra, Nasenbär, Kamel, Lama, Alpaka, Mini-, Stachel- und Hängebauchschwein und natürlich Affe und Schlange vertreten. Es macht Spaß, an den recht großen Gehegen neugierig entlang zu streifen und einen Abstecher zu dem spannenden Naturerlebnispfad in den Rundgang einzubauen. Interessant ist, das kleine Tropenhaus mit den flinken Affen, den trägen Schlangen und bunten Vögeln zu genießen und schließlich an dem beeindruckenden Tiger vorbei zum Eingangsbereich zurückzukehren. Für die Minis sind zudem Spielplatz, Tierkindergarten und der Streichelzoo Anziehungspunkte.

Von April bis Okt Di – So um 11 und 15 Uhr lässt der **Falkner** seine waghalsigen Flugkünstler Runden drehen. Eine Einkehr in der Gaststätte rundet den erlebnisreichen Familienausflug in den Wildpark-Zoo ab.

Die Zooleitung ist bemüht, dem Konzept der „Welt-Zoo-Naturschutzstrategie" zu folgen, die eine Vereinbarung zwischen der IUDZG (Welt-Zoo-Organisation) und der Species Survival Commission (SSC) der IUCN (Welt-Naturschutzunion) ist. Sie ist darauf gerichtet, den Naturschutz im Zoo zu realisieren und strebt eine artgerechte Tierhaltung an, d.h. „naturnahe, weitläufige Gehege ohne sichtbare Abgrenzung zwischen Mensch und Tier".

Ich bin der Größte: Der afrikanische Strauß ist der größte lebende Vogel der Erde

Wild- und Wanderpark Silz

Südliche Weinstraße, 76857 Silz. ✆ 06346/5588, www.wildpark-silz.de. **Bahn/Bus:** Von Landau Hbf 45 Min oder Annweiler Bhf 22 Min mit Bus 531 bis Silz, Wildpark. **Auto:** gebührenfreier Parkplatz. **Rad:** Weg von Klingenmünster und Silz, auch für Fußgänger. **Zeiten:** Mitte März – Mitte Nov 9 – 18, Mitte Nov – Mitte März ab 10 Uhr, Wolfsfütterung April – Okt 11 Uhr, 10 Min vom Eingang. **Preise:** 8 €; Kinder ab 3 Jahre 4 €, Kinder 6 – 16 Jahre 5,50 €; Familien-Tageskarte (Eltern und Kinder bis 16 Jahre) 21 €, Familien-Jahreskarte (1 Jahr gültig ab Kaufdatum) 65 €. **Infos:** Die Wildparkschule bietet Kindertagesstätten, Schulklassen und Jugendgruppen ein naturkundliches Programm. Hunde nicht erlaubt.

Für Familien mit Kindern gibt es von Ostern bis November **Naturerlebnistage.**

Wolfsfütterung täglich um 11 Uhr.

Gaststätte am Wild- und Wanderpark, Hauptstraße, Silz. ✆ 06346/989525. www.wildpark-gaststaette.de. Mi – So ab 11 Uhr. In der Nähe des Eingangs gibt es auch eine Grillhütte.

Feiert euren Geburtstag auf dem Reiterhof! Es gibt einen Kuchen und Getränke, Hofrundgang, Ponys putzen und reiten, Hofspiele und zum Abschluss wird gegrillt.

Reiterstübchen der Bonanza-Ranch, ✆ 06301/8164. www.bonanzaranch.de. Mo 16 – 22, Fr 15 – 23, Sa 14 – 20, So 10 – 20 Uhr. Mit Biergarten und Spielplatz.

▶ Der Wild- und Wanderpark Silz liegt sehr schön zwischen Hügeln, Wald und Wiesen. Seine Bewohner sind überwiegend einheimisch wie Rot und Damwild, Hirsche mit beeindruckendem Geweih, Bergziegen, Wölfe und Polarfüchse, Frettchen, Steinmarder, Wildschweine und Uhu. Ihr seht aber auch das korsische, wollige Mufflon und das masurische Wisent. Kinder haben großen Spaß im Streichelzoo und auf dem Abenteuerspielplatz. Ganz besonders spannend ist die tägliche Wolfsfütterung um 11 Uhr.

Wenn ihr gern wandert, geht ihr bis ganz nach oben zu den Weideflächen des Damwilds. Ihr könnt auf demselben Weg zum Eingang zurückkehren oder aber durch dichten Wald zum Rotwild hinüberlaufen und in weitem Bogen der Großen Rundtour (90 – 120 Min) zum Eingang hinunter wandern. Es gibt einen Prospekt mit Plan, der die Orientierung auf den Rundgängen sehr erleichtert.

Zu Besuch auf der Bonanza-Ranch

Reiterhof Hach, Conny Hanke, Alte Brücke 4, 67734 Katzweiler. ✆ 06301/8164, www.bonanzaranch.de. **Bahn/Bus:** RB-Station an der Linie Kaiserslautern – Wolfstein. **Zeiten:** Ponyreiten Mi – Fr 15 – 18, Sa, So 10 – 13 Uhr, bitte vorab buchen, Termine für Ausritte auf Anfrage. **Preise:** Ponyreiten 30 Min 12,50 €, 1 Std 20 €, Cowboytag 25 €, Einhorntag 20 €. **Infos:** Bringt euren Fahrradhelm mit.

▶ Die Bonanza-Ranch könnt ihr Ponys reiten, mit dem Planwagen fahren und auch auf Ausritte aufbrechen.

In den Ferien gibt es Programme für Kinder wie zum Beispiel den Cowboytag für Kinder ab 6 Jahre. Jeden Donnerstag könnt ihr von 10 bis 14 Uhr auf dem Hof mitarbeiten, ausreiten, spielen und euch bei einem anschließenden Grillfest stärken. Am Einhorntag wird das Pony zu einem Einhorn und nach dem Ausritt kann ein Hufeisen kreativ bemalt werden.

pmv Öko-Tipp!

Übernachten bei den Naturfreunden

NFH Rahnenhof

Hintergasse 13, 67316 Hertlingshausen. ✆ 06356/ 96250-0, www.naturfreundehaus-rahnenhof.de. **Lage:** 1 km südwestlich von Hertlingshausen in 320 m Höhe. **Bahn/Bus:** Vom Bhf Grünstadt Bus nach Hertlingshausen, dann 1 km zu Fuß; Abholung vom Bhf möglich. **Zeiten:** Ganzjährig täglich, im Lokal auch Mittagstisch. **Preise:** ÜF 37,40 €, EZ-Zuschlag 6 €; Kinder 3 – 17 Jahre ÜF 24,90 – 30,70 €. **Infos:** Immer gut gebucht, Termine für Spontangäste ↗ Webseite.

▶ Anerkannte Familienferienstätte umgeben von Wald in ruhiger Lage. 106 Betten in 1-, 2-, 3- und 4-Bett-Zimmer, alle Du/WC, Kinderbetten, Hochstühle, Babyfon zur kostenlosen Ausleihe. Voll bewirtschaftetes **Lokal** mit reichhaltiger Speisekarte, Pfälzer und vegetarische Küche. Kinderspielzimmer, große Spielwiese, Spielplatz, Bolzplatz, Volleyballfeld, Tischtennis, Minigolf, Grillplatz.

Hier gibt es 2 Jugendzeltplätze für 60 bzw. 200 Personen.

NFH Elmstein

Esthaler Straße 63 – 67, 67471 Elmstein-Harzofen. ✆ 06328/229, www.naturfreundehaus-elmstein.de. **Bahn/Bus:** Vom Hbf Neustadt oder Bhf Lambrecht Rhein-Neckar- Bus 517 Richtung Iggelbach bis Elmstein-Appenthal, dann vom Turm 2 km zu Fuß Richtung Harzofen. **Auto:** L499 bis Elmstein-Appenthal, am Turm rechts Richtung Harzofen, am Ende der Straße NFH. **Zeiten:** Lokal Mi – So 9 – 16 Uhr, bei Bedarf länger, Mittagstisch. **Preise:** Ü Seminarhaus Zi. mit Du/WC 28 €, Ü Wanderherberge Du/WC auf Etage z.T. Doppelstockbetten 16 €, Ü Jugendherberge Du/WC auf Etage, Doppelstockbetten 10 € (egal welches Alter), Frühstück 8 €; Ü Kinder 3 – 11 Jahre Seminarhaus 21 €, Wanderherberge 13 €, Jugendherberge 10 €, Kinder 12 – 17 Jahre 23 €, 14 und 10 €, Frühstück 3 – 11 Jahre 6 €; Gruppenpreise,

Abwechslungsreiches Ferienprogramm für Familien mit Nachtwanderungen, Lagerfeuer mit Stockbrot, Minigolf in Elmstein, Fahrt mit der Dampfeisenbahn durch das Elmsteiner Tal, Ausflug zum Badeweiher – und natürlich viele Spiele im und am Haus selbst.

Waldhaus Schwarzsohl, 4 km; Wolfsschluchthütte/Esthal, 3 km; Elmstein-Dorf, 2 km; Iggelbach, 4,5 km; Helmbachweiher, 7 km; Breitenstein, 6 km.

Naturfreundehäuser wurden von den Naturfreunden früher in mehrjähriger Eigenarbeit selbst erbaut. Das Haus im Finsterbrunnertal ist das Werk der Ortsgruppe Kaiserslautern.

HP und VP möglich. **Infos:** Bettwäsche und Handtücher inklusive. Bei weniger als 3 Ü einmaliger Zuschlag von 5 €, Tiere müssen angemeldet werden.

▶ Im engen Seitental am Wald in herrlich ruhiger Hanglage drei unterschiedlich eingerichtete Häuser, anerkannte Familienferienstätte, Betten in 1-, 2-, 3- und 4-Bett-Zimmern mit Waschbecken oder Du/WC. Großes Frühstücksbüffet, **Restaurant** mit Pfälzer Küche, Kinderspielzimmer, Billard- und Kickerraum, Liegewiese, Spielplatz, Bolzplatz, Tischtennis, Dartwand, Freischach – für Kinder ein wunderbarer Aufenthaltsort.

NFH Finsterbrunnertal

Finsterbrunnertal 1, 67705 Trippstadt-Finsterbrunnertal. ✆ 06306/2882, www.naturfreunde-kaiserslautern.de. **Lage:** 3 km nordwestlich von Schopp, 4 km westlich von Trippstadt. **Bahn/Bus:** Bhf Schopp an der Strecke Kaiserslautern – Pirmasens, 3 km entfernt, markierter Wanderweg. **Zeiten:** Täglich 10 – 20 Uhr, 24. und 25. Dez geschlossen. **Preise:** ÜF 25 €, HP 29 €; Kinder ÜF 3 – 5 Jahre 20,50 €, 6 – 11 Jahre 19 €, 12 – 18 Jahre 21 €; ab 3 Nächten 2 € weniger, Mitglieder sehr viel günstiger. **Infos:** Auch VP und HP verfügbar, Zeltplatz anbei.

▶ Dreistöckiges Bauwerk aus dem Jahre 1927, von Wald umgeben am Rande des hübschen Moosalb-Tales. Knorrige Tische und Bänke im Hof, lokale Küche, Mittagsgericht. Der Spielplatz und das große Gelände sind wunderbar für Kinder. Ausgangspunkt von Wanderungen zur Burg Wilenstein und nach Trippstadt, nach Heltersberg, nach Schopp, zum Gelterswoog und nach Stelzenberg. Besonders beliebt ist die Route zur und durch die Karlsschlucht. Anerkannte Familienferienstätte. 51 Betten in 1- bis 12-Bett-Zimmern mit Waschbecken oder Du/WC. Voll bewirtschaftetes Lokal mit Tischen im Freien. Spielplatz z.T. in einer Waldschlucht, mit Holzhütten, Liegewiese, Bolzplatz, Jugendzeltplatz.

Radeln & Skaten

Per Rad zum Bärenbrunnerhof

66994 Dahn. **Länge:** Östlich von Dahn, südlich von Hauenstein, 8 km. **Strecke:** Dahn – Erfweiler – Bärenbrunnerhof – Dahn. **Bahn/Bus:** Südwestbus 548 von Dahn nach Schindhard, dann 3 km zu Fuß. **Auto:** Von Dahn-Reichenbach über Schindhard.

▶ Ihr fahrt mit dem Fahrrad an. Vom Zentrum **Dahns** gilt es zunächst, den langen Anstieg auf der Hauensteiner Straße bis kurz vor **Erfweiler** zu bewältigen, ein schönes Dorf, in das ihr anschließend hinunterrollt. Danach fahrt ihr steigungsfrei durch Wald und Wiesen, teils auf Radweg, teils auf Sträßchen zum 3 km entfernten **Bärenbrunnerhof,** einem großen Bauernhofkomplex. Ihr könnt in dem ökologisch orientierten Bauernhof, der uralt ist und unter Denkmalschutz steht, ganz toll essen, auch Flammkuchen und vegetarische Vollwertkost. Die guten Lebensmittel könnt ihr im Hofladen einkaufen. Daneben gibt es einen Outdoor Shop, denn der Bärenbrunnerhof versteht sich als Kletterzentrum, weshalb vor allem junge Leute hier herkommen. Und es existiert auch ein **Spielplatz** und genug Gelände zum Herumtollen.

Als Wanderziele bieten sich die ganz nah liegenden Buntsandsteinfelsen an, etwas weiter entfernt sind die *Wasgau-Hütte* und die *Hütte Dicke Eiche,* ihr könnt beide in eine Rundwanderung einschließen. Am Schluss geht es mit dem Rad auf der Route vom Hinweg wieder nach **Dahn** hinunter.

Per Rad und zu Fuß zur Burgruine Drachenfels

66994 Dahn. **Länge:** Radtour 16 km, Kurzwanderung 600 m. **Strecke:** Dahn – Reichenbach – Schindhard – Busenberg – Drachenfels – Bruchweiler-Bärenbach – Dahn. **Bahn/Bus:** Südwestbus 548 Dahn – Busenberg, dann 1,5 km zu Fuß.

FIT & FIDEL MIT DEN VIECHERN

Bärenbrunnerhof, Schindhard. © 06391/5744. www.gaststaette-baerenbrunnerhof.de. Mo, Mi – Fr ab 11, Sa, So ab 9 Uhr, Hofladen März – Dez Fr und Sa 10 – 18 Uhr. Biobauernhof, Bioladen, Gasthaus, Outdoorladen, 2 FeWo, Zelten auf Anfrage möglich.

Eine schöne Strecke – überwiegend Radweg – führt an der Wieslauter abwärts von Dahn nach Wissembourg, 26 km, ausgeschildert. Unterwegs geht es durch eine Reihe hübscher Dörfer. In Wissembourg besteht Zugverbindung nach Landau.

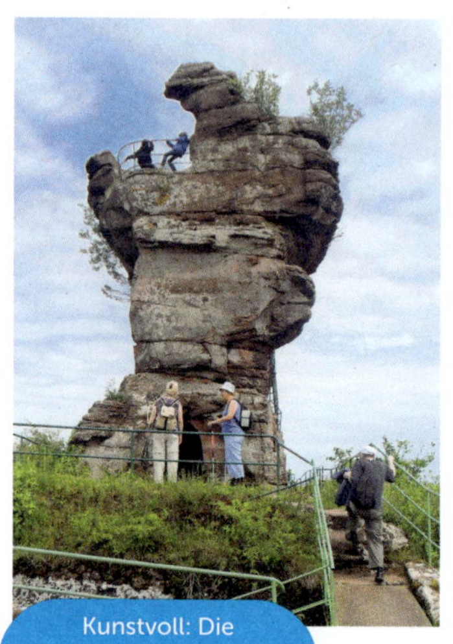
Kunstvoll: Die Ruine der Drachenfels
© Annette Sievers

▶ Bis ihr die Drachenfelshütte erreicht, habt ihr eine 8 km lange Anfahrt mit dem Rad vor euch. Die Route verläuft von **Dahn** via **Reichenbach** Bhf (Wieslauter-Radweg), **Schindhard** (an der Straße entlang) und **Busenberg.** Auf der zweiten Hälfte gibt es Anstiege, die aber nicht schwer sind. Die Drachenfelshütte mit Spielplatz liegt auf 294 m. Die bekannte **Burgruine Drachenfels** in 367 m Höhe auf einem 150 m langen Buntsandsteinfelsen erbaut, ist nur noch etwa 300 m entfernt. Zu Fuß geht's steil bergan. Es erwartet euch eine der ehemals eindrucksvollsten Felsenburgen der Pfalz, erbaut wurde sie ab 1200. Die Reste aus Fels und Gemäuer erscheinen immer noch als ein imposantes Kunstwerk. Ihr tretet im Osten durch ein großes Tor in die Unterburg ein. Dieses ist außen durch Buckelquader verkleidet, auf denen ihr Zangenlöcher und Steinmetzzeichen sehen könnt, denn die Steine wurden mit großen Zangen herangeschleift. Und da jeder Steinmetz sein eigenes Zeichen hatte, konnte Stein für Stein mit dem Auftraggeber abgerechnet werden. Der absolute Höhepunkt der Ruine ist aber die Oberburg auf dem mächtigen Ostfelsen. Der höchstgelegene, schmale Teil des Burgfelsens fungierte als Bergfried. Dank mehrerer Treppen kommt ihr auf das bizarre Gebilde ganz oben drauf. Da müsst ihr schon trittsicher und schwindelfrei sein. Natürlich habt ihr dort eine fantastische Aussicht auf die Wasgauberge.

Nach der Rückkehr zur **Drachenfelshütte** geht's wieder mit dem Rad nach Dahn zurück. Ihr biegt jetzt aber bereits nach 1 km links ab und rollt nun durch ein schönes Wiesental nach **Bruchweiler-Bärenbach** hinunter. Anschließend geht es auf dem gemütlichen **Wieslauter-Radweg** nach **Dahn** zurück.

Drachenfelshütte PWV Busenberg, Eichelbergstraße 31, Busenberg. ✆ 06391/3877. www.busenberg.de. Ganzjährig Mi, Sa, So 11 – 18 Uhr Gruppen sollten sich anmelden. Am Fußweg zur Burgruine Drachenfels, mit Spielplatz, Wickelraum, Behindertentoilette.

Durchs idyllische Wieslautertal zur Burgruine Gräfenstein

Hinterweidenthal – Burgruine Gräfenstein, 66999 Hinterweidenthal. ✆ 06331/872-135 (Touristinfo), **Lage:** 18 km von Annweiler, 14 km von Pirmasens. **Länge:** Hin und zurück 20 km. **Bahn/Bus:** Bhf an der Strecke Landau – Pirmasens.

Es geht vom Bhf **Hinterweidenthal** zur B10 hinunter, der ihr rechts kurz folgt, bevor rechts abgebogen wird. Danach fahrt ihr über 4 km bachaufwärts an der Wieslauter entlang. Ihr radelt durch Laubwald, an einer Waldwiese und einem Teich vorbei. Befestigungen am Ufer des flott talwärts fließenden Baches verweisen darauf, dass hier einst Holz getriftet wurde. Nach 4,5 km Fahrt verlasst ihr bei einer Schutzhütte, ein prima Platz für ein Päuschen, links das enge Wieslautertal. Fortan geht es stärker bergauf.

An einem großen Buntsandsteinfelsen vorbei taucht 3,5 km weiter der Parkplatz für die **Burg Gräfenstein** auf. Dort lasst ihr die Räder stehen – abschließen nicht vergessen! Auf einem Wanderpfad geht's nun steil hinauf zur circa 500 m entfernten Burgruine. Die Anlage wurde um 1200 errichtet und ist eine der größten in der Pfalz. 1635 ist sie aus Unachtsamkeit abgebrannt. Doch selbst als Ruine macht die Burg Eindruck. Ihr siebeneckiger Bergfried kann bestiegen werden. Im unteren Teil ist es stockdunkel. Der Aufstieg lohnt sich, denn die Aussicht über die bewaldeten Berge und das Dorf Merzalben ist prächtig.

Am besten bringt ihr eine Taschenlampe für den finsteren Bergfried mit!

Gräfenstein-Hütte, PWV Merzalben, Im Hafertal, Merzalben. ✆ 06395/7845. www.pwv-merzalben.de. Mi – So, Fei 11 – 19 Uhr. Pfälzer Hüttenkost, 1 km unterhalb der Burg Gräfenstein am mit Grünem Kreuz markierten Weg.

Bikepark Trippstadt

Tourist Information Trippstadt, 67705 Trippstadt. ✆ 06306/341, www.bikepark-trippstadt.de. **Lage:** vorm Ortseingang. **Bahn/Bus:** Vom Hbf Kaiserslautern Saar-Pfalz-Bus 150 bis Abzweigung Langensohl. **Auto:** Von Kaiserslautern-Süd K503, K4, K53. **Zeiten:** immer geöffnet. **Preise:** frei zugänglich.

▶ Der Bikepark Trippstadt ist ein kleiner Park, der von der lokalen Bikerszene mit Unterstützung der Gemeinde Trippstadt gebaut wurde. Er bietet Anfängern und Fortgeschrittenen verschiedene Lines mit Tabels, Wallrides und Doubles und Drops.

Abenteuerspielplätze

Freizeitzentrum Eisweiher

66953 Pirmasens. www.pirmasens.de. **Bahn/Bus:** Bus 201, 207, 210, 250, 252, 253, 255, 2012 bis PLUB. **Zeiten:** Immer zugänglich.

▶ Das Haupterholungsgebiet von Pirmasens liegt am Südostrand der Stadt beim Eisweiher. Auf einem großen Wiesengelände verteilen sich Bäume sowie Bolz- und Spielplatz. Auf dem schönen **Spielplatz** gibt es Schaukeln, Wippen und viel Sand. Von einem Hügel könnt ihr in einer kurvigen Rutsche zu Tal sausen. Östlich vom Spielgelände befindet sich der große **Eisweiher**, wo Modellschiff-Fans ihre Schiffchen in See stechen lassen.

Pilsfels oder des Teufels Tisch?

Erlebnispark Teufelstisch, Im Handschuhteich 31, 66999 Hinterweidenthal. www.hauenstein-pfalz.de. **Lage:** 18 km von Annweiler, 14 km von Pirmasens. **Barrierefrei:** ja, für Rollstuhl geeignet, mit taktilem Leitsystem. **Bahn/Bus:** DB-Strecke Landau – Pirmasens. **Rad:** Radweg Dahn – Hauenstein. **Zeiten:** Freizeitpark 10 – 18 Uhr, im Winter geschlossen, Fels ganzjährig zugänglich. **Preise:** Eintritt frei. **Infos:** Im Freizeitpark WC und Wickelraum vorhanden.

▶ Zu den interessantesten Gebilden des an bizarren Felsen so reichen Wasgaus zählt zweifellos der **Teufelstisch** bei Hinterweidenthal: zwei 8 m hohe, säulenähnliche Felsnadeln, auf denen eine breite, mächtige Buntsandsteinplatte ruht, die 300 Tonnen schwer sein soll.

 **Landgasthof am Teufelstisch,** Im Handschuhteich 29, Hinterweidenthal. ✆ 06396/369. www.am-teufelstisch.de. 10.30 – 21 Uhr, im Winter Mo und Do Ruhetag. Großes Angebot zu unterschiedlichen Preisen in Restaurant, Café, Biergarten und Kiosk.

Unterhalb des Teufelssteins liegt ein abwechslungsreicher **Spiel- und Freizeitpark** mit kleiner Seilbahn, Riesenrutsche (durch ein Felsenmeer, steil, 50 m lang), allerlei Spiel- und Klettergeräten, Wasseranlagen, Labyrinth, **Barfußpfad.** Kinder können es hier stundenlang aushalten.

Daneben befinden sich eine barrierefreie **12-Loch-Minigolfanlage,** ein Kiosk, ein Grillplatz, eine Tischtennisplatte und ein Bolzplatz. Auch Boccia und Freilandschach werden hier gespielt. Direkt unterhalb vom Freizeitpark gibt es schließlich einen großen **Landgasthof** und ein Café.

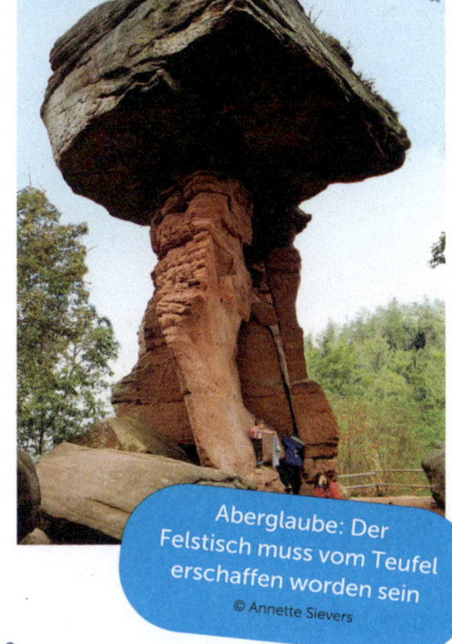

Aberglaube: Der Felstisch muss vom Teufel erschaffen worden sein

© Annette Sievers

Naturspielplatz mit Bachlauf

Volkspark Kaiserslautern, Entersweiler Straße, 67653 Kaiserslautern. www.kaiserslautern.de. **Lage:** Im Osten der Stadt neben dem Warmfreibad. **Bahn/Bus:** TWK-Bus 101 von der Schillerstraße zum Warmfreibad.

▶ Der schöne Park mit seinem kleinen Weiher ist ein ideales Gelände für gemütliche Spaziergänge mit oder ohne Kinderwagen. Aber vor allem hat der BUND einen ganz tollen Naturspielplatz mit Bach und bewaldetem Hügel angelegt! Außerdem wartet auf euch ein Spielgelände mit Rutsche, Drehscheibe, Sandplatz und Wasserspiel. Ferner ist das Warmfreibad (ebenfalls mit Spielplatz) benachbart.

TECHNIK & GESCHICHTE MIT M. MAU

Betriebe & Bergwerke

Trippstadt und die Eisenverarbeitung

Touristinformation Luftkurort Trippstadt, Hauptstraße 26, 67705 Trippstadt. ✆ 06306/341, www.trippstadt.de. **Bahn/Bus:** Vom Hbf K'lautern Saar-Pfalz-Bus 150 bis Bürgermeisteramt, fährt circa stündlich, dann 2 Min zu

Fuß. **Zeiten:** Mo – Fr 8 – 12 und 14 – 16, April – Okt auch Sa 10 – 12 Uhr.

▶ In der Tourist Information Trippstadt befindet sich die sehenswerte, kostenlose Ausstellung zur Eisenverarbeitung entlang der Moosalb und zur ehemaligen **Schmiede Huber** aus dem 19. Jahrhundert. Angeboten werden Schmiedevorführung, Ortsführung, Baumpfad im Schlosspark und mehr.

Der Betze: Fußball ist Kult in Kaiserslautern

1. FC Kaiserslautern e.V., Fritz-Walter-Straße 1, 67663 Kaiserslautern. ✆ 0631/31880, www.fck.de. **Lage:** Am Südostrand der Stadt, auf dem Betzenberg. **Zeiten:** . **Preise:** Herzblut Tour (Blick hinter die Kulissen) für Einzelbesucher und Kleingruppen 5 €, Schüler, Studenten bis zum 25. Lebensjahr 3 €, Termine im Internet, Anmeldung erforderlich. **Infos:** Weitere Führungen ab 10 bis 40 Pers 90 – 150 €, Schulklasse, Jugendgruppe für 20 – 40 Pers 60 – 120 €, Termin auf Wunsch.

♫ Für Kindergeburtstage wird die Teufelsbanden-Tour mit dem Maskottchen Betzi angeboten, ab 10 Pers, bis 20 Pers 120 €, bis 30 Pers 170 €, bis 40 Pers 230 €.

▶ Der 1. FC Kaiserslautern – die Roten Teufel – und das **Fritz-Walter-Stadion** sind auf dem *Betzenberg* Zuhause. Der traditionsreiche Verein hat derzeit 14.000 Mitglieder und ca. 320 Fanclubs.

Der berühmteste Rote Teufel ist der einstige Kapitän *Fritz Walter,* der 1954 auch der Kapitän der deutschen Nationalmannschaft war, die damals Weltmeister wurde. Vier weitere Lauterer gehörten diesem legendären Team an. In seiner Vereinsgeschichte feierte der FCK vier deutsche Meisterschaften, ganz besonders die Meisterschaft im Jahre 1998, die man als Bundesliga-Aufsteiger holte. Das Fritz-Walter-Stadion (Fassungsvermögen fast 50.000 Zuschauer) hat in der Bundesliga einen besonderen Ruf. Viele gegnerische Vereine fürchten die lautstarken Zuschauer aus der Westkurve auf einem der höchsten Fußballberge Deutschlands.

Ab 2002 begann der langsame Abstieg. Der FCK rutschte gar in die 3. Liga ab, war auch finanziell am

Ende, als er sich im Mai 2022 wieder in die 2. Bundesliga spielte. Der 1. FCK gibt nicht auf!
Bei einer **Stadionführung** könnt ihr einmal hinter die Kulissen der Spielstätte der Roten Teufel blicken.

Besucherbergwerk Sankt-Anna-Stollen

Besucherbergwerk Eisenerzgrube Nothweiler, Wiesenstraße 2, 76891 Nothweiler. ✆ 06394/ 5354, 5476. www.nothweiler.de. **Lage:** 1 km oberhalb von Nothweiler im Wald.**Zeiten:** April – Okt Mi – So, Fei 11 – 17 Uhr. **Preise:** 5 €; 6 – 14 Jahre 3,50 €; Gruppen ab 12 Pers 0,50 € Ermäßigung, Rentner, Schwerbehinderte 4 €, Familienkarte (2 Erw und Kinder) 12 €. **Infos:** Führungen jede volle Stunde.

?! Wenn im Spätherbst die letzten Touristen gegangen sind, schlagen Fledermäuse in der Grube ihr Winterquartier auf.

▶ Im **St.-Anna-Stollen**, dem heutigen Besucherbergwerk, wurde von 1582 bis 1883 Eisenerz abgebaut. Von den einst 10 km Stollen sind seit 1977 rund 420 m für Besucher zugänglich.
In schwarzen Kitteln und mit einem gelben Schutzhelm auf dem Kopf geht ihr durch schmale Stollen im roten Buntsandstein in den Berg hinein. Von Zeit zu Zeit weiten sich auf dem 420 m langen, ebenen Rundgang die engen Gänge zu kleinen Domen. Sie sind hell erleuchtet, wodurch die Erzadern hervortreten. Es ist zu allen Jahreszeiten 9 Grad kühl und feucht (Luftfeuchte 80 %). Die Arbeit der Bergleute, z.T. noch im Kindesalter, war sehr hart; mit Hammer und Meißel musste das Erz aus dem Gestein geschlagen werden. Wer hier arbeitete, blieb arm und starb früh.
Die Führung von gut einer halben Stunde ist sehr spannend. Ihr erfahrt, dass die Belüftung durch einen 80 m hohen Wetterschacht erfolgte und dass es eine autarke Wasserversorgung unter Tage gab.
Ansonsten gibt es noch in der Nähe des Grubeneingangs ein kleines **Infozentrum** und ein **Zechenhaus** mit Kasse und Aufenthaltsraum, wo ihr u.a. Mineralien, Rohsteine, Fossilien, Mineralienschmuck kaufen könnt.

Landgasthaus Zur Wegelnburg, Hauptstraße 15, Nothweiler. ✆ 06394/284. www.zur-wegelnburg.de. März – Okt Mo ab 15 Uhr, Mi – So ab 11.30 – 14.40 und 17 – 21 Uhr Küche geöffnet, Nov – März telefonisch anfragen. Flammkuchen herzhaft bis süß, Wild, Lamm aus eigener Zucht, Pfälzer Küche, hausgemachter Kuchen.

Burgen & Ruinen

Burg Nanstein über Landstuhl

Burgweg 1, 66849 Landstuhl. ✆ 06371/13460, Handy 0171/2016986. www.landstuhl.de. **Auto:** Parkplätze am Fuß der Burg. **Zeiten:** April – Sep 9 – 18 Uhr, Okt, Nov und Jan – März 10 – 16 Uhr, Mo geschlossen. **Preise:** 4 €; Kinder 7 – 18 Jahre 2,50 €; Ermäßigte 3 €, Familienkarte 1 Erw und Kinder 4 €, 2 Erw 8 €. **Infos:** Mittelalterliche Burgführung für Kinder über Landstuhl Tourist-Info möglich 35 €, Audioguide 1 €.

▶ Die Burg Nanstein im dichten Wald oberhalb von Landstuhl wurde im 12. Jahrhundert zum Schutz der wichtigen Handelsstraße vom Rhein nach Metz errichtet. Anfang des 16. Jahrhunderts wurde sie zur modernsten Festung der damaligen Zeit ausgebaut. Der Geschützturm besaß im Erdgeschoss Mauern von 6 m Dicke und ein schussfestes Gewölbe. Dennoch konnte der Burgherr, *Reichsritter Franz von Sickingen* (1481 – 1523) – eine gewisse Zeit lang einer der mächtigsten Männer im Reich – 1523 nicht verhindern, dass pfälzische und hessische Truppen den oberen Teil der Festung kaputtschossen. Er selbst wurde dabei verwundet und starb an dem Tag, als seine Burg an die Feinde überging. 1543 wurde die Ruine von einem Renaissancebau abgelöst, der wiederum 1668 auf Befehl des Kurfürsten von der Pfalz gesprengt wurde. Ihr könnt in der Burgruine (100 m lang, 50 m breit) durchaus noch einiges sehen: Im großen Hof der Hauptburg befindet sich links der ehemalige Rittersaal, rechts führt ein Gewölbegang zu einem Treppenturm. Auf einer Stiege gelangt ihr auf eine Plattform, von der ihr eine hervorragende Aussicht auf Landstuhl habt.

Im Burghof werden im Sommer Mitte Juni – Ende Aug mit dem Gemäuer der Ruine als Kulisse die **Burgspiele** gefeiert. Es gibt auch Familienvorstellungen. www.burgspiele-landstuhl.net.

Burgschänke, Burgweg 1, Landstuhl. ✆ 06371/4902580. www.burgschaenke-landstuhl.de. Täglich 12 – 20 Uhr. Mit Biergarten und regionaler Küche.

Wo Burgen aus Felsen wachsen

Burgruinen Altdahn – Grafendahn – Tanstein, Schlossstraße, 66994 Dahn. ✆ 06391/993543, www.dahner-felsenland.net. **Lage:** 1 km südöstlich von

Dahn. **Bahn/Bus:** Von Hinterweidenthal Bhf Saar-Pfalz-Bus 251 bis Dahn Rathaus, von dort 60 Min zu Fuß; ferner Ruftaxi Dahner Felsenland. **Auto:** Parkplatz unterhalb der Burg, 10 Min zu Fuß. **Zeiten:** Burgruine Nov – März 9 –17, April – Okt Di – So 10.30 – 18 Uhr, Burgmuseum So und Fei 12 – 12 Uhr. **Preise:** Burgmuseum 1 €; Kinder 0,75 €.

▶ Die Ruinen der drei mittelalterlichen Dahner Burgen aus dem 12. und 13. Jahrhundert Altdahn, Grafendahn und Tanstein befinden sich nah beieinander in und auf fünf mächtigen Sandsteinfelsen. Selbst im Zustand der Zerstörung hat das 200 m lange Gebilde etwas ausgesprochen Fantastisches.

Fingerzeig der Geschichte: Von Burg Altdahn ist nicht mehr viel übrig

© Annette Sievers

Ihr könnt alle drei Burgen auf z.T. uralten Steintreppen oder Holzkonstruktionen besteigen und die Aussicht auf Dahn, Erfweiler und den Wasgau genießen. Aber noch viel spannender ist es, das Gewirr von Mauern und Mauerresten, Toren und in den Fels gehauenen Räumen wie die Steinmetzwerkstatt zu durchstreifen. Spannend ist der Aufstieg von der Unterburg auf die Oberburg sowie der Aufstieg über die Steintreppen zum östlichen Felsen von Burg **Alt-Dahn.** Das ist ohnehin die Burgruine, wo es am meisten zu sehen gibt. Hier stehen noch der massive nördliche Geschützturm und der hohe Bergfried sowie ein Pferdestall. Lohnenswert ist ein Blick in das kleine **Burgmuseum** an der Ostseite der Burgruine Grafendahn. Es gibt dort ein Modell der **Dahner Burgengruppe** zur Blütezeit, das erleichtert es euch zu verstehen, was alles zerstört worden ist. Ferner sind hier Gegenstände ausgestellt, die in den Ruinen gefunden wurden: Töpfe, Schlüsseln, Spiele und Münzen, silberne Hochzeitslöffel und vieles andere.

?! *Die **Dahner Burgen** gelten als Felsenburgen. Für diese ist typisch, dass sie auf Felsen stehen und dass die Felsen von Kammern, Gängen und Treppen durchzogen sind.*

Großes **Burgfest** mit Mittelaltermarkt am 3. Wochenende im Juli.

Burggaststätte, Schlossstraße, Dahn. ✆ 06391/3650. April – Okt Di – So 11 – 17.30 Uhr. Kleine Gerichte und Getränke.

Festmal für Burgdamen und -herren auf Burg Berwartstein
© Burg Berwartstein

Burg Berwartstein

76891 Erlenbach.
✆ 06398/210, www.burgberwartstein.de.
Bahn/Bus: Mo – Sa Südwestbus 525 von Bad Bergzabern nach Erlenbach, danach noch 1 km zu Fuß; ferner täglich Südwestbus Bad Bergzabern – Erlenbach – Dahn.
Auto: Parkplatz am Fuß der Burg, zu Fuß 10 Min.
Zeiten: März – Okt, tägliche Führungen, Nov – Feb Sa, So. **Preise:** 6 €; Kinder 3 – 16 Jahre 4 €.

▶ Die eindrucksvolle Felsenburg Berwartstein wurde um 1150 in den eigenartig gewachsenen Fels hoch über dem Tal des Erlenbachs gehauen.

In der **Unterburg** wurde ein komplexes System aus Räumen und Gängen angelegt, wo auch Vorräte oder Raubgut Platz fanden. Ja, auch Raubgut, denn auf der Burg waren zeitweise Raubritter zu Hause, die in großem Stil auf Beutezug gingen. Ihr bekanntester Besitzer war **Hans Trapp**, ein gemeiner Ritter. Auf den Fels waren mehrere prächtige Bauwerke mit Zinnen, Turm und Türmchen aufgesetzt, die sogenannte **Oberburg.** Die Burg konnte einst nur über Strickleitern betreten werden, die bei Gefahr hinauf gezogen wurden. Sie besitzt einen 102 m tiefen Brunnen, der bei Belagerungen die Wasserversorgung der Ritter sicherstellte. Die Burganlage wurde nie erobert und blieb unversehrt, bis sie 1591 wegen eines Blitzeinschlags Feuer fing und völlig ausbrannte. 1893 wurde sie aus romantischen Gründen wieder aufgebaut. Ihr habt hier das in der Pfalz einmalige Vergnügen eine gut erhaltene und sogar noch bewohnte Ritterburg kennen zu lernen.

Der **Rundgang** ist spannend. Es geht los am Burgbrunnen. Dann geht's auf mittelalterlicher Treppe

?! ***Hans von Drodt**, oder Trotha und besser bekannt als **Hans Trapp**, wurde 1447 in Thüringen geboren. Als junger Mann diente er den pfälzischen Kurfürsten. Kurprinz Philipp wurde sein Gönner und belohnte Hans, den Draufgänger, 1480 mit der Burg Berwartstein, die vorher dem Kloster Weißenburg gehört hatte. Mit den Klosterbrüdern lag Hans fortan im Streit, der darin gipfelte, dass er oberhalb des Klosters die Wieslauter aufstauen ließ, bis kein Wasser mehr im Tal war. Dann plötzlich ließ er den Damm einreißen und überschwemmte so das ganze Tal! Ein Raubritter wie er im Buche steht.*

aufwärts. Ihr kommt am Waffensaal mit Ritter in Rüstung und an der Küche mit Feuerstelle und vielen Töpfen vorbei. Letztere war der einzige Raum, wo es Spaß machte, sich im Winter aufzuhalten. Die Burgen hatten ja keine Heizung und durch die glaslosen Fenster zog obendrein die Kälte rein. Vom südlichen Aussichtspunkt kommt ihr zum höchsten Punkt der Besichtigung: dem nördlichen Aussichtspunkt dicht unter dem Turm.

Danach steigt ihr treppab wieder zum **Brunnenhaus** hinunter und steuert über einen Zwinger die östliche Unterburg mit ihren Geheimgängen an.

Burgschänke im Rittersaal, www.burgberwartstein.de. März – Okt täglich, Nov – Feb Sa, So. Bei schönem Wetter auch Terrasse. Pfälzer Gerichte, Kuchenbuffet und Spezialitäten. Rittermahl, Fackelführung und Stockbrotbacken können gebucht werden.

Museumsschätze

Dynamikum: Hier ist alles in Bewegung

Dynamikum Science Center Pirmasens, Fröhnstraße 8, 66954 Pirmasens. ✆ 06331/23943-0, www.dynamikum.de. **Barrierefrei:** ja. **Bahn/Bus:** Vom Hbf 5 Min Fußweg. **Auto:** Parkhaus im Rheinberger-Komplex. **Zeiten:** Mo – Fr 9 – 15 Uhr, Sa, So, Fei 10 – 17 Uhr. **Preise:** 11 €, Jahreskarte 60 €; Kinder ab 5 Jahre 9,50 €, Jahreskarte 40 €; Schulklassen 6,50 €, Kindergartengruppen 4 €, Familie 2 Erw, 1 Kind 26 €, jedes weitere Kind 60 €.

▶ Die Gesetze der Natur im Physikunterricht zu erlernen, ist für viele trocken und welche Bedeutung sie im Alltag haben, weiß man auch nicht. Im Dynamikum ist das alles ganz anders, hier heißt es entdecken, forschen, mitmachen, erleben und verstehen. An den zahlreichen Experimentierstationen mit über 160 Exponaten dürft ihr auf 4000 qm verschiedene Gesetzmäßigkeiten ausprobieren. Anders als in anderen Museen, dürft und sollt ihr alles anfassen.

Manche Experimente sind einfach, andere ausgesprochen komplex. Ersteres ist der Fall, wenn ihr eine oder mehrere hängende Kugeln gegen eine Reihe von hängenden Kugeln prallen lasst. Dann könnt ihr leicht und schnell beobachten, wo ein Impuls

Wählt für euren **Kindergeburtstag** eine der drei Varianten: *Dynamikum pur:* Einführung, freie Gestaltung. *Dynamikum experimentiert:* Einführung, 1 Std Workshop, freie Gestaltung. *Dynamikum rundum betreut:* Einführung, 3 Std Workshop und Betreuung, freie Gestaltung. 2 Erw, 1 Kind 26 €, jedes weitere Kind 6 €, Geburtstagskind frei.

Bewegt die Kugel: Knifflige Aufgaben warten auf euch im Dynamikum
© Dynamikum Science Center Pirmasens

auftritt und wie stark er ist. Komplexer ist die Stromerzeugung per Fahrradgenerator, wirklich interessant. Die Zahl der Bewegungs- und Kraftspiele ist groß, manche sind lustig, bei manchen sind die Wirkungen auf den ersten Blick überraschend. Ihr könnt aber auch eure eigenen Hirnströme in Bewegung setzen und eins der kniffligen Knobelspiele machen. Alles ist so faszinierend, dass man immer wieder gern hierher kommt.

In der Nähe tief unten im Freizeitpark Strecktal gibt es einen **Wasserspielplatz** mit mehreren Kanälen, eine Rutsche, ein Kriechrohr und viel Sand.

Wie die Waldarbeit früher war

Alte Samenklenge, Haus der Forst- und Waldgeschichte, Hauptstraße 52, 67471 Elmstein. ✆ 06328/234, 902919. www.alte-samenklenge.de. **Zeiten:** Mi, Sa, So, Fei 14 – 17 Uhr sowie nach Vereinbarung unter ✆ 06328/902919 oder 234. **Preise:** 2 €, Führung auf Bestellung ab 25 €; Kinder ab 6 Jahre 1 €; Gruppen ab 15 Pers 10 % Ermäßigung.

?! *Eine **Samenklenge** ist eine Anlage, in der aus Nadelholz- oder Erlenzapfen durch Anwendung von Wärme Samen für die Aufzucht neuer Bäume gewonnen werden.*

▶ 2008 wurde in der ehemaligen **Samenklenge** ein informatives Museum zur Geschichte der Waldarbeit und Forstwirtschaft geschaffen, wobei die Samenklenge als Ausstellungsobjekt erhalten blieb. Das ist zweifellos das richtige Museum am richtigen Ort, denn in Elmstein wurde über Jahrhunderte das Leben ganz und gar durch den Wald bestimmt. Die Infos für die einzelnen Bereiche sind kurz und prägnant – und verständlich! Ihr erfahrt alles Wichtige darüber wie die Arbeit im Wald früher war, vom

Pflanzengarten bis zum Fällen der Bäume. Der Transport von Holz war einmal das reinste Abenteuer. Ein großer Teil des Weges erfolgte über Bäche, die Trift. Ihr seht Äxte und Sägen für das Fällen der Bäume und bekommt eine Vorstellung davon, was alles aus Holz gemacht wurde. Natürlich wird euch auch die Funktionsweise der Samenklenge selbst, übrigens eine reine Nadelholzklenge, erklärt. Ihr erfahrt, wie die Zapfen getrocknet und die Samen gesäubert werden, um saatreifen Samen zu gewinnen.

Kunst in Lautern

Museum Pfalzgalerie Kaiserslautern, Museumsplatz 1, 67657 Kaiserslautern. ✆ 0631/3647201, www.mpk.de. **Barrierefrei:** ja. **Bahn/Bus:** Vom Hbf K´lautern Bus 102, 105, 107 bis Stadtmitte und 5 Min zu Fuß, Bus 104 bis Museumsplatz. **Zeiten:** Di 11 – 20, Mi – So, Fei 10 – 17 Uhr, an Neujahr, Karfreitag, 24. und 25. Dez geschlossen. **Preise:** Sammlung 3 €, Sonderausstellungen 5 €, Kombikarte 6 €, Familienkarte Kombi 10 €, Jahreskarte Kombi 20 €; Kinder, Schüler, Studenten frei; Führungen bis 20 Pers 60 €, je weitere 10 Pers zusätzlich 30 €. **Infos:** Jeden 1. Sa im Monat Eintritt frei, eine Übersicht der zahlreichen Veranstaltungen findet ihr auf der Internetseite.

Museumspädagogische Angebote Di 10 – 16 Jahre 16 – 17.30, Mi ab 5 Jahre, Do 6 – 9 Jahre jeweils 15 – 16.30 Uhr, 35 €, Anmeldung ✆ 0631/3647201 oder anmeldung@mpk.bv-pfalz.de.

▶ Das Museum Pfalzgalerie Kaiserslauterin, kurz ist mpk, zeigt in einer großen Dauerausstellung Malerei, Plastik und Kunsthandwerk vom 15. bis 21. Jahrhundert, wobei der Schwerpunkt auf der Kunst des 19. und 21. Jahrhunderts liegt. Ein weiterer Schwerpunkt des mpk ist die **Grafische Sammlung**, die in Form von Wechselausstellungen präsentiert wird. Dabei kann sich das mpk auf den außergewöhnlichen Eigenbestand von 20.000 Blatt, hauptsächlich aus dem 20. Jahrhundert, stützen.

Dank der museumspädagogischen Angebote fühlen sich hier auch Kinder pudelwohl. Unter dem Motto: „Kunst wahrnehmen, Technik erkennen und einsetzen als Ausdrucksmittel der eigenen Kreativität“ bietet die Museumspädagogik jährlich zahlreiche Kurse für unterschiedliche Altersgruppen an.

In den **Sommer- und Herbstferien** wird ein abwechslungsreiches Programm für 6- bis 15-Jährige angeboten. Hier malt ihr an der Staffelei, hämmert oder arbeitet mit Ton. Die Kurse stehen in engem Bezug zu den Kunstwerken des mpk. Eure Werke werden dann auch ausgestellt!

Geschichte im Theodor-Zink-Museum

Steinstraße 48, 67657 Kaiserslautern. ✆ 0631/365-2327, stadtmuseum-kl.de. **Bahn/Bus:** Ab Bhf K'lautern mehrere Busse bis Schillerplatz, dann 5 Min zu Fuß. **Zeiten:** Mi – Fr 10 – 17, Sa, So, Fei 11 – 18 Uhr. **Preise:** Dauerausstellung frei, Sonderausstellung 5 €; Sonderausstellung Schüler, Studenten 2,50 €, Schulklassen frei. **Infos:** Führungen nach Terminabsprache.

▶ Als Dauerausstellung steht die Stadtgeschichte im Mittelpunkt. Neu konzipiert, gut strukturiert und übersichtlich angelegt, kompakt und von informativen Texten begleitet, führt sie durch alle Epochen: frühe Siedlungen, Römerzeit, Mittelalter, Neuzeit, Pfälzer Erbfolgekrieg, Industrialisierung, Folgen der Französischen Revolution, Weltkriege, Zerstörungen, Wiederaufbau. Ein Teil würdigt die jüdische Gemeinde und dokumentiert deren Vernichtung durch den mörderischen Antisemitismus der Nazis – ein dunkler Fleck auch in dieser Historie.

Ihm ist der Brei schon über: Ein Kleiekotzer

© Theodor-Zink-Museum

Ein derart materialreiches Museum kann man nicht im Schnelldurchlauf bewältigen. Gut wäre es daher, sich für jeden Besuch nur eine Epoche vorzunehmen. Schwerpunkt könnte z.B. mal der Übergang vom Mittelalter zur Neuzeit sein oder die Weltkriege, von denen die Stadt so schwer betroffen war.

Gegenüber dem Museum, auf der anderen Straßenseite, liegt der zum Museum gehörende **Wadgasserhof.** Er geht in seinem Kern auf das Mittelalter zurück, das Stuckzimmer im Obergeschoss stammt aus der Zeit um 1730, als der Wirtschaftshof in eine Residenz mit gehobener Wohnkultur umgebaut wurde. Nach 1970 wurde das Bauwerk renoviert und für Museumszwecke umgebaut. In einer Dauerausstellung wird eine Sammlung kunstgewerblicher und volkskundlicher Objekte präsentiert. Antike Möbel, Glas, Geschirr, Gebrauchsgegenstände aus Messing und Zinn und vieles mehr. Interessant ist die breite Palette an Brettstühlen, sehr schön anzusehen sind auch Wiegen und Kinderbetten. Sonderausstellungen zeigen aktuelles Handwerk und Design sowie Gebrauchskunst.

Zeigt her eure Füße, zeigt her eure Schuh ...

Deutsches Schuhmuseum Hauenstein, Turnstraße 5, 76846 Hauenstein. ✆ 06392/9233340, www.museum-hauenstein.de. **Bahn/Bus:** Vom Bhf Hauenstein Südwestbus 529 bis Ortsmitte. **Zeiten:** Täglich 9.30 – 17 Uhr. **Preise:** Preise bitte aktuell erfragen. **Infos:** Vielfältiges Programm für Schulen, Aktionstage, Sonderausstellungen.

▶ Wollt ihr mal in einem Schuh Platz nehmen? Dann besucht die neu gestaltete Schuhausstellung von Hauenstein. Der Ort war bis in die 1960er Jahre wie Pirmasens ein Zentrum der Schuhherstellung. In einer ehemaligen Schuhfabrik lernt ihr geschichte und Handwerk kennen. Viele wunderliche Schuhe sind zu bestaunen, gleich am Eingang ein Modell, das niemals drückt – der Wanderschuh eines Riesen! Ihr werdet uralte bestickte Beduinenschuhe und schicke moderne Pumps sehen, Römersandalen und spitze Schnabelschuhe aus dem Mittelalter, in denen der Besitzer sicher keinen Schritt tun konnte. Vorgestellt werden berühmte Marken und Schuhe von

Gläserne Schuhfabrik Josef Seibel, Waldenburgerstraße 1, Hauenstein. ✆ 06392/9221-371. www.glaeserne-schuhfabrik.de. April – Okt Mo – Fr 10 – 12, 12.45 – 16.30 Uhr, Sa, So, Fei nach Vereinbarung, Nov – März Mo – Fr 10 – 12, 12.45 – 16.30 Uhr, Termine der Live-Produktionen im Internet. In einer Führung lernt ihr, wie heute ein Schuh produziert wird: Von der Materialauswahl bis zum fertigen Produkt. Ihr könnt sogar selbst einen Schuh entwerfen oder anfertigen.

Prominenten. Da ist *Helmut Kohls* klobiger Wanderschuh neben *Charles de Gaulles* eleganten Leisten zu sehen – was Leisten sind, lernt ihr in der 2022 neu eröffneten Ausstellung natürlich auch. Außer Werkzeug aus Hauensteins Anfängen der Schuhproduktion um 1740, als noch jeder Schuh Handarbeit war, seht ihr Maschinen für die Massenproduktion 200 Jahre später. Das war die Zeit, in der das Modellieren, Zuschneiden, Vorrichten, Stanzen, Steppen, Montieren, Ausputzen und Fertigmachen am Fließband abliefen. Nicht ausgespart werden die elenden Arbeits- und Lebensbedingungen der Schuhmacher.

KULTUR & TERMINE MIT MOCKES

Theater & Märkte

Die große Bühne der Lauterer

Pfalztheater Kaiserslautern, Willy-Brandt-Platz 4 – 5, 67657 Kaiserslautern. ✆ 0631/3675-0, www.pfalztheater.de. **Preise:** Familienvorstellung 11 €; Kinder 7 €.

▶ Das Pfalztheater Kaiserslautern ist für eine große Region das große Kulturhaus. Als Dreispartenhaus bietet es Schauspiel, Musiktheater (Oper, Musical, Operette) und Ballett. Es besteht aus zwei Spielstätten: dem Großen Haus (730 Plätze) und der kleinen Werkstattbühne. Naturgemäß ist ein solches Haus primär für Erwachsene. Aber es wird hier durchaus einiges für Kinder geboten. So werden jährlich mehrere Theaterstücke für ein junges Publikum aufgeführt.

Es existieren vielfältige Beziehungen zwischen dem Pfalztheater und den lokalen Schulen wie spielplan- und lehrplanbegleitende Workshops (Motto: Selber spielen macht Spaß!). Das Pfalztheater kommt auch mit Klassenzimmerstücken direkt in die Schulen. Ferner engagiert es sich im Schultheaterfestival Mitte Juni und bei den Schulmusiktagen Mitte Mai.

In den Oster- und Herbstferien werden in einwöchigen Kursen Stücke einstudiert und anschließend sogar auf der Werkstattbühne aufgeführt. Mehr Informationen unter www.pfalztheater.de.

TIM Theater im Museum für Kinder

Theodor-Zink-Museum, Steinstraße 48, 67657 Kaiserslautern. ✆ 0631/365-2327, www.kaiserslautern.de. **Bahn/Bus:** Bus bis Schillerplatz oder Rathaus, von dort 7 Min Fußweg. **Zeiten:** Sa 15 Uhr. **Preise:** ab 8 €; Kinder ab 4 €. **Infos:** Spielplan halbjährlich auf der Webseite des Theodor-Zink-Museums.

▶ Etwa einmal im Monat gibt es im ↗ **Theodor-Zink-Museum** Theater für Kinder ab 4 Jahre. Die Schauspieler, Puppenspieler oder Musiker sind Profis, die Stücke für Kinder wie *Antonia und Wiwaldi in den Jahreszeiten* oder *Der Wunschpunsch* spielen.

Freilichtspiele Katzweiler

Freilichtspiele Katzweiler e.V., Geschäftsstelle, Lautertalhalle, Schafmühle, 67734 Katzweiler. ✆ 0631/9619, www.freilichtspiele-katzweiler.de. **Lage:** 8 km nördlich von Kaiserslautern. **Bahn/Bus:** Ab Hbf K'lautern RB, Saar-Pfalz-Bus 130 und 134 bis Katzweiler Kirche, von da 1 km ausgeschilderter Fußweg. **Rad:** Am Lautertal-Radweg. **Zeiten:** Anfang Juni – Ende Aug an bestimmten Terminen Fr, Sa 20.30, So 16 Uhr. **Preise:** Kindertheater Erw 2. Rang ab 9 €, 1. Rang ab 10 €; Kinder 3 – 15 Jahre ab 6 und ab 7 €. **Infos:** Kartenkauf auch übers Internet möglich, Bürozeiten Do 18 – 19, Sa 10 – 11, So 10 – 11 Uhr.

▶ Die idyllisch in dem kleinen Waldstück *Eselsdelle* gelegene Waldbühne nördlich von Katzweiler bietet mitten im Grünen 940 Zuschauern Sitzplätze. Alljährlich wird mindestens ein Stück für Kinder einstudiert. In den vergangenen Jahren waren *Pippi Langstrumpf* und *Alice im Wunderland* an der Reihe.

Romantische Waldweihnacht

Haus der Nachhaltigkeit, Johanniskreuz 1a, 67705 Trippstadt-Johanniskreuz. ✆ 06306/9210-130, www.hdn-pfalz.de. **Bahn/Bus:** Pendelbusverbindung von Kaiserslautern, Waldfischbach-Burgalben, Rodalben, weitere Abfahrtsorte werden kurz vorher bekannt gegeben, Fahrpläne auf der Internetseite des Hauses für Nachhaltigkeit. **Zeiten:** 3. Advent Sa 14 – 20 und So 10 – 18 Uhr.

▶ Ein Weihnachtsmarkt auf einer großen Lichtung tief im Pfälzerwald hat etwas Märchenhaftes an sich. Am schönsten ist es, wenn Schnee liegt. An den Abenden verwandeln Fackeln und Holzfeuer das Ganze über Stunden durch ihren Feuerschein in eine faszinierende Kulisse. Alphornklänge und die Feuershow sorgen für zusätzliche Akzente. Die rund

FESTE UND MÄRKTE

Februar/März:	Karnevalssonntag, Dahn und Rodalben: **Fastnachtsumzug.**
	Rosenmontag, Bundenthal: **Rosenmontagsumzug.**
März:	Letztes Wochenende, Pirmasens: **Landgrafentage.**
April:	Ab 30. April 10 Tage, Pirmasens: **Maimarkt.**
	Ostern, Enkenbach-Alsenborn: **Ostermarkt.**
Mai:	Mitte, Erfenstein: **Burgfest** auf Burg Spangenberg.
	3. Sa, Kaiserslautern: Kinderfest **Fun und Action.**
	So vor Christi Himmelfahrt, Dahn: **Maimarkt.**
	4. So, Eppenbrunn: **Fischerfest.**
Juni:	1. So, Hauenstein: **Kräutermarkt.**
	3. Wochenende: Waldfischbach-Burgalben, **Kerwe**
	4. Wochenende, Bundenthal: **Johannismarkt.**
	4. Wochenende, Merzalben: **Brunnengässelfest.**
Juli:	1. Wochenende, Kaiserslautern: **Altstadtfest.**
	2. Wochenende, Queidersbach: **Hahnenfest.**
	2. Sa – Di, Trippstadt: **Kerwe** mit Schubkarrenrennen.
	3. Fr – Di, Elmstein: **Elmsteiner Kerwe.**
	3. Wochenende, Merzalben, Burg Gräfenstein: **Mittelalterliches Spektakulum.**

70 Stände kommen aus allen Ecken der Pfalz, sie bieten eine breite Palette regionaler handwerklicher und landwirtschaftlicher Produkte. Schön, dass das Kriterium der Nachhaltigkeit im Vordergrund steht, das Haus der Nachhaltigkeit ist ja schließlich der Veranstalter. Ihr könnt hier schöne Spielsachen und Weihnachtskrippen aus Holz erwerben.
Auch speziell für Kinder gibt es einiges: Ponyreiten, Basteln, Karussell, Feueraktionen, Feuershow 19 Uhr.

August: 1. Wochenende, Pirmasens: **Schlappeflicker-Fest.**
2. So, **Autofreies Lautertal.**
2. Wochenende, Hochspeyer: **Kerwe.**
3. Wochenende, Dahn: **Stadtfest.**
3. Sa, So, Rodalben: **Grünesputschefest,** Heimatfest.

September: 1. Wochenende, Trippstadt: **Kohlenbrennerfest** rund um die Schmiedekunst.
1. Wochenende, Pirmasens: **Grenadiermarkt,** Kirmes, und **Krämermarkt.**

Oktober: 1. Wochenende, Weidenthal: **Kerwe.**
Anfang, Sa, So, Elmstein: **Iggelbacher Kerwe.**
2. Woche Mo – So, Hauenstein: **Keschdewoche** mit Markt. (Kastanienwochen).
Mitte des Monats 16 Tage, Pirmasens, Forsthaus Beckendorf: **Oktoberfest.**
Ende Sep, Lambrecht: **Herbstfest.**
3. – 4. Wochenende, bis Di, Kaiserslautern: **Lautrer Kerwe** mit Oktoberfest.

November: 1. So, Dahn: **Martinimarkt.**
3. So, Silz: **Wildadvent im Wildpark,** mit Fackelwanderung.

Dezember: 1. Advent, Sa, So, Rodalben: **Weihnachtsmarkt.**
3. Advent, Sa, So, Trippstadt, Johanniskreuz, Haus der Nachhaltigkeit: **Romantische Waldweihnacht**.

KUSEL, KIBO & DONNERSBERG

MUSIK IN DEN OHREN

Nördlich von Kaiserslautern beginnt das Nordpfälzer Bergland, das bis zur Nahe reicht. Die Einheimischen nennen es liebevoll die „bucklige Welt". Im Westen liegt das Kuseler Musikantenland, wo viel gesungen und musiziert wird. Der östliche Teil dieser herben Mittelgebirgsregion gehört zum Donnersbergkreis. Er wird geprägt vom Donnersberg, mit 687 m der höchste Gipfel der Pfalz, und dem lieblichen Alsenztal. Der Donnersbergkreis ist ganz und gar ländlich. Die Hauptorte Kirchheimbolanden – KiBo genannt –, Rockenhausen, Winnweiler und Eisenberg sind beschauliche Kleinstädte. Die zahlreichen Dörfer sehen zum Teil ausgesprochen malerisch aus.

Wehrhaft: Die Bewohner des Keltendorfes lassen keine Fremden rein

MEINE LIEBLINGSTIPPS FÜR DIE REGION

An Attraktionen fehlt es nicht: Im **Kuseler Land** reizvoll ist das *Tal des Glan,* ein Flüsschen, auf dem ihr paddeln könnt. Hauptattraktionen der Region sind die riesige *Burg Lichtenberg* mit ihren interessanten Museen, das *Kalkbergwerk Wolfstein,* der idyllische *Ohmbachsee,* wo ihr campen könnt, der *Tierpark* auf dem Potzberg und natürlich die *Fahrrad-Draisine* von Altenglan nach Staudernheim.

Kirchheimbolanden liegt an der Via Regia, eine der ältesten und mit 4500 km längsten Landverbindungen zwischen Ost- und Westeuropa. Wenn ihr so weit nicht radeln wollt, empfehle ich die Radtour durchs schöne *Alsenztal.*

Herausragende Beispiele im **Donnersbergkreis** sind die Schaubergwerke *Weiße Grube* und *Grube Maria* in Imsbach, das *Turmuhrenmuseum* in Rockenhausen oder das *Keltendorf* mit Resten der Wallanlage einer Siedlung aus dem 2. vorchristlichen Jahrhundert auf dem Donnersberg – für die Einheimischen Beweis, dass sich bereits die alten Kelten auf ihrem Hausberg wohl gefühlt haben!

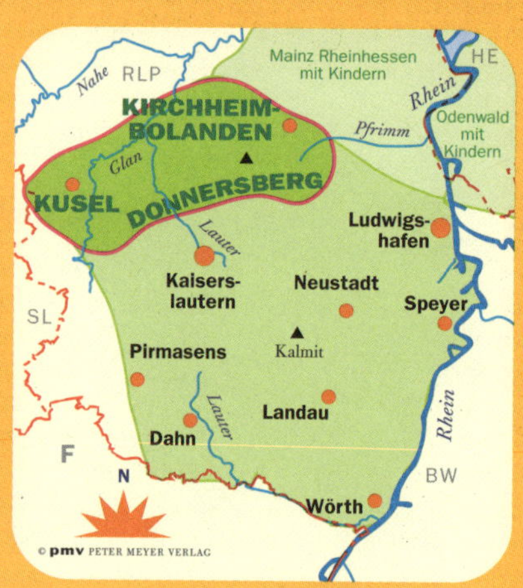

Für das im Norden angrenzende Gebiet an der Nahe entlang mit Bad Kreuznach, der Rheinhessischen Schweiz und dem Rheinhessischen Hügelland empfiehlt sich der pmv-Führer *Mainz Rheinhessen mit Kindern.*

DTV Donnersberg-Touristik-Verband, Uhlandstraße 2, 67292 Kirchheimbolanden. ✆ 06352/1712, www.donnersberg-touristik.de. **Zeiten:** Mo – Mi 9 – 12.30 und 14 – 17 Uhr, Do 9 –12.30 und 14 –18, Fr 9 – 12.30, 14 – 17, Sa telefonisch 9.30 – 11.30 Uhr.

Erlebnis- und Freibäder

IM & AM WASSER MIT SAM

Eine vielseitige Wasserwelt: Bade- und Freizeitpark Kusel

Vitalbad Pfälzer Bergland, Trierer Straße 194, 66869 Kusel. © 06381/9988086, www.kusel.de. **Bahn/Bus:** Bus 281, 287, 288, 292 – 296, 644 bis Diedelkopf Bad. **Zeiten:** Mo nur für Schulen und Vereine, Di und Do 7 – 21.30 Uhr, Mi und Fr 10 – 21.30, Sa 10 – 8 und So, Fei 8 – 18 Uhr. **Preise:** Tag 6,50 €, Mo – Fr ab 18 Uhr 4 €; Kinder bis 6 Jahre frei, Kinder 6 – 16 Jahre 4 €, ab 18 Uhr 2,50 €; Familienkarte 1 Erw, bis 3 Kinder 14 €, 2 Erw, bis 3 Kinder 20 €. **Infos:** Hallenrestaurant mit Bikini-Bar, Imbiss im Freibadbereich.

▶ Nach der Sanierung 2020 punktet die große Badelandschaft mit Hallen- und Freibad mit einem hellen, farbenfrohem Design. In der **Halle** gibt es ein Schwimmerbecken mit Sprungturm (1 und 3 m), ein Nichtschwimmerbecken mit Wasserfall, Geysir, Sprudel- und Massagedüsen, einen Whirlpool sowie ein Planschbecken mit Rutsche, Wasserpilz und einem Schiffkanal. Einen Heidenspaß macht die schnelle 60 m lange, kurvenreiche Black-Hole-Rutsche von der Halle in ein extra Landebecken.

Noch mehr Becken und Spielmöglichkeiten gibt es im Sommer im **Freien.** Dort erwarten euch ein Schwimmer-, ein Nichtschwimmer- und ein Spiel- und Spaßbecken mit Wildwasserkanal, Wasserfallwand, Schwallwasserbrausen, Wasserpilz und ein Planschbecken inmitten einer ausgedehnten Liegewiese. Auf dem Spielplatz könnt ihr munter klettern, schaukeln und im Sand spielen.

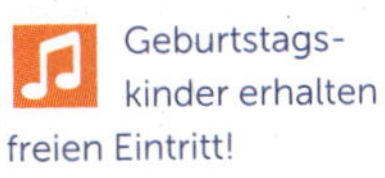

Geburtstagskinder erhalten freien Eintritt!

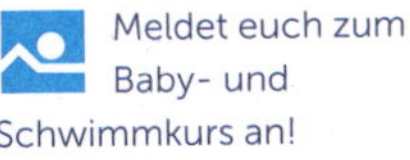

Meldet euch zum Baby- und Schwimmkurs an!

Riesenrutsche und Wasserfall in Altenglan

Sport- und Freizeitbad Altenglan, In der Godersbach, 66885 Altenglan. © 06381/4250266, www.vg-altenglan.de. **Lage:** An der Friedehauser Straße am Nordostrand von Altenglan. **Barrierefrei:** ja. **Bahn/Bus:** RB

Kaiserslautern – Kusel, Bus 275, 277 bis Schwimmbad. **Zeiten:** Mai – Aug Di – So 9 – 20 Uhr, Einlass bis 19.30 Uhr, in den Sommerferien auch Mo. **Preise:** 4 €, Saisonkarte 70 €; Kinder 6 – 17 Jahre 2 €, Saison 33 €; Schüler, Studenten, Azubi, Schwerbehinderte 2 €.

▶ Die landschaftliche Lage ist schön: Das Bad liegt in einer Hügellandschaft, es ist von Wiesen und Wald umgeben. Herzstück ist unübersehbar das 50 x 16 m große Kombibecken, das in den bis 2 m tiefen Schwimmer- und den bis 1,30 m tiefen Nichtschwimmerbereich unterteilt ist. Dazu gehört außerdem ein abgegrenzter Sprungbereich, den ihr aus 1 und 3 m Höhe nutzen könnt. Einen Riesenspaß macht es auch, auf der 60 m langen Rutsche ins Spiel- und Spaßbecken hinunterzusausen. Die Minis unter euch haben natürlich ihr Planschbecken. Die Liege- und Spielwiese ist weiträumig. Dazu gehört auch der Spielplatz mit Rutschen, Karussel, großem Sandkasten und Barfußpfad. Hunger und Durst lassen sich durch Mitgebrachtes oder den Gang zum Kiosk bewältigen.

Weitere Freibäder in: Baumholder (Naturfreibad und Badeweiher), Bosenbach, Grumbach, Jettenbach, Matzenbach/Gimbach (Solarfreibad), Meisenheim, Waldmohr (Warmfreibad).

Kibo Bad

Verbandsgemeindewerke, Fischbachweg, 67292 Kirchheimbolanden. ✆ 06352/3130, www.kibobad.de. **Zeiten:** Mo.– Mi 14 – 22, Do 14 – 18, Fr 6 – 22, Sa, So 10 – 18 Uhr, Frühschwimmen Di, Do 6 – 9, Mi 6 – 8 Uhr, Freibad Mo 13 – 19, Di – So 10 – 19 Uhr. **Preise:** 5 €, 2 Std 3,50 €, 1 Std 2,50 €, Tageskarte Sauna 15,50 €; Kinder unter 6 Jahre Eintritt frei.

Kinderschwimmkurse 10 Std ca. 100 €.

▶ Das Kirchheimbolander Hallenbad ist ein kleiner Badetempel. Das 25 x 10 m große Schwimmerbecken mit einer Wassertiefe bis 1,80 m ist für sportliche Bedürfnisse voll ausreichend. Das kleinere, bis 1,35 m tiefe Nichtschwimmerbecken hat allerlei Erlebniselemente wie Massagedüsen, Luftsprudler, Wasserkanone, Nackendusche und Kinderschlangenrutsche. Es gibt ein Kindererlebnisbecken mit Kleinkinderrutsche, Wasserspritzschlange und Piratenschiff. Die Eltern können sich auf das Massagebecken und die verschiedenen Saunen (eine davon im Freien) freuen. Es gibt auch ein Bistro. Außen findet ihr schließlich noch die Sonnenterrrasse und einen Grillplatz.

Gewagte Sprünge vom 10-m-Turm

Waldschwimmbad Eisenberg, Friedrich-Ebert-Straße 60, 67304 Eisenberg. © 06351/41133, 1230310. www.vg-eisenberg.de. **Lage:** Am Südwestrand hoch über dem Städtchen. **Bahn/Bus:** Vom Bhf und Marktplatz Bus 920 bis Schwimmbad. **Zeiten:** Mai – Mitte Sep täglich 8 – 19 Uhr, bei schlechtem Wetter eingeschränkte Öffnungszeiten. **Preise:** 6 €, 12er Karte 60 €, Dauerkarte 80 €; Kinder 6 – 18 Jahre 3 €, 12er Karte 30 €, Dauerkarte 1. Kind 40 €, 2. Kind 30 €, ab 3. Kind frei; Familien-Dauerkarte 140 €. **Infos:** Schwimmkurse bei Besitz von Dauerkarte oder Familienkarte bis 10 Std frei, über 10 Std 10 €.

▶ Das beheizte Freibad liegt am Wald hoch über der Stadt. Die 4 Becken bieten Jung und Alt, Klein und Groß ein spannendes Aktionsfeld. Für mutige Springer ist der 10-m-Sprungturm des 50-m-Sportbeckens eine Gelegenheit für ein echtes Abenteuer. Die 83-m-Rutschbahn garantiert eine rasante Abfahrt. Da geht es in dem attraktiven Erlebnisbecken, das auch bei Kindern beliebt ist, weitaus gemütlicher zu. Die Kleinen tummeln sich natürlich in dem recht großen Planschbecken mit Breitrutsche. Die Liegewiese ist geräumig, es gibt ein ansprechendes Spielangebot mit Schaukeln, Tischtennisplatte, Freiluftschach, Volleyballfeld, Bolzplatz und Minigolfanlage (direkt oberhalb, aber außerhalb) sowie ein Kiosk.

In der Nähe liegt oberhalb im Kiefernwald ein **Spielplatz** mit Kriechrohr, Torwand, Xylophon und Grillplatz sowie Minigolfanlage.

Nur 200 m entfernt könnt ihr auf dem Campingplatz Am Königsberg **Minigolf** spielen. Feb – Dez (bei gutem Wetter) Di – Sa ab 15, So ab 11, jeweils bis Einbruch der Dunkelheit, Erw 2, Kinder 2 – 12 Jahre 1,50 €.

Baden in der Lauteraue

Freibad Wolfstein, Am Schwimmbad 3, 67752 Wolfstein. © 06304/7808, wolfstein.de. **Lage:** 200 m südlich vom Ort an der B270 Richtung Kaiserslautern. **Zeiten:**

Kalkbergwerk am Königsberg, 350 m vom Schwimmbad entfernt, Wolfstein. ✆ 06304/1739. www.kalkbergwerk.com. Ende März – Anfang Nov So, Fei 13 – 18 Uhr, in RLP Ferien Di, Fr 14 Uhr. Erw. 6 €, Kinder 5 €.

Mitte Mai – Mitte Sep 9 – 20 Uhr. **Preise:** 3,50 €, 12er Karte 30 €, Saisonkarte 55 €; Kinder und Jugendliche 4 – 18 Jahre 2 €, 12er Karte 20 €, Saisonkarte 35 €; Feierabendtarif 17 – 20 Uhr, Geschwisterkarten.

▶ Das beheizte Freibad liegt im landschaftlich schönen Lautertal. Es verfügt über ein großes Vario-Becken, das aus Schwimmer- und Nichtschwimmerbereich, beheiztem Sprungbecken mit 1-, 3- und 5-m-Brettern besteht. Auch das Planschbecken ist beheizt. Zur Liegewiese gehören ein Spielplatz und eine Spielwiese. Ihr könnt Tischtennis spielen, zu Essen und Trinken gibt es am Kiosk.

pmv Öko-Tipp!

Solarfreibad Gimsbach

66909 Matzenbach-Gimsbach. ✆ 06383/7620, 57176 (Ortsbürgermeister). www.matzenbach.de. **Auto:** Parken bei der Kirche. **Zeiten:** Ende Mai – Ende Aug 15 – 20 Uhr, Sa, So, Fei und in den Sommerferien ab 13 Uhr. **Preise:** 2,50 €, 10er Karte 20 €; Kinder 6 – 14 Jahre 1,50 €, 10er Karte 12 €, Familiensaisonkarte 60 €.

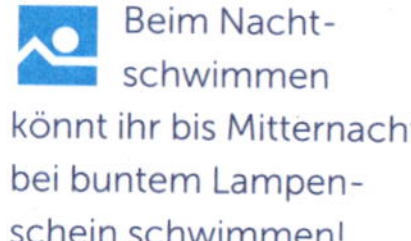

Beim Nachtschwimmen könnt ihr bis Mitternacht bei buntem Lampenschein schwimmen!

▶ Das umweltfreundliche Gimsheimer Bad besitzt ein Becken, das in Schwimmer und Nichtschwimmer unterteilt ist, es wird mit Sonnenenergie auf maximal 27° geheizt. Zum familären Charakter des Gartenbades tragen die Sitzbänke unter grünem Blätterdach am Beckenrand bei. Daneben gibt es eine schmale Liegewiese und die Möglichkeit, Tischtennis, Tischfußball und Dame oder Mühle zu spielen. Neben dem Bad befindet sich ferner ein Kneippbecken. Ein Kiosk versorgt mit Kleinigkeiten.

Baden & Boot fahren

In, an & auf dem Ohmbachsee

Rathazsstraße 8, 66901 Schönenberg-Kübelberg. ✆ 06371/504-0, Handy 0151/27575799 (Kiosk). www.vgog.de. **Lage:** Wenige hundert Meter nordöstlich von Schönenberg-Kübelberg, 28 km westlich von K'lautern, südlich von Gries. **Bahn/Bus:** Saar-Pfalz-Bus 142, 280, 281, 283, 285 – 288 bis Schönenberg-Kübelberg. **Auto:** A6 K'lautern – Saarbrücken, Ausfahrt Miesau-Bruchmühlbach, Richtung Schönenberg-Kübelberg. **Zeiten:** Kiosk Sommer 11 – 20, Winter 11 – 18 Uhr. **Preise:** Tretboot je 30 Min 4 €, jede weitere halbe Stunde 3 €. **Infos:** Kiosk ✆ 0151 27575799.

▶ Dieser 1,5 km lange und max. 250 m breite See inmitten einer beschaulich wirkenden Hügellandschaft ist eines der beliebtesten Ausflugsziele der Nordwestpfalz. Ihr könnt auf dem ruhigen Gewässer **Tretboot** fahren (Mai – Sept 11 – 20 Uhr) oder mit dem eigenen Wasserfahrzeug in See stechen.

Am Nordufer befindet sich ein **Kiosk mit Terrasse**, zu dem ein **Spielplatz** mit einer tollen Wasserspielanlage und einer Rutsche gehört. Am Kiosk bekommt ihr auch die Tickets für die Tretboote der unterhalb gelegenen Anlegestelle. Auf der Südseite ist u.a. ein großer, gut ausgestatteter **Campingplatz**. Während ihr auf der Nordseite den **Grillplatz** bei der Gemeinde Gries reservieren lassen müsst, ist der Grillplatz auf der Südseite frei zugänglich. Baden ist zwar offiziell verboten, wird aber de facto toleriert. Auf einem 3,5 km langen Wanderweg könnt ihr den See zu Fuß umrunden. Die Route ist vollkommen flach und gut ausgebaut, sodass die Tour auch mit Kinderwagen unternommen werden kann.

Am 3. Wochenende im Juli wird Fr – So ein großes Seefest gefeiert: zahlreiche Essensstände, Konzerte, Feuerwerk und Drachenbootrennen. Programm unter www.seefest.de.

pmv Öko-Tipp!

Augenschmaus Naturerlebnisbad

Obermühle, 67806 Rockenhausen. ✆ 06361/993435, www.nordpfälzerland.de. **Lage:** Am Südrand von Rockenhausen. **Bahn/Bus:** Ab Bhf Rockenhausen 10 Min zu Fuß über Bahnhofstraße und Kaiserslauterer Straße. **Auto:** B48 auf K36 (Kaiserslauterer Straße), von dort in Obermühle einbiegen. **Zeiten:** Mai – Sep Di, Do 8 – 10, 11 – 20, Mi, Fr – So 10 –20 Uhr, bei schlechtem Wetter schließt das Bad früher. **Preise:** 4,50 €, ab 17 Uhr

2,50 €, 12er Karte 45 €, Dauerkarte 70 €; Kinder ab 6 Jahre 2 €, 12er Karte 20 €, Dauerkarte 25 €; Familienkarte 80 €.

▶ Das schön gestaltete Naturbad mit grünlich schimmerndem Wasser kommt ganz ohne Chlorgas und andere Chemie aus. Die Wiederaufbereitung des Badewassers, das aus dem Leitungswasser der Verbandsgemeinde stammt, erfolgt nämlich durch biologisch-mechanische Prozesse im **Regenerationsteich**, der mit dem Schwimmbad einen geschlossenen Kreislauf bildet.

*?! Das genutzte Badewasser fließt durch Feinfilter in den **Regenerationsteich.** Dort wird es von Wasserpflanzen und kalkhaltigem Kies biologisch gereinigt und danach wieder in den Badebereich zurückgeführt. Das Wasser des Natur-Erlebnisbades ist für Kleinkinder und Menschen mit empfindlicher Haut gut verträglich.*

Ihr könnt vom Sprungfelsen aus 1 und 3 m Höhe ins große Becken springen und schwimmen, im Nichtschwimmerbecken am Kiesstrand spielen, euch in der Wassergrotte tummeln oder auf der 60 m langen Rutsche ins Tal sausen.

Es gibt auch ein Planschbecken mit Sonnensegel und allerlei Spielmöglichkeiten für Kleinkinder. Größere Kinder und Eltern können sich beim Beachvolleyball oder Basketball die Zeit vertreiben. Die Liegewiese ist groß, Schatten ist reichlich vorhanden. Getränke, Eis und Snacks könnt ihr gemütlich auf der Kiosk-Terrasse genießen.

Wassersport: Paddeln auf dem Glan

Kanuverleih, Peter Goerke, 55774 Baumholder. ✆ 06783/Handy 0173/1328690. www.kanuverleih-glan.de. **Lage:** Start Medard (Glan) 4 km nordöstlich von Lauterecken (Glan). **Preise:** Verleih mit Bring- und Abholservice max. 40 Pers: Tour 1 ab 50 €, Tour 2 ab 40 €, Kanadier-Verleih 3-Sitzer 35 €, Woche 120 €.

*?! Der **Glan** gilt übrigens als Paddelflüsschen für Anfänger und Naturgenießer – das ist doch was!*

▶ Die Möglichkeiten zum Wassersport sind verglichen mit der Rheinregion sehr bescheiden. Aber es gibt sie: Viel Spaß macht es, mit dem Kanu ein Stück auf dem Glan abwärts zu paddeln. Der Kanuverleih Peter Goerke verleiht sowohl Boote für den festen Glan-Abschnitt Meisenheim – Odernheim, 11 km und Meisenheim – Reborn, 5 km, als auch auf Tages- und sogar Wochenbasis für andere Strecken eurer

Wahl an der Nahe. Für die feste Glanstrecke sind 3,5 – 4,5 Std reine Fahrtzeit plus Pausen vorgesehen. Ihr werdet dann auf Anruf in Odernheim abgeholt. Der **Glan** ist ein ruhiges Flüsschen. Zahlreiche Kurven und diverse kleine Steinschwellen sorgen dennoch für eine abwechslungsreiche Fahrt. Über weite Abschnitte ist das Ufer dicht mit Bäumen bewachsen und ihr fühlt euch wie auf einem Urwaldtrip. Es geht an mehreren Dörfern und der Kleinstadt Meisenheim vorbei. Diese ist der optimale Rastplatz: In der hübschen Altstadt gibt es genug Möglichkeiten zum Einkehren. Außerdem müsst ihr hier sowieso aus dem Wasser, um das Kanu am Wehr vorbeizutragen.

Urwaldtrip: Paddeln auf dem Glan
© dzt

Boot fahren auf dem Eiswoog bei Ramsen

Tourismusförderung der VG Eisenberg, 67305 Ramsen. ✆ 06351/407-350, **Lage:** 4 km südwestlich von Ramsen. **Bahn/Bus:** Sonntags fährt die Bahn von Frankenthal bis zur nahe gelegenen Bahnstation Eiswoog, an den anderen Tagen nur bis Ramsen, das 4 km entfernt ist ↗ Bahnen & Betriebe. **Rad:** Der Barbarossa-Radweg führt direkt vorbei. **Preise:** Ruderboote und Tretboote zu mieten, Preise auf Anfrage.

▶ Der idyllische Waldsee 4 km südwestlich von Ramsen ermöglicht euch eine Menge toller Aktivitäten. Ihr könnt mit einer ↗ **Feldbahn** fahren, auf dem naturnahen **Spielplatz** spielen, am Kiosk oder im Restaurant des **Seehauses Forelle** speisen und dort Deutschlands größtes historisches **Puppenhaus** bewundern.

Seehaus Forelle, Eiswoog 1, Ramsen. ✆ 06356/60880. www.seehaus-forelle.de. 12 – 19 Uhr. Gehobene Küche, breites Angebot, Klassiker geräuchertes Eiswoog-Forellenfilet, naturnahe Produkte regionaler Erzeuger sowie Fische aus der Forellenzucht. Verkauf Mi – So, Fei 11 – 17 Uhr.

?! *Im See leben Barsche, Hechte, Saiblinge und Forellen. Angeln ist jedoch verboten. Am See ist der Eisvogel zu Hause.*

Am Wasserparadies Eiswoog selbst warten die ältesten noch aktiven Tretboote Deutschlands aus dem Jahr 1954 auf kleine Kapitäne. Das Einsteigen in die Ruderboote ist pure Spannung, das richtige Eintauchen und gleichmäßige Durchziehen der langen Ruder eine Herausforderung. Im See könnt ihr natürlich auch **baden.** Die DLRG überwacht in der Saison den Schwimmbetrieb, es gibt Umkleidekabinen und eine schmale Liegewiese.

Der südliche Abschnitt des 3 km langen Rundweges wurde in einen barrierefreien Naturerlebnisweg umgestaltet, der diese schöne Passage auch Familien mit Kinderwagen und seh- und gehbehinderten Menschen zugänglich macht. Es wurden sogar bequeme Zugänge zum See und eine Aussichtsplattform angelegt.

NATUR & UMWELT MIT KARLOTTA

Wandern & Spazieren

An Weihern vorbei

67729 Sippersfeld. **Länge:** 7 km, zumeist flach, keine schwere Steigung, für Kinder ab 6 Jahre. **Strecke:** Sippersfeld – Retzberghütte – Pfrimmerhof. **Auto:** A63 Ausfahrt Göllheim, L401 bis kurz hinter Standenbühl, links ab L394 über Breunigweiler nach Sippersfeld.

▶ Ihr geht zunächst von **Sippersfeld** auf der Straße Richtung Neuhemsbach zum Wald hinauf und biegt am Parkplatz nach links in den Wald ein, kurz darauf wieder links. Wenig später seid ihr an der **Retzberghütte**, wo es sonntags Essen und Getränke gibt. Bei schönem Wetter könnt ihr euch an Tischen im Freien niederlassen und den Blick auf den gegenüberliegenden See genießen. Danach wandert ihr stets auf dem markierten Radweg an drei Weihern vorbei durch Wald zum **Pfrimmerhof.**

Vom Campingplatz könnt ihr durch Felder und Wiesen nach Sippersfeld zurückwandern. Die Route mündet am Südrand des Dorfes in die Straße Sip-

Skizzen und Kurzbeschreibungen zu 3 leichten Rundwegen im Quellgebiet der Pfrimm findet ihr im Faltblatt *Pfrimmtal Wanderwege*, erhältlich bei der Donnersberg-Touristik in Kirchheimbolanden.

persfeld – Neuhemsbach, wo die Rundwanderung ihren Anfang genommen hat.

Königstuhl und Ludwigsturm: Rundwanderung auf den Donnersberg

Donnersbergverein e.V., Oberstraße 4, 67814 Dannenfels. www.donnersbergverein.de. **Länge:** 9 km, 2,5 km langer steiler Aufstieg; leichte, 4,5 km lange Alternativroute vom Bastenhaus (471 m), Haltestelle der Buslinie Dannenfels – Rockenhausen. **Strecke:** Dannenfels – Keltische Ringmauer – Waldhaus – Königstuhl – Dannenfels. **Altersempfehlung:** für sportliche Kinder ab 10 Jahre. **Infos:** Der Verein freut sich über Spenden für den Erhalt des Ludwigsturms.

Sa 13 – 17 und So 10 – 17 Uhr ist der **Ludwigsturm** geöffnet, an den anderen Tagen bekommt ihr gegen Pfand den Schlüssel bei der Touristinformation Dannenfels, Oberstraße 14, ✆ 06357/1614, Di – Fr 14 – 17.30 Uhr, Sa 10 – 14 Uhr, Ostern – Ende Okt So, Fei 10.30 – 13.30 Eintritt 1 €/Pers.

▶ Die interessanteste Rundwanderung von **Dannenfels** auf den Donnersberg hinauf ist der Aufstieg auf dem gelb und der Abstieg auf dem blau markierten Wanderweg. Ihr beginnt die Tour im Zentrum von Dannenfels auf 354 m Höhe. Oben überquert ihr die **Keltische Ringmauer**, die eine bedeutende Siedlung schützte, und steht bald darauf direkt vor der **Keltenhütte**, der höchstgelegenen Gaststätte der Pfalz. Danach geht es auf ebener Strecke (Roter Querstrich) zum knapp 1 km entfernten **Königstuhl.** Dieser Felsblock markiert bei 687 m Höhe die höchste Erhebung des Donnersberges und gleicht einem Thron. Als wahre Bergkönige genießt ihr die prächtige Aussicht von dem wilden Felsen und macht euch dann auf den Rückweg.

Es geht zuerst links auf dem keltischen Wall 1 km gen Osten (Grüne Markierung) bis zum

Wie der Donnersberg entstand: Lehrtafeln erklären unterwegs Interessantes

© Annette Sievers

Keltenhütte, PWV Kibo, ↗ Naturerlebnispfad.

Ludwigsturm. Er ist nach dem Bayern-König benannt und wurde 1864 ihm zu Ehren gebaut. Über eine Metallwendeltreppe kommt ihr zur Aussichtsplattform in rund 27 m Höhe; Tafeln erläutern, was ihr alles sehen könnt.

Auf dem blau markierten Wanderweg geht es nun in östlicher Richtung wieder nach Dannenfels hinunter. Auch der Abstieg ist steil. Nach 700 m passiert ihr eine Schutzhütte, wo eine Pause fällig ist. Dann folgt alsbald der **Moltkefelsen**, der Startplatz der Paraglider, wo wieder eine tolle Aussicht besteht. Ganz tief unten kommt ihr am Hotel Kastanienhof vorbei, das auch ein Restaurant besitzt. Jetzt ist es nicht mehr allzu weit bis ins Zentrum von **Dannenfels.**

Umwelt erforschen

Naturgarten Stegwiesbach

NABU-Naturschutzzentrum Auf dem Stegwiesbach, Stegwieserweg 1a, 66869 Dennweiler-Frohnbach. www.nabu-kusel.de. **Preise:** Führung kostenlos, eine Spende wird erbeten. **Infos:** Führungen Umweltgarten Mitte April – Mitte Okt Anmeldung für Führung bei Frau Hanni Golz, vorstand@nabu-kusel.de, ✆ 06381 2081.

▶ Die NABU-Ortsgruppe Kusel und Altenglan ist seit einigen Jahren schon in der früheren Milchsammelstelle der Gemeinde Frohnbach untergebracht und hat dort ein Naturschutzzentrum für den Raum Kusel gebaut. Zu den zahlreichen Aktivitäten gehören neben Seminaren und Exkursionen die Anlage und Betreuung eines 6500 qm großen Umweltgartens, die Biotoppflege eines Streifens der Bachaue des Glan und eine Patenschaft für den Stegwiesbach sowie eine Pflegestation für verletzte oder kranke Eulen und Greifvögel.

Der üppige **Naturgarten Stegwiesbach** mit seinen Teichen, einer Wand für Wildbienen, dem Igelhau-

Bio-Hof Doll, Brunnenweg 13, Dennweiler-Frohnbach. ✆ 06381/994220. www.biohof-doll.de. Auf dem Bio-Hof könnt ihr Honig, Nudel, Rindfleisch und Wurst, Kartoffeln, Milch und Apfelsaft aus dem eigenen ökologischen Anbau kaufen. Getreidemahl- und Backkurs und FeWo.

fen und den vielen anderen Dingen lohnt eine Entdeckungstour, Infotafeln helfen euch dabei. Ihr könnt ihn jederzeit besuchen. Viel informativer und spannender ist es freilich, wenn ihr euch von den Leuten vom NABU auf einer Führung alles erklären lasst.

pmv Öko-Tipp!

Erdekaut – Naturerlebnislandschaft im ehemaligen Tonbergbau

Zweckverband Erdekaut, An der B47, 67304 Eisenberg. ✆ 06351/407-440, www.vg-eisenberg.de. **Lage:** An der Hettenleidelheimer Straße, 1 km südlich von Eisenberg. **Auto:** A6 Ausfahrt 18 Richtung Eisenberg, B47 Richtung Hettenleidelheim. **Zeiten:** Erlebnislandschaft jederzeit zugänglich, Tonbergbaumuseum Mai – Okt 1. So um 15 Uhr oder nach telefonischer Vereinbarung. **Preise:** Erlebnislandschaft Eintritt frei, Tonbergbaumuseum 3 €; Kinder unter 12 Jahre frei, Kinder 12 – 16 Jahre 1,50 €. **Infos:** Führungen durch die Erdekaut Mai – Okt (in der Regel am 1. So im Monats 15 Uhr), Infos bei Christopher Krill ✆ 06351/407-510.

▶ In der **Erdekaut,** gut 1 km südlich von Eisenberg, wurde bis in die 1990er-Jahre Ton abgebaut – teils im Tagebau, teils unter Tage. In der Blütezeit in den 50er-Jahren gab es 30 Gruben, in denen 800 Bergleute tätig waren. Als das aufgegeben wurde, begann die Natur das Gelände allmählich zurückzuerobern. Es entstanden mehrere kleine Seen und eine echte Wildnis, die in eine Naturerlebnislandschaft umgestaltet wurde. Es wurden Stege angelegt und Infotafeln erklären Wissenswertes über die entstandene Tier- und Pflanzenwelt mit vielen geschützten Arten. 50 % der in Rheinland-Pfalz vorkommenden Pflanzen sind hier zu Hause! Für Kinder wurden eine steile Rutsche, eine Matschanlage und ein Riesensandkasten geschaffen. Ihr könnt außerdem Ziegen, Schafen und Glan-Donnersberg-Rindern zuschauen, die in abgegrenzten Bereichen grasen. Von

Zurückgekehrte Natur: Wasserminze mit Schmetterling
© Annette Sievers

 **Landgasthof zur Seltenbach,** Seltenbach 1, Eisenberg. ✆ 06351/6162. zurseltenbach.metro.rest. Di – So 11 – 20.30, Sa nur bis 19 Uhr. Am Bach, mit Garten, regionale und saisonale Küche.

verschiedenen Aussichtspunkten könnt ihr das neue Naturparadies aus der Vogelperspektive genießen. Das Gebäude der ehemaligen **Grube Ringelstein** ist ein kleines Informationszentrum und ein **Tonbergbaumuseum.** Hier werden 1,5-stündige Führungen für min.s 8 Personen angeboten. Diese beinhaltet den Besuch des Museums mit Film zum Bergbau und einem Exkurs in die Erdekaut und Umgebung. Die Entdeckungstour durch die Erdekaut unternehmt ihr am besten im Rahmen einer **Rundwanderung,** die am Parkplatz an der Römerstraße nahe Römerpark Vicus Eisenberg beginnt, von wo es durch die Flur zum 650 m entfernten Gelände hinüber geht. Nachdem ihr dieses erkundet habt, spaziert ihr dann zur **Gaststätte Zur Seltenbach** hinüber. Nach der Einkehr geht ihr schließlich via **Römerpark Vicus Eisenberg** zum Ausgangspunkt zurück.

Naturerlebnispfade

Keltenhütte und Ringwälle auf dem Donnersberg

67814 Dannenfels. **Länge:** 4 km, leicht. **Altersempfehlung:** für Kinder ab 6 Jahre. **Auto:** Von Dannenfels auf der L394 Richtung Rockenhausen bis zum Bastenhaus, dann links bis zum Bastenhaus hinauf.

▶ Der **Donnersberg** ist der auffällige Buckel, der 687 m hoch aus der Landschaft emporragt und selbst vom Hunsrück und Taunus aus gut zu erkennen ist. Er ist vulkanischen Ursprungs und so markant, dass ihn seit jeher Siedler, Fürsten und Burgherren als wichtigen Hoheitspunkt beanspruchten. So haben auf seinem lang gestreckten Rücken bereits 150 v. Chr. Kelten eine große Siedlung angelegt. Dieses *oppidum* war der Hauptort der damaligen Pfalz. Die Kelten vom Stamm der Teverer hatten Häuser und Werkstätten dort oben und sie bauten Quarz (Rhyolith) für die Herstellung von Rohglas ab, mit dem sie Handel trieben. Ausreichend Grund, sich gut zu schützen: Ein ungeheuer großes System von **Ringwällen,** Mauern und Eckbastionen sicherte das 240 ha große Areal. Die Befestigungsmauern wurden von Baumstämmen gestützt (Pfostenschlitzmauer), und weil die verrottet sind, ist der 8,5 km lange Wall heute wie ein Damm noch gut sichtbar. Im Bereich des Südwalls wurde ein kurzer Abschnitt wiedererrichtet, sodass ihr gut verstehen könnt, mit welcher Knochenarbeit die Kelten diese an der Sohle bis zu 20 m breiten und bis zu 6 m hohen Mauern errichtet haben.

Mit diesem Vorwissen macht euch die 4 km lange Rundwanderung auf dem markierten **Keltenweg** bestimmt viel Spaß, der auf oder neben dem Wall verläuft. Auf dem Wall ist es ziemlich holprig. Attraktion der Rundwanderung ist außer dem rekonstruierten Teil der 1 km westlich gelegene ↗ **Königstuhl.**

Ringmauer: Die Kelten schützten ihr Dorf durch starke Mauen

Keltenhütte, Haus des PWV Kibo, 200 m vom Parkplatz auf dem Donnersberg entfernt, Dannenfels. www.pwv-kibo.de. Sa, So, Fei 10 – 18 Uhr. Oma-Brigitte-Kuchen, deftige Pfälzer Küche, zahlreiche Bänke im Freien.

Der Kupferweg K1

Bergbauerlebniswelt Imsbach, 67817 Imsbach. ✆ 06302/602-0, www.bew-imsbach.de. **Länge:** 3,3 km, Markierung K1, leicht, landschaftlich schön und abwechslungsreich. **Infos:** Beschreibung der Wege auf der Internetseite. Skizze der Route in der Broschüre Bergbauerlebniswelt Imsbach.

▶ Die kurze Rundwanderung beginnt am **Pfälzischen Bergbaumuseum** im Zentrum von Imsbach. Es geht nordwärts auf der Ortsstraße (Markierungen K1, K2) bis zur Einmündung in die Lützelbachstraße (dort rechts weiter!), die nach 200 m am **Heimatmuseum** (altes Bergmannshaus, Besichtigung n.Vb.)

M **Pfälzisches Bergbaumuseum Imsbach,** Ortsstraße 2, Imsbach. ✆ 06302/602-0 (VG Winnweiler). www.bew-imsbach.de. April – Ende Okt So, Fei 11 – 17, Sommerferien RLP auch Di 13 – 17 Uhr, für Gruppe ab 15 Pers auch nach Vereinbarung. Eintritt gilt auch für die Grube Maria und ↗ Weiße Grube; Erw. 4 €, Kinder 5 – 14 Jahre 2 €.

Vom Treffpunkt mit dem K2 müsst ihr unbedingt links den kurzen Abstecher zu den ehemaligen Hauptkupfergruben von Imsbach Katarina 1 und 2 unternehmen. Da sind Riesenhalden, zerklüftete Wände des Tagebaus und Reste von Stollen der Grube zu entdecken.

einen Knick nach rechts macht. Hier geht ihr jedoch geradeaus in die Bergschmiedestraße. Von jetzt an wandert ihr das Katharinental allmählich aufwärts. 300 m hinter der Abzweigung erreicht ihr den ersten Stollen, das Stollenmundloch des *August-Erbstollens* direkt im Fels. Hier befindet sich auch das alte Maschinenhaus der Grubengesellschaft *Palatina.*

Kurz hinter dem Ort geht es in den Wald, in dem ein kleiner Wanderparkplatz liegt (blaue Markierung dann schwarz/rot). Daneben seht ihr einen **Steinbruch,** wo früher das vulkanische Gestein Andesit abgebaut wurde, in dem schöne Achate eingeschlossen sind. Die Route verläuft jetzt auf einem schottrigen Weg – immer leicht ansteigend. Bald darauf kommt ihr an einen **Weiher.** Dieser wird von den Grubenwässern der ehemaligen *Kupfergruben Katarina 1 und 2* gespeist und ist dadurch sehr kupferhaltig. Seine Ränder schimmern grün. Fische können hier nicht drin leben. Am oberen Ende des *Kupferweihers* wendet ihr euch nach rechts und geht jetzt auf der anderen Seite des Katharinentals Richtung Imsbach zurück (jetzt bis zum Ende der Rundwanderung wieder gemeinsam mit dem *Kupferweg 2,* also Markierung K1, K2). Bald geht ihr am ehemaligen Eingang des **Teufelsstollen** vorbei, der Anfang des 20. Jahrhunderts der Mangansuche diente. Mangan ist ein in Deutschland sehr seltenes Element, das man bei der Herstellung von Eisen braucht. Irgendwann macht der Weg einen scharfen Knick nach links. In diesem Bereich befindet sich der **Theodor-Schacht,** in dem bis in die Endphase des Imsbacher Kupferbergbaus um 1922 gearbeitet wurde. Daneben seht ihr die 2005 rekonstruierte Brücke, über die einst die Grubenbahn rollte. Sie brachte die Steinbrocken nach Imsbach, wo in der Erzlaugerei die Erze gewonnen wurden. Der Weg führt im nächsten Abschnitt sogar auf der alten Rollbahnstrecke, am Rhyolith-Fels haarscharf entlang. Weitere ehemalige Manganerzgruben erkennt ihr am austretenden Wasser an den zugeschütteten Stollenmündern. Schließlich geht es wieder auf den Forstweg zurück, und bald seid ihr am Nordrand von Imsbach, wo sich die ehemalige **Kohlengrube Ernst-Zeche** befindet. Via Kupferberg- und Lützelbergstraße steigt ihr zum Schluss der Rundwanderung zum **Bergbaumuseum** ab.

Bienenlehrpfad Horbach in Matzenbach

Erich Horbach, An der Wart 6, 66909 Matzenbach. ✆ 06383/363, www.matzenbach.de. **Zeiten:** Mai – Anfang Sep nach Vereinbarung.

▶ Der Hobbyimker *Erich Horbach* hat in Matzenbach bei Altenglan einen spannenden Bienenlehrpfad aufgebaut, in dem ihr nicht nur vieles aus dem Leben der domestizierten, also eingefangenen Honigbienen, aber auch der Wildbienen zu sehen bekommt. Da gibt es einen Bienenstand mit Bienenkörben und -schaukasten, Begattungsstände, Schleuder und Schulungsraum sowie eine Wildbienenbehausung und einen Wildbienenstand mit verschiedenen Materialien. Zum Bienenlehrpfad gehören ein Spielplatz und ein Grillplatz.

Auf dem **Faltblatt** *Biologie hautnahe erleben* befindet sich eine Skizze des Bienenlehrpfades.

Ihr könnt Honig aus Horbachs Imkerei sowie Bienenwachsfiguren und -kerzen, Honigschnaps und Honigwein erwerben.

Tierpark & Reiten

Wildgehege und Greifvogelschau

Wildpark Potzberg Föckelberg, Harald Schauß, 66887 Föckelberg. ✆ 06385/6249, Handy 0170/2768363. www.wildpark.potzberg.de. **Bahn/Bus:** Von Bhf Altenglan Saar-Pfalz-Bus 277 (Mo – Fr) und Ruftaxis 2977, 2978 bis Föckelberg-Wildpark. **Auto:** A62 Glan-Münchweiler, B423 Richtung Altenglan, Wildpark ausgeschildert. **Zeiten:** täglich 10 – 18 Uhr, große Flugshow täglich 15 Uhr. **Preise:** 10,50 € mit Flugschau, Jahreskarte 45 €; Kinder 4 – 16 Jahre 7 €, Kindergarten pro Kind 5 €, Bollerwagen 3 €; Gruppen ab 25 Pers 0,50 € Ermäßigung, Familienjahreskarte 95 €. **Infos:** Zum Schutze der

Ihr könnt hier auch Kindergeburtstag feiern. Dazu gehört eine Greifvogelschau. Das Geburtstagskind darf sogar wie ein echter **Falkner** einen Greifvogel auf dem Arm halten.

Aufregend: Die Wildvögel dürft ihr streicheln und sogar halten

© Wildpark Potzberg

Tiere dürfen diese nur mit dem Wildfutter des Tierparks gefüttert werden, 2 €.

▶ Der Wildpark liegt auf dem 562 m hohen **Potzberg,** auf dem ein 35 m hoher Turm steht, von dem ihr einen großartigen Rundblick über das Nordpfälzer Bergland habt.

In dem ausgedehnten Parkgelände, ist eine artenreiche Tiergesellschaft versammelt, darunter Tarpane, Elche, Mufflons, Hochlandrinder, Wildschweine, Rothirsche, Alpenmurmeltiere, Kamerunschafe, Weißstörche, Kraniche, Kormorane, Pfaue, Enten, Gänse, Hühner und allein 30 Greifvogelarten wie Adler, Geier, Eulen und Falken. Die Gehege sind weitläufig, der mehrere Kilometer lange große Rundgang hat den Charakter einer Bergwanderung. Für die kleineren Kinder ist dieses Unternehmen sicherlich nicht nötig, denn der Spielplatz, der Streichelzoo mit Ziegen und das Kleintiergehege mit Hasen und den heiß geliebten Meerschweinchen befinden sich nahe dem Eingang. Beim Hängebauchschwein, bei Esel und Friesenpferd – letzteres mit herrlich schwarzer Mähne – bleiben auch bereits viele Kleinere hängen.

Die größte Attraktion auf dem Potzberg ist die **Falknerei,** die ebenfalls nicht weit vom Eingang entfernt

?! *Warum kehren die Greifvögel zu ihrem „Herrchen", dem Falkner, immer wieder von allein zurück? Ganz einfach: Weil sie faul sind. Denn beim Falkner gibt's das Futter bequem aus der Hand.*

ist. Von Ende März – Oktober werden täglich um 15 Uhr rasante Flugschauen veranstaltet, Sa, So und Fei seht ihr um 12 Uhr spezielle Flugvorführungen, wo ihr sogar aktiv mitmachen dürft. Es ist nicht nur für Kinder ein beeindruckendes Schauspiel, wenn Falke, Adler, Andenkondor, Geier, Milan und Bussard im schnellen Flug verwegen ihre Schleifen ziehen, um anschließend treffsicher wieder auf dem Arm des Falkners zu landen.

Hütte zum Adlerblick, Föckelberg. ✆ 06385/6249. www.wildpark.potzberg.de. Öff. wie Wildpark, im Winter nur am Wochenende und schönem Wetter. Kleine Gerichte, auch Wildgerichte mit z.B. Leberknödel.

Ponys streicheln und führen

Lautersheimer Gutshof, Henny Günther, Göllheimer Straße 8, 67308 Lautersheim. ✆ 06351/132860, www.lautersheimergutshof.de. **Preise:** Pony führen 8 € je halbe Stunde, Reitunterricht, Kurse und Ausritte auf Anfrage.

▶ Der Lautersheimer Gutshof verfügt über eine Reithalle und einen großen Reitplatz, die Umgebung bietet sich für tolle Ausritte an – alles gute Voraussetzungen für die Reiterferien. Man kann hier aber auch als ganz normaler Urlaubsgast Reitunterricht nehmen, Ausritte machen, mit dem Pony herumspazieren oder mit der Kutsche fahren.

FIT & FIDEL MIT DEN VIECHERN

Radeln & Draisine fahren

Auf der Fahrrad-Draisine im Tal des Glan

Booser Au, Ausleihstation, Start, 55568 Staudernheim. Handy 0178/7957729. www.draisinentour.de. **Länge:** Staudernheim – Odernheim, 2,5 km – Reborn, 6,5 km – Raumbach, 9,5 km – Meisenheim, 11,5 km – Odenbach, 15 km – Medard, 17 km – Lauterecken, 21 km.

Bahn/Bus: RB, RE (nicht alle) Staudernheim. **Rad:** Nahe-Radweg. **Zeiten:** März – Okt 9 – 19 Uhr; am Wochenende Reservierung erforderlich, ungerade Tage Staudernheim – Altenglan, gerade Tage Altenglan – Staudernheim, Buchungen direkt an den Ausleihstatio-

Die Frau K!, Bahnwärterhaus Rehborn, Draisinenstation. ✆ 06753/124205. www.zum-radler.de. Draisinensaison 10 – 21 Uhr. Gartenwirtschaft, wechselnde Tagesgerichte, Weinkarte, Übernachten im Tipi oder eigenen Zelt, Anlegestelle, Kanuverleih und geführte Touren, Bogenschießen, Landeplatz für Paraglider.

Die Draisine entwickelte Karl Drais aus Mannheim. Von ihm erfahrt ihr mehr in *Odenwald mit Kindern*, pmv Peter Meyer Verlag.

nen Staudernheim, Lauterecken, Altenglan oder den Touristinformationen Bad Sobernheim und Meisenheim. **Preise:** Fahrraddraisine (max. 4 Pers) oder barrierefreie Draisine (max. 3 Pers) Mo – Fr 39 €, Sa, So, Fei 49 €, Konferenzdraisine (max. 7 Pers) Mo – Fr 69 €, Sa, So, Fei 79 €, Handhebeldraisine (8 – 11 Pers) 110 € bei 8 Pers, jede weitere 12 €, Elektro-Draisine (4 Pers) Mo – Fr 50 €, Sa, So, Fei 60 €, max. Personenzahl mit Kindern größer; Kinder wie Erw; Di außer Fei Familientag (2 Erw, bis 2 Kinder bis 16 Jahre) 20 % Rabatt, Mo – Do auf die Rheinpfalz-Card 5 % Ermäßigung. **Infos:** Im Internet seht ihr die Strecke.

▶ Eine Tour mit der **Fahrrad-Draisine** auf den Gleisen der ehemaligen Bahnlinie durch das idyllische Glantal von Staudernheim (Nahe) über Meisenheim nach Lauterecken zu fahren, ist ein Erlebnis besonderer Art.

Die einfachste Draisine, die Fahrraddraisine, wird von zwei Personen (Mindestgröße 1,50 m) durch Pedale bewegt. Die beiden sitzen am rechten und linken Rand einer Bank, in der Mitte finden zusätzlich zwei Personen Platz. Hinter der Sitzbank ist genug Platz für Gepäck und Fahrräder. Diejenigen, die nicht an der Reihe sind, können entspannt die Landschaft genießen. Inzwischen sind auf dieser Strecke aber auch Draisinenvarianten mit größeren Kapazitäten im Einsatz – bis 13 Personen. Um Gegenverkehr zu vermeiden, wird täglich wechselnd immer nur in eine Richtung gefahren. Wählt als Familie ein ungerades Datum, da wird abwärts geradelt. Circa alle 2 km sind Haltestellen eingerichtet, wo ihr für Picknick, Einkehr, Wanderungen oder Besichtigung ausscheren könnt.

Von Lauterecken kehrt ihr mit dem Fahrrad auf dem **Glan-Blies-Radweg** nach Staudernheim zurück. Es geht nun immer leicht bergab. Das macht mindestens genausoviel Spaß wie die Tour mit der Draisine. In dem malerischen Städtchen Meisenheim könnt ihr einkehren.

Glantal-Tour

Von Glan-Münchweiler über Altenglan nach Lauterecken, 66885 Altenglan. **Länge:** 34,5 km (ab Bhf Altenglan 23 km), flach, leicht, von sportlichen 9- bis 10-Jährigen als Tagestour gut zu schaffen. **Bahn/Bus:** Glan-Münchweiler Station an der RB Kaiserslautern – Altenglan – Kusel; Rückweg: RB vom Bhf Lauterecken Richtung Kaiserslautern.

▶ Die Tour beginnt am Bahnhof der Kleinstadt **Glan-Münchweiler.** Ihr fahrt stets auf dem **Glan-Blies-Radweg** im Glantal abwärts. Rechts und links sind Berge, doch das Tal ist meist breit und streckenweise ausgesprochen beschaulich. Ihr kommt alle 2 – 4 km durch ein Dorf. Nach 11,5 km seid ihr in der Kleinstadt **Altenglan.** Hier bieten sich mehrere Möglichkeiten zum Einkehren. Im Sommer lockt das Sportbad. Der Ort ist Endbahnhof der ↗ **Glantal-Draisine,** die euch bis Lauterecken begleitet. 2,5 km weiter in **Bedesbach** gibt es eine alte Schmiede zu sehen, dafür braucht ihr allerdings eine Absprache mit Touristinformation Kusel.

Das gleiche gilt für die alte Ölmühle in **St. Julian** bei km 25,5. Für eine weitere Rast kommt 4 km weiter der schöne Ort **Offenbach-Hundheim** in Frage. Dann sind es nur noch 5 km bis zur Kleinstadt **Lauterecken,** wo ihr Anschluss an die Regionalbahn nach Kaiserslautern habt.

Rad- und Freizeitkarte Pfälzer Bergland, 1:55.000, erhältlich bei der Touristinformation Kusel.

Waldhotel Restaurant Felschbachhof, Ulmet. ✆ 06387/9110. www.felschbachhof.de. Warme Küche 11.30 – 14, 17.30 – 22 Uhr. Bioküche, einige Gerichte für Kinder. Es gibt auch eine original Finnhütte, also ein Haus, dessen Dächer bis auf den Boden reichen.

Der Alsenztalradweg von Münchweiler nach Alsenz

Donnersberg-Touristik-Verband, Uhlandstraße 2, 67292 Kirchheimbolanden. ✆ 06352/1712, www.donnersberg-touristik.de. **Bahn/Bus:** Bhf in Münchweiler, Winnweiler, Imsweiler, Rockenhausen und Alsenz. Im Stundentakt verkehren Regionalbahnen.

▶ Der Radweg Alsenztal verläuft von **Münchweiler** via **Langmeil, Winnweiler, Schweisweiler, Imsweiler, Rockenhausen, Dielkirchen, Bayerfeld-Steckweiler, Mannweiler-Cölln** und **Oberndorf** nach

In den **Freibädern** von Rockenhausen und Winnweiler könnt ihr die Tour durch einen Sprung ins kühle Nass auflockern.

Alsenz. Die Landschaft ist abwechslungsreich: hier das rauschende Flüsschen, dort mal Wald und Wiesen, mal Dörfer.

Ihr fahrt das enge Tal der Alsenz am besten flussabwärts. Die gesamte 27 km lange Strecke ist eigentlich nur für sportliche Kinder ab 10 Jahre zu empfehlen, besonders, weil zwischen Imsweiler und Alsenz ein halbes Dutzend kurzer Steigungen zu bewältigen sind. Die Jüngeren sollten sich auf andere, kurze Abschnitte konzentrieren, z.B. von Winnweiler nach Schweisweiler oder Imsweiler. Entsprechende Vorhaben lassen sich in Kombination mit öffentlichen Verkehrsmitteln leicht realisieren, weil durch das Tal die Bahnlinie Kaiserslautern – Bad Kreuznach führt.

Der schottrige oder asphaltierte Radweg verläuft eher am Rand des Tals und die Orte werden zumeist lediglich gestreift. Wer Ortskerne sehen will, muss daher Abstecher unternehmen. Ab und an geht es auch mal auf der Straße weiter. Die Route ist durch das bunte Emblem Donnersberger Radler im Sonnenschein meist ausreichend beschildert.

Radwandererlebnis Lautertal-Radweg. Radel- und Freizeitspaß in der Westpfalz, 1 €, erhältlich bei den größeren Fremdenverkehrsämtern der Region.

Lautertal-Tour

67742 Lauterecken. **Länge:** 34 km, wenige Steigungen, leicht, beschauliches Tal in schöner Mittelgebirgslandschaft. **Strecke:** Lauterecken nach Otterbach oder Kaiserslautern-West: Lauterecken – Lohnweiler – Tiefenbach – Wolfstein – Rossbach – Kreimbach-Kaulbach – Olsbrücken – Untersulzbach – Hirschhorn – Katzweiler – Sambach – Otterbach – Kaiserslautern-West. **Altersempfehlung:** prima Tour ab 7 Jahre. **Bahn/Bus:** Lauterecken ist Endstation der RB Kaiserslautern Hbf – Wolfstein – Lauterecken-Grumbach.

▶ Die Tour führt von Lauterecken durch das zumeist recht breite **Lautertal** abwärts nach Kaiserslautern/Bahnstation West, wo Verbindung zum Hauptbahnhof Kaiserslautern besteht. Am Bach liegen Wiesen, an beiden Seiten befinden sich bewaldete Hänge. Für Abwechslung sorgen ein paar Dörfer, die beiden Kleinstädte Lauterecken und Wolfstein sowie die großen Dörfer Katzweiler und Otterbach. Sehr eindrucksvoll sind die beiden Steinbrüche zwischen Wolfstein und Katzweiler. Lokale findet ihr ziemlich gleichmäßig über die ganze Route verteilt. Läden (Bäckereien, Metzgereien, Supermärkte) gibt es dagegen lediglich in Lauterecken, Wolfstein, Katzweiler und Otterbach. Deshalb ist es gut, immer etwas Proviant und Getränke in den Radtaschen zu haben. Dank der parallel verlaufenden Regionalbahn könnt ihr die Tour nach Bedarf jederzeit per Bahn beenden.

Anlehnungsbedürftig: Macht unterwegs Picknick-Pause!

Erlebnis- & Abenteuerspielplätze

alla hopp!-Anlage Ilbesheim

Dietmar Hopp Stiftung, Arzheimer Straße 75, 76831 Ilbesheim. ✆ 06341/31908, www.alla-hopp.de. **Lage:** ehem. Sportgelände. **Kinderwagen geeignet:** ja. **Bahn/Bus:** Bus 530 bis Rathaus, 500 m Fußweg; Bus 531 bis LD Schule, 50 m Fußweg. **Auto:** Parken bei der grundschule. **Rad:** Anreise zu Fuß oder mit dem Rad empfohlen. **Zeiten:** Mo – Sa 9 – 21 Uhr, So und Fei 10 – 21 Uhr. **Preise:** Eintritt frei. **Infos:** Ladestationen für eBikes vorhanden, Hunde nicht erlaubt.

▶ Schön gestaltete Spiel- und Bewegungsstätte für alle Generationen mit Wasserlauf, Kletter-, Balancier- und Schaukelmöglichkeiten. Es gibt öffentliche Toiletten und das **Bistro Palatina.**

Bistro Palatina, Arzheimer Straße 75a, Ilbesheim. ✆ 0176/99996399. www.bistro-palatina.de. März – Okt Do – Sa 17 – 21.30, So 12 – 20 Uhr. Biergärtchen mit Pommes & Fleisch auf der Speisekarte.

Abenteuerspielplatz in der Schlucht

67814 Dannenfels. ✆ 06357/1614, www.dannenfels.de. **Lage:** Am Nordwestrand von Dannenfels, oberhalb der Straße nach Rockenhausen. **Bahn/Bus:** Bus 901 (Mo – Fr), 903 Rockenhausen – Kirchheimbolanden. **Auto:** In Dannenfels L394 Richtung Rockenhausen, am Ortsende links.

▶ Diese Spiellandschaft ist außerordentlich vielseitig: Da ist einmal der gut ausgestattete, konventionelle **Spielplatz** am Waldrand direkt oberhalb der Grundschule mit Schaukel, Wippe, Rutsche, Holzhütten und einem Grillplatz. In der Nachbarschaft gibt es außerdem noch einen Bolzplatz und im *Park der Sinne* einen **Barfußpfad.** Auf diesem könnt ihr das Gefühl der befreiten Füße auf Holz, Pflasterstein, Kiesel, Splitt, Sand und Mulch testen – etwas ganz besonderes ist die Duftinsel. Höhepunkt ist aber der Waldspielplatz oberhalb des normalen Spielplatzes. Durch eine lange Schlucht rauscht hier ein Bergbach. Findlingssteine und eine Kletterwand ziehen Kletteraffen an. Unter einer riesigen Baumwurzel tut sich eine Höhle auf. Waldgeister könnt ihr per Naturtelefon rufen. In einer Rutsche könnt ihr den Waldabhang hinuntersausen. Es ist ein wundervolles Gefühl, im hohen Baumhaus oder in der Baumschaukel zu sitzen und den Geräuschen und Stimmen des Waldes zu lauschen.

TECHNIK & GESCHICHTE MIT M. MAU

Bahnen & Betriebe

Mit der Schmalspurbahn vom Eiswoog nach Ramsen

Stumpfwaldbahn Ramsen e.V., Eiswoog 2, 67280 Ramsen. ✆ 06356/8035, www.stumpfwaldbahn.de. **Bahn/Bus:** Stündlich mit der RB Frankenthal – Grünstadt – Ramsen, dann noch 45 Min ausgeschilderter Wanderweg, am So RB jedoch bis Eiswoog. **Zeiten:** April – 3. Okt So, Fei. **Preise:** Hin- und Rückfahrt 4,50 €;

Weitere Aktivitäten ↗ Eiswoog.

Kinder bis 14 Jahre Hin- und Rückfahrt 3,50 €; Familienkarte 2 Erw mit Kindern 12 €, Fahrräder und Hunde kostenlos; Beförderung von Rollstühlen möglich. **Infos:** Bei Dampfbetrieb Dampfzuschlag 2,50 €.

▶ Die Schmalspurbahn Ramsen (Spurweite 600 mm) befährt eine wunderschöne Mittelgebirgsstrecke von 3,5 km Länge. Gestartet wird am kleinen Stumpfwald-Bahnhof **Eiswoog** am gleichnamigen See, unterhalb der imposanten Brücke der ehemaligen Bahnlinie Ramsen – Enkenbach (250 m Länge und 35 m Höhe), wo sich auch der Lokschuppen befindet. Es geht über die Haltestelle **Bockbachtal,** 2 km, nach **Ramsen-West** hinunter. Die Fahrt in dem Bähnchen mit offenen Wagen (max. 100 Personen) dauert 20 Minuten. Am 2. Sonntag im Monat sowie an Dampfsondertagen ist **Dampfbetrieb.** Das Gleismaterial stammt überwiegend aus stillgelegten Ton- und Sandgruben der Umgebung.

?! *Mit einer Spurweite von 287 mm ist sie bundesweit die einzige Modelleisenbahn dieser Größenordnung, die Personen befördert!*

?! *Der Stumpfwaldbahn-Verein, der das alles mit viel Engagement auf- und ausgebaut hat, verfügt über ein Dutzend Lokomotiven, die einst in Bergwerken, Sandgruben, Steinbrüchen und Sägewerken im Einsatz waren.*

Börrstadter Gartenbahn

Börrstadter Gartenbahnverein e.V., Zum Petersberg 10, 67725 Börrstadt. ✆ 06357/77443, www.gartenbahn-boerrstadt.de. **Lage:** In der Sport- und Freizeitanlage am Südrand des Ortes. **Bahn/Bus:** Bus 903 Rockenhausen – Kirchheimbolanden – Eisenberg bis Börrstadt Ortsmitte. **Zeiten:** Mai – Mitte Okt So 14 – 16 Uhr, genaue Termine im Internet. **Preise:** Kinder 1 €, 10er Karte 8 €.

▶ Es macht einen Riesenspaß mit dem Börrstadter Gartenbähnchen zu fahren. Ihr fahrt mit einer im Größenverhältnis 1:5 original nachgebauten kleinen Lok, die offene Wagen zieht, die gera-

Herausragend: Der Lokführer ist fast zu groß für die Minilok

© Börrstadter Gartenbahnverein e.V.

KUSEL, KIBO & DONNERSBERG

de groß genug sind, dass Kinder gut Platz finden. Es gibt zwei 170 bzw. 115 m lange Strecken, die einzeln oder kombiniert gefahren werden können. An der Bahnstrecke befinden sich ein Bahnhof, Brücken, ein Tunnel und zwei Bahnübergänge – das ist also eine tolle Anlage.

Ihr könnt in Obermoschel noch mehr unternehmen, z.B. die Burgruine Moschelland besichtigen, den Naturerlebnisweg am Burgberg und den naturnahen Spielplatz mit der tollen Wasser-Matschanlage ausprobieren.

Riesenmodelleisenbahn

Modellbaufreunde Obermoschel, Hans-Joachim Hubrich, Luitpoldstraße 4, 67823 Obermoschel. ✆ 06362/993838 (Vereinsheim), 2114. www.mbf-obermoschel.de. **Barrierefrei:** ja. **Zeiten:** 2 x jährlich eine Börse, an 5 Wochenenden öffentlicher Spaß an der Anlage und Sa, So 1. – 3. Advent in Betrieb. **Preise:** 3 €; Kinder 0,50 €.

▶ Die Obermoscheler Modelleisenbahn ist riesengroß und herrlich vielfältig, 200 qm Ausstellungsfläche sind für dieses kreative Gebilde erforderlich. Sie läuft vollautomatisch über eine selbstentwickelte SPS-Steuerung. Wenn die große Anlage (Gleislänge circa 300 m) einmal voll ausgebaut ist, sollen 35 Züge gleichzeitig fahren können. Sie rollen durch eine beeindruckende Landschaft mit einer großen Stadt mit einer Kreuzungsbahn, einem kleinen Binnenhafen und vor allem einer Alpenregion mit hohen Bergen, Tunnel und imposanten Brücken. Junge und alte Modelleisenbahnfreunde sind hier gleichermaßen in Hochstimmung.

Touristinformation Pfälzer Bergland, Bahnhofstraße 67, Kusel. ✆ 06381/424-270. www.pfälzerbergland.de. Die Touristinformation organisiert auch Besichtigungen in der Dietschweiler Mühle von 1884, die noch voll funktionstüchtig ist.

Alte Schmiede Bedesbach

Alte Schmiede, Ringstraße 14a, 66885 Bedesbach. ✆ 06381/3137, 6735 (Schmiede). www.vgka.de/gemeinden/unsere-ortsgemeinden/bedesbach. **Zeiten:** nach Vereinbarung durch Touristinformation Pfälzer Bergland (auch mit Vorführung); Schmiedetag letzter So im Aug. **Preise:** Eintritt frei.

▶ Ohne den Schmied war früher die Landwirtschaft nicht denkbar. Er stellte alles, was aus Eisen war, her und reparierte die Geräte, wenn sie kaputt waren.

Außerdem wurden von ihm die Zugtiere beschlagen, eine ungeheuer wichtige Aufgabe in der Zeit bevor der Traktor kam. Diese Epoche ging in den 1950er Jahren zu Ende. Die einstige Bedesheimer Schmiede ist noch vollständig erhalten.
Herzstück der Schmiede ist die Esse, die große Feuerstelle mit dem lodernden Schmiedefeuer und dem Rauchabzug darüber. Blasebalg, Schürhaken, Hammer und Amboss sind die wichtigsten Geräte, die immer griffbereit sein mussten.

?! *Welche landwirtschaftlichen Geräte wurden früher in der Schmiede hergestellt? Musste der Schmied auch für sich selbst Werkzeuge schmieden?*

Kalkbergwerk am Königsberg Wolfstein

Verbandsgemeindeverwaltung Lauterecken-Wolfstein, Kathrin Bürthel, Hauptstraße 48, 67752 Wolfstein. ✆ 06382/791118, 06304/1739 (Kalkbergwerk, nur während Öffnungszeiten). https://kalkbergwerk.com. **Lage:** Kalkbergwerk am Ortsausgang Richtung Kaiserslautern. **Bahn/Bus:** Ab Bhf Wolfstein (RB Kaiserslautern – Lauterecken-Grumbach) 10 Min. **Zeiten:** März – Nov So, Fei 13 – 18 Uhr, werktags nach Vereinbarung, RLP Ferien Di, Fr 14 Uhr. **Preise:** 6 €; Kinder und Jugendliche bis 18 Jahre sowie Schüler, Studenten und Azubi bis 25 Jahre 5 €; Familienkarte (2 Erw und Kinder) 15,50 €, Familienkarte (2 Erw und Kinder) 15,50 €; Gruppe ab 20 Pers 5,50 €, Kinder 4,50 €, Gruppenpauschale (weniger als 20 Pers) Erw 100 €, Kinder 90 €. **Infos:** Kalkbergwerk nur während der Führungszeiten erreichbar.

▶ Weiß bekittelt und behelmt fahrt ihr mit einem Elektrobähnchen durch einen langen Stollen tief in den Berg hinein – ins geheimnisvolle Innere des ehemaligen Kalkbergwerkes am Königsberg. Ausgemauerte Abschnitte wechseln mit schroff aus dem Berg gehauenen. Die Fahrt endet in einem Bereich mit großen Höhlen, die durch den Abbau des Kalksteins entstanden sind. Anschließend erfahrt ihr auf einem 300 m langen Rundgang, wie das **Bergwerk** eingerichtet war und wie die Bergleute gearbeitet haben, sogar welche gesundheitlichen Probleme es gab. Bis 1967 wurden hier noch Kalksteine gebrochen und

?! *Welche Gesteine sind im **Bergwerk** zu sehen? Könnt ihr Tropfsteine, Sinterablagerungen und funkelnde Kristalle entdecken?*

seit 1980 ist die ehemalige Grube als Schaubergwerk für die Öffentlichkeit konserviert – samt allen Einrichtungen.

Am Anfang oder zum Schluss könnt ihr über Tage noch einen kurzen Tonfilm über die Arbeit des ehemaligen Kalkbergwerks sehen: den Gesteinsabbau unter der Erde, die Beschickung der Brennöfen, das Löschen und Mahlen des Kalks über Tage. Auch über die zahlreichen Verwendungsmöglichkeiten von Kalk wird berichtet.

Unter Tage ist es immer recht kühl (10 – 12 Grad) und die Luftfeuchtigkeit sehr hoch, zieht euch also warm an! Für den feuchten und holprigen Stollenboden ist festes Schuhwerk erforderlich. Helme und Umhänge bekommt ihr am Eingang.

Imsbacher Bergwerk entdecken: Weiße Grube und Grube Maria

Bergbauerlebniswelt Imsbach, Langenthal 1, 67817 Imsbach. ✆ 06302/602-61, 602-0. www.bew-imsbach.de. **Lage:** 2 km nordöstlich von Imsbach.

Bahn/Bus: Von Bhf Winnweiler DVG-Bus 903, 905 (nur Mo – Fr) nach Imsbach, dann 2 km zu Fuß. **Auto:** B48 Ausfahrt Winnweiler bzw. B40 Ausfahrt Langmeil, Parkplatz 200 m unterhalb der Besucherbergwerke. **Zeiten:** April – Okt So, Fei 10 – 17, Sommerferien RLP auch Di 13 – 17 Uhr. **Preise:** 6 € mit obligatorischer Führung (Dauer 1 Std); Kinder bis 14 Jahre 3 €; Familie (2 Erw, eigene Kinder) 15 €; Preise Grube Maria identisch.

Infos: Anmeldungen: VG Winnweiler, Tourismusbüro, ✆ 06302/602-61, info@winnweiler-vg.de oder Donnersberg-Touristik-Verband, ✆ 06352/1712, touristik@donnersberg.

▶ In der Gemarkung Imsbach am Donnersberg wurde schon in frühchristlicher Zeit Eisen- und Kupfererz abgebaut. Im Laufe einer über 1000-jährigen Geschichte wechselten Phasen starken Abbaus mit solchen geringer Aktivität oder sogar des Stillstands. Die dritte und letzte Blütezeit dauerte von 1883 bis 1919. 1923 kam der Bergbau im Raum Imsbach schließlich zum Erliegen.

Ihr könnt danach auch die benachbarte **Grube Maria** besichtigen. Sie war 1770 – 1923 in Betrieb und wurde 2006 als Besucherbergwerk eröffnet. In dem Aufenthaltsraum des Zechenhauses könnt ihr euch bei Snacks, Eis und Getränken niederlassen.

Ein Teil des Stollensystems der **Weißen Grube** wurde 1979 Besuchern zugänglich gemacht. Die Exkursion unter die Erde, der Gang durch die alten

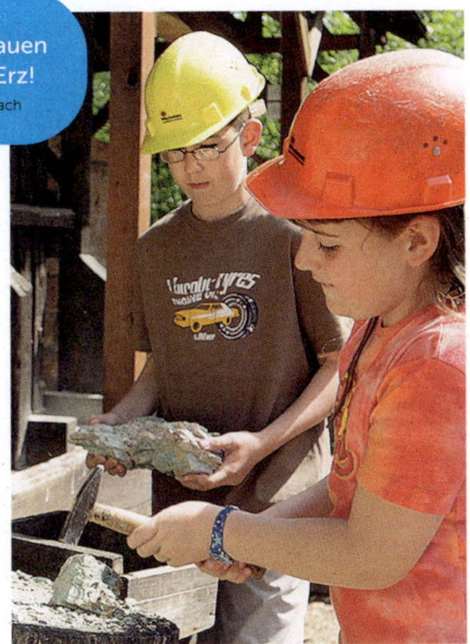

Goldgräberstimmung: Beim Steinehauen findet ihr vielleicht Erz!
© Bergbauerlebniswelt Imsbach

Stollen und Abbauweitungen – mit einem Helm geschützt – ist natürlich eine Aktion voller Geheimnisse und Entdeckungen. Im Scheinwerferlicht sind an den Wänden und Decken glitzernde Erzbrocken auszumachen. Der sachkundige Führer erklärt, wie die schwere und riskante Arbeit unter Tage ablief. Zum Schluss wird ein Bereich besichtigt, wo das Erz über Tag abgebaut wurde. Das sieht sehr spektakulär aus. Danach geht es noch zum kleinen Pochwerk. Wer Lust hat, kann auf einer alten Halde Mineralien wie Silber, Eisen, Kobalt, Blei oder ein anderes der 60 nachgewiesenen Erze suchen. Da wird die pure Goldgräberlust entfacht!

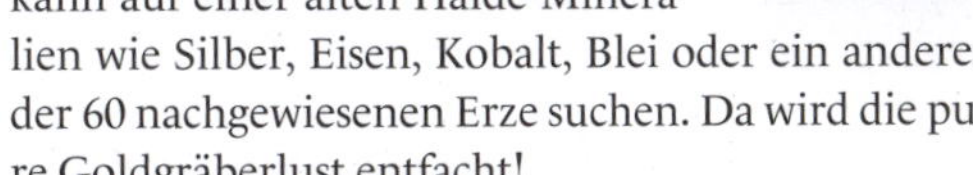

Burgen & ein Keltendorf

Burg Lichtenberg und Pfälzer Musikantenland-Museum

Burgstraße 17, 66871 Thallichtenberg. © 06381/8429, burglichtenberg-pfalz.de. **Lage:** Hoch über dem Dorf Thallichtenberg, gut 1 km entfernt. **Bahn/Bus:** Vom Bhf Kusel mit Bus 292 bis Burg Lichtenberg, am Wochenende nur 10 und 16 Uhr. **Auto:** A62 Kusel, Richtung Thallichtenberg/Baumholder, Abzweigung zur Burg hinauf ausgeschildert, Parkplatz an der Burg. **Rad:** Für Radler ist der Anstieg vom Dorf Thallichtenberg eine große Anstrengung. Ich weiß, wovon ich rede! Zeiten: Burg ganzjährig, Museum täglich April – Okt 10 – 17, Nov – März 10 – 12, 14 – 17 Uhr. **Preise Museum:** ↗ Urweltmuseum Geoskop. **Infos:** Exklusivführungen für Familien

Burg-Restaurant, Thallichtenberg. © 06381/2633. Di – So 12 –20 Uhr. Regionale Küche, Wildspezialitäten, Fischgerichte. Infos zur **Jugendherberge** unter www.djh-info.de.

Alte Mauern, großes Freigeläde und zwei Museen: Burg Lichtenberg
© TI Kuseler Land

und Kleinstgruppen können gebucht werden, Burg- oder Kräuterführung um die Burg sowie Geoskopführung 1 Std 35 €.

▶ Mit 425 m Länge Deutschlands größte Burgruin – allein das weckt schon Neugier. Ihre Anfänge liegen um 1200. Sie wurde im Laufe der Zeit mehrfach erweitert. Die späteren Zerstörungen waren nicht das Ergebnis feindlicher Belagerungen, sondern die Folge von Bränden 1799, 1871 und 1874. Anschließend musste sie noch reichlich Material für den Hausbau in die umliegenden Orte liefern, bevor sie 1895 unter Denkmalschutz gestellt wurde. Was jetzt noch steht, ist dennoch recht eindrucksvoll: z.B. die dicken Rundmauern, der 35 m hohe Bergfried, die mächtigen Tore oder der massive Batterieturm (am Parkplatz) sowie das Zehnthaus und die Burgkirche.

In der ehemaligen Zehntscheuer der Burg ist das **Musikantenland-Museum** untergebracht. Hier geht es um die Kultur der Wandermusiker aus der Region. Vor allem junge Männer zogen einst übers Land, um sich bei Hochzeiten, Festen oder im Dorfgasthaus mit Musik ein Essen zu verdienen. Manche kamen sehr weit rum: *Georg Drumm* komponierte 1917 den Zeremonienmarsch „Hail America" mit dem im Weißen Haus von Washington die Gäste begrüßt werden.

Vor wenigen Jahren ist ein zu dem mittelalterlichen Gebäudekomplex kontrastreicher Glasbau hinzugekommen, der das interessante ↗ **Urweltmuseum Geoskop** beherbergt. Auf der Burg, von der ein fantastischer Rundblick besteht, sind ansonsten noch ei-

☀ Die Burgruine gibt eine fantastische Kulisse für Kindergruppen für nächtliche Streifzüge mit der Taschenlampe ab. **Besondere Ereignisse:** Kräutermarkt Mai oder Juni, Mittelalterlicher Sommermarkt 4. Wochenende im Juni, verschiedene Konzerte im Juli, Mittelalterlicher Weihnachtsmarkt am 1. Adventswochenende. Kinder haben dann freien Eintritt in die Museen, Erwachsene zahlen die Hälfte.

ne Jugendherberge, ein toller Spielplatz, ein mittelalterlicher Kräutergarten, ein Restaurant sowie ein Kiosk angesiedelt. Alles Dinge, die Kindern einen abwechslungsreichen Ausflugstag garantieren.

Keltendorf am Donnersberg

DTV Donnersberg-Touristik-Verband (Info), Brühlstraße, 67808 Steinbach (Donnersberg). ✆ 06352/1712, www.keltendorf-steinbach.de. **Lage:** In Steinbach (Donnersberg) oberhalb der Jugendherberge. **Zeiten:** Anfang April – Okt So, Fei 10 – 16 Uhr, Gruppe ab 15 Pers nach Vereinbarung auch unter der Woche. **Preise:** 5 €, Familienkarte 2 Erw, eigene Kinder 12 €; 4 – 12 Jahre 3 €; Familienkarte (2 Erw, eigene Kinder) 13 €, Gruppen ab 15 Pers 4 €, günstig Kombi-Karte für Keltendorf und Keltengarten. **Infos:** Eintritt schließt grundsätzlich eine fachkundige Führung ein. Anmeldung für das Kinderprogramm erfolgt beim Donnersberg-Touristik-Verband in Kirchheimbolanden. Lohnenswert ist, sich vor dem Besuch den informativen Prospekt Keltendorf am Donnersberg anzusehen.

▶ Oberhalb von Steinbach am Südhang des Donnersberges wurde 2004 ein keltisches Dorf nachgebaut. Ein hoher Zaun umgibt 6 Holzhäuser, deren Fassaden mit Lehm verputzt und deren spitze Dächer mit Holzschindeln gedeckt sind. Auf der Führung erfahrt ihr viel über das Baumaterial und die Bautechnik. Ihr schaut natürlich auch in die urigen Gebäude hinein. Dabei entdeckt ihr z.B., dass die Kelten auf der offenen Feuerstelle kochten und Metallkessel benutzten. **Getreide** spielte eine große Rolle in der Ernährung. Ihr dürft selbst versuchen, Getreide in steinernen Drehmühlen zu mahlen. Außerdem wird auch erklärt, wie die Kleidung der Kelten aus Wolle und Leinen auf Gewichtewebstühlen hergestellt wurde. Zum Schluss der Führung besteigt ihr den kleinen Aussichtsturm und genießt den tollen Ausblick auf den Donnersberg. Ihr könnt sowohl die reine **Führung für Kinder** als auch das Halb- und

Der Besuch des Keltendorfes kann in eine schöne Rundwanderung einbezogen werden, deren zweites Hauptziel der 1,5 km entfernte Keltengarten ist.

?! *Die Kelten kannten **die Getreidearten** Emmer, Dinkel, Gerste und Hirse. Welche kennt ihr?*

Ganztagesprogramme (mit oder ohne keltisches Essen) buchen. Da werden Pfeil und Bogen gebaut, ihr könnt Schmuck herstellen oder Keltenkringel backen. Immer endet die Führung mit einem Apfelsaftumtrunk und Spielspaß.

Museumsschätze

pmv Öko-Tipp!

Urweltmuseum: Als die Pfalz am Äquator lag

Urweltmuseum Geoskop auf Burg Lichtenberg, Zweigstelle des Pfalzmuseums für Naturkunde Pollichia Bad Dürkheim, Burg Lichtenberg, 66871 Thallichtenberg. ✆ 06381/993450, www.urweltmuseum-geoskop.de. **Lage:** 5 km nordwestlich von Kusel, 1 km oberhalb von Thallichtenberg. **Altersempfehlung:** ab 5 Jahre. **Barrierefrei:** ja. **Bahn/Bus:** ↗ Burg Lichtenberg. **Zeiten:** April – Okt 10 – 17, Nov – März 10 – 12 und 14 – 17 Uhr. **Preise:** 2,60 €; Kinder 6 – 16 Jahre 2,10 €; Familienkarte (2 Erw, Kinder) 9,20 €, Gruppe ab 10 Pers 3,10 €, Kinder 2,30 €. **Infos:** Sonderausstellungen, Führungen und Kurse in der Päparationswerkstatt, Forscherwerkstatt für Kinder 10 €.

In den Herbstferien können Kinder ab 8 Jahre in einem 5-stündigen Kurs geologisch-paläontologische Präparations- und Arbeitstechniken erlernen, das ist natürlich richtig spannend!

▶ Dieses faszinierende moderne Museum führt euch 290 Mio Jahre in das „Zeitalter des Rotliegenden" zurück. Das kann man sich eigentlich gar nicht vorstellen, es sei denn, man ist Paläontologe. Damals befand sich auf dem Gebiet der Pfalz eine riesige Senke, die von Flüssen und Seen durchzogen war. Das Gebiet befand sich dicht am Äquator, entsprechend herrschte hier warmfeuchtes Tropenklima. Vulkane brodelten und in den Seen der Urpfalz tummelten sich bis zu drei Meter lange Süßwasserhaie und wie Krokodile aussehende Amphibien. Am Ufer standen hohe Schachtelhalm- und Farnlaubbäume oder seltsame Nadelbäume. Im Museum vermitteln gut erhaltene Fossilien und großformatige

M Weitere Museen in der Region u.a.: Breitenbach (Bergmannsbauern), Brücken (Diamantenschleiferei), Dietschweiler Mühle, Nußbach (Tuchherstellung aus Flachs), Rammelsbach (Steinbruch), St. Julian (Ölmühle), Wolfstein (Druckerei).

Lebensraumbilder einen faszinierenden Eindruck von der uns sehr fremden Tier- und Pflanzenwelt jener fernen Zeit.
Damit nicht genug, gibt es noch viele andere Dinge zu sehen, z.B. Gesteine, Mineralien und Erze aus dem historischen Bergbau der Nordpfalz.

Museum für jüdisches Landleben

Verbandsgemeinde Glan-Münchweiler, 66909 Steinbach (Glan). © 06383/5600, 5040. www.vgog.de. **Zeiten:** März – Nov jeden 1. und 3. So im Monat 15 – 17.30 Uhr oder nach Absprache.

▶ Im Dorf Steinbach am Glan war vor der **Schoah** ein Drittel der Bevölkerung jüdischen Glaubens. Das Museum erinnert nicht nur daran, sondern zeigt ganz konkret, wie die Juden auf dem Land als Händler, Makler und kleine Kaufleute damals lebten. Alltag, Kultur und Religion werden eingehend beleuchtet. Am Beispiel der Geschichte der Familie Roos und mit Hilfe von Bildern und Dokumenten wird erzählt, wie die allmähliche Emanzipation der Juden im Kaiserreich und der Weimarer Republik voranschritt und sie nicht mehr in Ghettos leben mussten, von ihrer Etablierung bis hin zur Unterdrückung und Ermordung während der Nazidiktatur. Manchen Familien gelang zwar die Emigration nach Nordamerika, aber auch das hatte natürlich seinen Preis. Viele Kinder wurden dabei von ihren Freunden oder gar Familien getrennt.

Ein Rundgang durch **Steinbach** zeigt, dass noch weitere steinerne Zeugen von der jüdischen Gemeinde berichten: einige Wohnhäuser, die alte jüdische Schule, ein großer rund 200 Jahre alter jüdischer Friedhof.

?! *Das Wort Holocaust stammt von dem griechischen Wort "holókaustus" und bedeutet „völlig verbrannt". Der Begriff wird verwendet, wenn von der systematischen Vernichtung ganzer Bevölkerungsgruppen während des Nationalsozialismus gesprochen wird. Im Hebräischen spricht man von Schoah, was auch „große Katastrophe" bedeutet. Mehr dazu: www.hanisauland.de.*

Die Zeit messen

Museum für Zeit – Pfälzisches Turmuhrenmuseum, Schlossstraße 10, 67806 Rockenhausen. © 06361/3430, www.museumsportal-rlp.de. **Barrierefrei:** ja. **Bahn/Bus:** Bahnlinie Kaiserslautern – Rockenhausen – Bingen, vom Bhf 5 Min zu Fuß. **Zeiten:** Di – So 14.30 – 17.30 Uhr, am 2. Weihnachtstag geöffnet. **Preise:** Einzelbesucher Spende erbeten, Gruppen mit Führung 2,50 € pro Person.

Das **Carillon,** ein großes Glockenspiel, das sich am Turm befindet, erklingt 5 x täglich: 8.35, 12.35, 15.35, 16.35, 18.35 und 20.35 Uhr

▶ Alles dreht sich in diesem originellen Museum um die Messung der Zeit – ein Thema, das die Menschen zu allen Zeiten bewegt hat und bei dem sie sehr erfinderisch gewesen sind.
Mehr als 50 gewaltige bis zu 3 m breite Turmuhren mit teils über 4 m langen Pendeln, die rasseln, ticken, klappern und schlagen, machen den Besuch des Museums zu einem tollen akustischen Erlebnis. Optisch ein Genuss sind die alten Wand- und Standuhren oder die z.T. ganz alten Sonnenuhren, darunter sogar eine Reisesonnenuhr aus dem Jahre 1680, oder die nicht minder formenreichen Sand- und Wasseruhren. Eine sehr pfiffige Art der Zeitmessung ist der Sonnenteppich. Überaus informativ fand ich auch den Sonnenuhrlehrtisch, den ihr euch am besten erklären lasst. Die größte Attraktion ist jedoch die astronomische Uhr am Turm des Gebäudes.

Arbeiten am Sandstein

Am Steinhauermuseum beginnt der 2,5 km lange **Steinhauerrundweg,** der an den markantesten Bauwerken aus der Alsenzer Steinhauerei vorbei führt. Dazu gehört der Deutsche Sandsteinpark mit einer Freiluftaustellung von Sandsteinarten aus ganz Deutschland.

Pfälzisches Steinhauermuseum, Historischer Verein der Nordpfalz Alsenz e.V., Marktplatz 4, 67821 Alsenz. ✆ 06361/4510 (VG), www.steinhauermuseum.de. **Bahn/Bus:** Vom Bhf Alsenz 10 Min Fußweg. **Zeiten:** Ostern – Okt 1. und 3. So und an lokalen Festen 14 – 17 Uhr sowie nach Vereinbarung. **Preise:** Eintritt frei, Spenden willkommen. **Infos:** Verbandsgemeinde Alsenz-Obermoschel, ✆ 06362/303-0. Anmeldung auch über Fax 2611 oder per eMail.

▶ In Alsenz war bis in die 1920er Jahre wegen des Sandsteinvorkommens das Steinhauerhandwerk von Bedeutung und sogar die Haupterwerbsquelle der Bevölkerung. Das in einem alten Fachwerkhaus untergebrachte Museum erinnert an jene Zeit. Zu sehen sind der Werkplatz eines Steinhauers, umfangreiche Werkzeugsammlungen und zahlreiche kunstvolle Exponate aus Sandstein von der Römerzeit bis heute. Darunter auch in Alsenz hergestellte, wie etwa die Christbaumständer. Besonders schön ist der Baukasten aus Sandstein. Auch Werkzeuge aus Stein

und pflanzliche Versteinerungen sind zu sehen, z.B. ein 250 Mio Jahre alter versteinerter Schachtelhalm in einem Sandsteinblock.
An Werkstücken könnt ihr verschiedene Arbeitstechniken der Steinhauer kennen lernen, durch ein Binokular die feinen Strukturen des Sandsteins betrachten oder an einem Diarama Fotos aller ehemaligen Sandsteinbrüche rund um Alsenz per Knopfdruck aufrufen.

Auswanderermuseum Oberalben

Hauptstraße 3b, 66871 Oberalben. ✆ 06381/47853, www.auswanderermuseum.de. **Zeiten:** 1. und 3. So 14 – 16 Uhr, für Gruppen auch nach Vereinbarung. **Infos:** Führungen: Ekkehard Werner, Kloppweg 12, 66871 Oberalben.

▶ Im Kuseler Musikantenland suchten im 19. Jahrhundert viele Menschen dem wirtschaftlichen Elend durch Auswanderung nach Amerika zu entkommen. In dieser zum Museum mutierten Oberalbener Scheune widmet man sich ganz speziell diesem Thema: den Ursachen für die Massenauswanderung und ihren Folgen. Man kann sich heute gar nicht mehr vorstellen, dass noch im 19. Jahrhundert die Überfahrt in die Neue Welt, die Schiffspassage über den Atlantik noch ein regelrechtes Abenteuer war. Wie beengt es auf den Dampfschiffen jener Zeit zuging vermittelt die nachgebaute Schlafkabine.

KULTUR & TERMINE MIT MOCKES

Theater & Feste

Kindertheater in Kusel

Kreisverwaltung Kusel, Servicebüro Kultur, Trierer Straße 49 – 51, 66869 Kusel. ✆ 06381/424-271, www.landkreis-kusel.de. **Infos:** Kartenvorverkauf, ✆ 06381/424-496 oder unter www.ticket-regional.de.

▶ In der Theatersaison Oktober – April werden in der Fritz-Wunderlich-Halle vier Kinderstücke aufge-

FESTE UND MÄRKTE

Mai: 1. Mai, Rockenhausen: **Maimarkt.**
2. So, Kirchheimbolanden: **Maimarkt.**

Juni: 1. Wochenende, Obermoschel: **Mittelaltermarkt** auf der Moschellandsburg.
1. Wochenende, Kusel: **Altstadtfest,** das Volksfest wird auch Hutmacherfest genannt.
3. Fr – Mo, Winnweiler: **Johannismarkt.**
4. Wochenende, Thallichtenberg, Burg Lichtenberg: **Mittelalterlicher Sommermarkt**.

Juli: 1. Sa, Imsbach: **Bergbautag.**
3. Wochenende, Ohmbachsee: **Seefest**.

August: 1. Wochenende, Fr – Mo, Lauterecken: **Heimatfest.**
2. So, 10 – 18 Uhr, Lauterecken – Kaiserslautern: **Autofreies Lautertal.**
2. Wochenende, Kirchheimbolanden: **Residenzfest**.
3. Wochenende, So, Pfaffen-Schwabenheim – Würzweiler: **Autofreies Appeltal.**
4. Wochenende, Dannenfels: **Historischer Dorfmarkt** mit Vorführungen alter Berufe.

September: 1. Wochenende, Fr – Di, Kusel: **Herbstmesse.**
2. Wochenende, Rockenhausen: **Nordpfälzer Herbstfest.**
3. Wochenende, Imsbach: **Mineralien- und Fossilienbörse.**

Oktober: 1. Wochenende, Winnweiler: **Oktobermarkt.**
3 Okt, Ramsen – Obrigheim: **Autofreies Eistal.**
3. Wochenende: Göllheim, Wolfstein: **Herbstmarkt.**
4. Wochenende, Rockenhausen: **Kunsthandwerkermarkt.**
31. Okt, Steinbach: **Samhain-Fest** Halloween-Feier im Keltendorf.

Dezember: 1. Advent, Eisenberg: **Weihnachtsmarkt.**
1. Advent, Sa 12 – 21, So 10 – 18 Uhr, Burg Lichtenberg: **Mittelalterlicher Weihnachtsmarkt.**

führt für Kinder im Kindergarten- und Grundschulalter, wie *Ritter Rost* oder *Der Zauberlehrling rettet den Weihnachtsmann*. Eine weitere Veranstaltung richtet sich an jugendliche Zuschauer.

Theater Blaues Haus

Parkallee 7, 67295 Bolanden-Weierhof. ✆ 06355/1799 (Info und Karten), www.blaues-haus-ev.de. **Zeiten:** Aufführungen zwischen 16 und 20 Uhr. **Preise:** ab 18 €; ermäßigt 13 €. **Infos:** Während der Osterferien wird ein mehrtägiger veranstaltet mit anschließender Aufführung, Weihnachtsaufführungen für Kinder, 2 x jährlich Info-Flyer.

▶ Diese regionale Hochburg der Kleinkunst residiert in einem ehemaligen Kinogebäude der US-Armee auf dem Weilerhof am Südwestende von Bolanden. Die blaue Farbe des Bauwerkes gibt dem Theater seinen Namen: Blaues Haus. Unter dem Motto „Kultur aus der Region für die Region" werden Theaterabende, Konzerte und Diskussionen veranstaltet. Auch für Kinder ist das ein oder andere dabei, von Zeit zu Zeit etwa ein Kindertheaterstück. Am besten, ihr schaut immer mal auf die Internetseiten des Blauen Hauses.

pmv Öko-Tipp!

Autofreies Eistal

Verbandsgemeinde Eisenberg, Hauptstraße 84 – 86, 67304 Eisenberg. ✆ 06351/407309, www.eisenberg.de. **Länge:** 20 km ohne schwere Steigung vom Eiswoog über Ramsen, Eisenberg, Ebertsheim, Mertesheim, Asselheim, Albisheim, Mühlheim nach Obrigheim. **Bahn/Bus:** RB von Frankenthal über Grünstadt zur Endstation Ramsen. **Zeiten:** 3. Okt 10 – 18 Uhr.

▶ Die Route dieses gemütlichen kleinen Radelfestes am Nordrand der Weinstraße und am Südostrand des Donnersbergkreises führt am Eisbach entlang von Ramsen nach Obrigheim, die Strecke fährt sich angenehm leicht.

Das Heftchen *Die Pfalz feiert.* ist erhältlich bei den Touristinformationen der Region; ganz detailliert der Veranstaltungskalender für den Donnersbergkreis im Internet unter www.donnersberg-touristik.de.

M **Kreismusikschule,** Schillerstraße 17, KiBo, ✆ 06352/710-184. www.kreismusikschule-donnersberg.de. Hier werden Kinder ab 6 Monaten im Musikgarten mit Klängen vertraut gemacht und die größeren Kinder lernen verschiedene Instrumente.

REGISTER &
KARTEN

Zeichenerklärung

- Frei-/Hallenbad
- Strandbad
- Boot fahren, Paddeln
- Personenboot
- Fähre
- Wanderung
- Reiten, Führen
- Tiergarten
- Vogel-, Wildpark
- Wassertierpark
- Turm
- Aussicht
- Museumsbahn
- Kirche, Kloster
- Museum
- Burg, Schloss
- Radtour
- Minigolf
- Spielplatz
- Kletterpark
- Theater, Kreativ
- Grillplatz
- Lehrpfad, Umweltinfo
- Natursehenswürdigkeit
- Gaststätte, Café
- Laden, Bücherei
- Information
- Stadion
- Kinderbauernhof
- Betriebsbesichtigung
- Wanderhütte, NFH
- Campingplatz

Tipps für Clevere

- Rund ums Wasser
- Wandern
- Geburtstag feiern
- Restaurant &
- Café nahebei
- Supertipp
- Sport & Spiel
- Wissenstipp
- Packtipp
- Einkaufen

Wie beim Almabtrieb: Schafe hüten ist eine der vielen Aktionen der Kaiserbachermühle

REGISTER

A

Abenteuer Golf 133
Abenteuerpark 49
Abenteuerspielplatz 43, 45, 190
Aktion Pfalzstorch e.V. 77
Aktionszentrum Kaiserbacher Mühle Klingenmünster 78
alla hopp!-Anlage 44, 45, 90, 189
Alsenborn 118
Alsenz 187, 200
Alsenztalradweg 187
Altdahn 154
Alte Samenklenge 158
Alte Schmiede 192
Altenglan 169, 187
Altleinigen 67
Altrhein 26, 28, 30
Altrheinklause 26
Altrip 25, 26, 41, 59
Annweiler am Trifels 86, 99, 106, 110
Appeltal 202
August-Erbstollen 182
Auswanderermuseum 201
Autofreie *-straße, -*tal 110, 165, 202, 203
Auwald 34

B

Bad Bergzabern 66, 110
Bad Dürkheim 63, 70, 71, 88, 96, 101, 102, 108 – 110
Bademaxx 19
Badeparadies Dahn 115
Badepark Haßloch 64
Badepark Wörth 22
Badesee Johanneswiese 29
Badesee Seehof 123
Badeweiher 170
Baggersee 21, 27 – 29
Bärenbrunnerhof 147
Bärenhöhle 127
Barfußpfad 80, 138, 140, 151, 190
Bauernhof 45
Baumholder 170, 174
Baumwipfelpfad Fischbach 134
Bayerfeld-Steckweiler 187
Bedesbach 187, 192
Begütenweiher 21
Bellheim 23, 89, 90
Bergbauerlebniswelt Imsbach 181, 194
Bergbaumuseum 182
Bergmannsbauern 198
Bergwerk 153, 181, 182, 193, 194
Berwartstein 156
Besucherbergwerk Eisenerzgrube Nothweiler 153
Bethof 88
Betzenberg, Betze 141, 152
Bienenlehrpfad 183
Biergarten Waldeslust 48
Bikepark 149
Binsfeld 27
Bio-Hof Doll 178
Biosphärenhaus Pfälzerwald/Nordvogesen 134, 137
Birkenfeld 138
Bistro Neptun 64
Bistro Palatina 189
Blaue Adria 25
Bobenheim-Roxheim 26, 39
Bockbachtal 191
Bockenheim 110
Bolanden 203
Bonanza-Ranch 144
Bornheim (Weinstraße) 42, 77
Börrstadter Gartenbahnverein e.V. 191
Bosenbach 170
Brauhaus an der Gartenschau 133
Breitenbach 198
Breitenstein 94, 146
Bremerhof 130
Bruchmühlbach-Miesau 119
Brücken 198
Bruderfelsen 127
BUND 14, 151
Bundenthal 164
Burggraben 67
Busenberg 148
Burg, Burgruine:
- Altdahn 154
- Berwartstein 156
- Drachenfels 71, 147
- Fleckenstein 131, 132
- Grafendahn 154
- Gräfenstein 149, 164
- Hardenburg 96, 110
- Hohenburg 131
- Kropsburg 74
- Landeck 110, 111
- Lichtenberg 195, 198, 202
- Löwenstein 131
- Madenburg 98, 110
- Moschelland 192
- Nanstein 154
- Rietburg 95
- Tanstein 154
- Trifels 99, 106

C – D

Café Nicklis 137
Café-Bistro im Biosphärenhaus 136
Campingplatz 25, 28, 89, 125, 171, 173, 176
Carillon 200
Clausensee 125
Contwig 119
Dahn 115, 147, 154, 164, 165
Dannenfels 177, 180, 190, 202
Deidesheim 67, 90, 110
Demokratie 97
Dennweiler-Frohnbach 178
Deutsche Bahn 13
Deutsche Weinstraße 60
Deutsches Schuhmuseum Hauenstein 161
Deutsches Straßenmuseum Germersheim 55
DGEG Eisenbahnmuseum Neustadt 103
Diamantenschleiferei 198
Die Frau K! 186
Dielkirchen 187
Dietmar Hopp Stiftung 44, 45, 90, 189
Dietschweiler Mühle 198
Dirmstein 46
Donnersberg 177, 197
Donnersberg-Touristik 187
Dorfschänke 42

Drachenfels 71, 147
Drachenfelshütte 148
Drachenhöhle 71
Draisine 42, 185
Dreihof 42
Druslach 33
Dudenhofen 59
Dynamikum Science Center Pirmasens 157

E

Ebertpark 59
Edenkoben 70, 72, 91, 94, 104
Edesheim 67
Eichelgarten 79
Eisenbahnmuseum 93
Eisenberg 171, 179, 202, 203
Eisenerzgrube 153
Eistal 203
Eisweiher 150
Eiswoog 175, 190
Elmstein 94, 121, 128, 145, 158, 164, 165
Enkenbach-Alsenborn 118, 139, 164
Eppenbrunn 164
Eppental 88
Erdekaut 179
Erfenstein 94, 164
Erfweiler 147
Erholungsgebiet in den Rheinauen e.V. 25
Erlebnisspielplatz Ottertal 123
Erlenbach 123, 156
Eschbach 98
Eußerthal 75
1. FC Kaiserslautern 152

F

Fahrgastschiff Pfälzerland 30
Fahrrad-Draisine 42, 185
Falknerei 92, 134, 143, 183, 184
Felschbachhof 187
Felsenmeer 72
Ferme Gimbelhof 131
Finsterbrunnertal 146
Fischbach (Pfalz) 134, 137
Fleckenstein 132
Föckelberg 183
Förderverein Kinderparadies Friedenspark 43
Forsthaus Heldenstein 128
Forsthaus zur Isenach 70
Frank-Loebsches Haus 105
Frankeneck 94
Frankenthal 19, 22
Freibad Willersinnweiher 21
Freibad im Burggraben 67
Freibad Neustadt-Hambach 68
Freibad Paradiesgarten 67
Freibad Waschmühle 122
Freibad Wolfstein 171
Freilichtspiele Katzweiler e.V. 163
Freinsheim 110
Freizeitbad Azur 116
Freizeitbad La Ola 65
Freizeitpark Birkenfeld 138
Freizeitpark Kusel 169
Freizeitzentrum Eisweiher 150
Friedenspark Ludwigshafen 43
Friesenheim 21
Fritz-Walter-Stadion 152
Fuchsmühle 36
Fun Forest 49

G

Gartenbahn 191
Gartenschau 132
Gasthaus Quack 142
Gaststätte am Wild- und Wanderpark 144
Geldmünzhütte 75
Gelterswoog 124, 125
Generaldirektion Kulturelles Erbe Rheinland-Pfalz 96
Geoskop 198
Germersheim 28, 30, 41, 55, 89, 90
Germersheimer See 28
Gersbachtal 126
Gestüt Die Pfalz 87
Gimbach 170
Gimbelhof 131
Gimpelrhein-Seen 28
Gimsbach 172
Glan, -tal 174, 185, 187
Glan-Blies-Radweg 186, 187
Glan-Münchweiler 187
Gläserne Schuhfabrik Josef Seibel 161
Göllheim 202
Grafendahn 154
Gräfenstein, -Hütte 149, 164
Greifvogel-Flugvorführung 92, 134, 143, 183, 184
Grethen 102
Großfischlingen 95
Grube Maria 194
Grumbach 170
Grünstadt 91
Gut Hohenberg 86
Gutting Pfalznudel GmbH 95

H

Hack-Museum 50
Hafenbesichtigung 32
Hallen- und Freibad Bad Bergzabern 66
Hambach 68, 97, 108, 110
Hambacher Schloss 68, 97, 108
Hammerwoog 129
Hardenburg 96, 110
Harzofen 145
Haßloch 64, 79, 84, 87, 92, 110
Hauenstein 119, 161, 164, 165
Haus am Westbahnhof 109
Haus der Nachhaltigkeit 136, 163, 165
Haus Leben am Strom 57
Hausen in der Pfalz 88
Heidehütte 140
Heidenbrunnental 88
Helmbach 94, 121, 128
Helmbachweiher 121, 128, 146
Heltersberg 119
Hertlingshausen 145
Herxheim 69
Hettenleidelheim 67
Hilschweiher 70, 72
Hinterweidenthal 149, 150
Hirschhorn 188
Historisches Museum der Pfalz Speyer 51
Hochspeyer 119, 165
Hochstadt 42
Hohenburg 131
Hohenecken 124
Höhengaststätte Rietburg 95
Holiday Park Haßloch 92
Horbach, Erich 183

Hördt 31
Humberg 130
Hütte Dicke Eiche 147
Hütte Wasgau 147
Hütte zum Adlerblick 185
Hüttenberg 73
Hüttenbrunnen 72, 81

I – J

Iggelbach 146
Ilbesheim 189
Imax Dome Filmtheater 53
Imsbach 181, 194, 202
Imsweiler 187
Isenach-Weiher 70
Jettenbach 170
Jockgrim 29
Johanneswiese 29
Johanniskreuz 136, 163, 165
Jugendfarm Pfingstweide 45
Jugendherberge 195
Junges Museum Speyer 52

K

Kaiserbacher Mühle 78
Kaiserslautern 112, 115, 117, 122, 124, 129 – 132, 141, 142, 151, 152, 159 – 164, 188
Kalkbergwerk 172, 193
Kalmit 72
Kalmithaus 73
Kandel 24, 40, 49
Kanuverleih 174
Katzweiler 144, 163, 188
Keltendorf 197
Keltenhütte 177, 180, 181
Keltische Ringmauer 177
Kibo Bad 170
Kinderhaus 45
Kinderparadies 43
Kindertheater ↗ Theater
Kirchheimbolanden 170, 187, 202
Kletterwald Speyer 48
Kletterzentrum 47
Klingenmünster 78, 110, 111
Kloster Heilsbruck 105
Knittelsheimer Mühle 90
Kohlbachtal 128
Königstuhl 177
Kreimbach-Kaulbach 188
Kreismusikschule 203
Kropsburg 74
Kuckucksbähnel 93, 103
Kunst Café am Vogelwoog 129
Kupferweg K1 181
Kurpfalz Personenschifffahrt 32
Kurpfalz-Coaster 91
Kurpfalz-Park Wachenheim 91
Kusel 169, 192, 201, 202

L

La Ola Landau 65, 89
Lachenmühle 34
Ladenburg 32
Lambrecht 94, 165
Lampertheimer Altrhein 32
Landau 65, 76, 81 – 84, 89, 105, 109, 110
Landgasthaus
  Zur Wegelnburg 153
  Am Teufelstisch 150
  Waldschlössel 96
  Zum Waldhaus 36
  Zur Seltenbach 180
Landstuhl 119, 154
Langenthal 122
Langmeil 187
Lauterecken 185 – 188, 202
Lautermuschel 57
Lautersheim, Gutshof 185
Lautertal, -Tour 171, 188
Leben und Kultur e.V. 109
Leimersheim 46
Lingenfeld 28, 33, 42
Lobby für Kinder e.V. 78
Lohnweiler 188
Löwenherz, Richard 99
Löwenstein 131
Ludwigshafen 16, 21, 38, 41, 43, 47, 50, 58, 59
Ludwigsturm 177
Ludwigswinkel 138
Luft- und Badepark Plub 120
Lustadt 42

M

Madenburg 98, 110
Maikammer 67
Maislabyrinth 46
Mannheim 32
Mannweiler-Cölln 187
Märchenhaus 75
Marx'scher Weiher 26
Matzenbach 170, 172, 183
Medard 185
Mehlingen 119
Mehlinger Heide 140
Meisenheim 170, 185
Merzalben 164
Miesenbach 116
Minigolf 9, 22, 74, 124, 133, 139, 145,151, 171
Mittelaltermarkt 96, 110, 111, 155, 202
Modellbaufreunde Obermoschel 192
Moderne Kunst 50
Monte Mare 115
Mörzheim 76
Münchweiler 187
Museum für jüdisches Landleben 199
Museum für Weinbau und Stadtgeschichte Edenkoben 104
Museum für Zeit 199
Museum Pfalzgalerie Kaiserslautern 159
Museum Speyer 51
Museum unterm Trifels 106
Musikantenland-Museum 195

N

NABU 34, 76, 77, 178, 179
Nachenfahrt 30
Naherholungsgebiet Gimpelrhein 28
Naherholungsgebiet Lingenfelder Altrhein 28
Nanstein 154
Naturbad Otterberg 123
Naturerlebnisbad
  Landstuhl 119
  Rockenhausen 173
Naturerlebnispfad 80, 139
Naturfreunde 145, ↗ NFH
Naturgarten 178
Naturkindergarten 86
Naturpark Pfälzerwald 112
Naturschutzverband Südpfalz 37
Naturschutzzentrum Auf dem Stegwiesbach 178
Naturschutzzentrum Hirtenhaus Mörzheim 76
Naturspielplatz 151

Neuburg am Rhein 29, 41, 57
Neuhofen 59
Neumühlepark 133
Neupotz 57
Neustadt a.d. Weinstraße 68, 88, 93, 97, 103, 108, 110
NFH am Steigerkopf 72
NFH Bethof 88
NFH Bienwald 40
NFH Elmstein 145
NFH Finsterbrunnertal 146
NFH Groß-Eppental 88
NFH Heidenbrunnental 88
NFH Kandel 40
NFH Kohlbachtal 128
NFH Niedersimten 127
NFH Rahnenhof 145
Niedersimten 126
Nothweiler 131, 153
Nudelholz 95
Nußbach 198

O

Oberalben 201
Obermoschel 192, 202
Oberndorf 187
Oberotterbach 75
Obrigheim 202
Odenbach 185
Odernheim 185
Offenbach (Queich) 36, 89
Offenbach-Hundheim 187
Oggersheim 43
Ohmbachsee 172, 202
Olsbrücken 188
Ostparkbad Frankenthal 19
Otterbach 188
Otterberg 123
Ottersheim 37
Otterstädter Altrhein 26

P – Q

Paddeln 124, 174
Paddlergilde Kaiserslautern 1926 e.V. 125
Paradiesgarten 67
Parkour-Laufen 22, 44
Pfaffen-Schwabenheim 202
Pfalz Touristik 11
Pfalzbahn-Lokschuppen 103
Pfalzcard 11
Pfalzgalerie 159
Pfälzisches Bergbaumuseum Imsbach 182
Pfälzisches Steinhauer-museum 200
Pfalzmuseum für Naturkunde Bad Dürkheim 102
Pfalznudel 95
Pfalztheater Kaiserslautern 162
Pfalzwein e.V. 11
Petit Fleckenstein 132
Pfingstweide 45
Pfrimmerhof 176
Pirmasens 120, 126, 134, 150, 157, 164, 165
Plub 120
Pollichia-Museum 102
Pony 87, 144, 185
Potzberg 183
Prinzregententheater 58
PWV an den Fichten 80
PWV Busenberg 148
PWV Kalmithaus 73
PWV Kibo 178, 181
PWV Merzalben 149
PWV Siebeldingen 75
Queich 36
Queichhambach 86
Queichradweg 18
Queichtalradweg 89
Queidersbach 164

R

Rahnenhof 145
Rammelsbach 198
Ramsen 175, 190
Ramstein-Miesenbach 116
Rasthaus an den Fichten 74
Raumbach 185
Rebmeerbad 66
Reborn 185
Reichenbach 148
Reiterhof Hach 144
Reptilium Terrarien- und Wüstenzoo 84
Restaurant 1832 98
Restaurant Darstein 25
Restaurant zum Vogelpark 84
Retzberghütte 176
Rheinauen- und Hochwasser-Informationszentrum 57
Rheinebene 16
Rheingönheim 38, 41
Rheinradweg 35, 41
Rheinzabern 55
Rietburg, -bahn 94, 95
Ringwälle 180
Rockenhausen 173, 187, 199, 202
Rodalben 127, 164, 165
Rodenbach 119
Rossbach 188
Roxheim 26
Rudolf-Scharpf-Galerie 51
Ruine ↗ Burg
Rülzheim 45

S

Salinarium 63
Sambach 188
Samenklenge 158
Sankt-Anna-Stollen 153
Sauer 137
Sauermilchtälchen 72
Schifferstadt 59
Schifffahrtsmuseum 57
Schifffahrtsrestaurant in der Lautermuschel 57
Schindhard 148
Schirmbar am Clausensee 126
Schloss Villa Ludwigshöhe 94, 95
Schmalspurbahn 190
Schmiede Huber 152
Schmiede, Alte 192
Schoah 199
Schönenberg-Kübelberg 172
Schöntalweiher 139
Schuhfabrik 161
Schuhmuseum 161
Schulbauernhof 86
Schützenhaus am See 29
Schwarzbachtal 125
Schweigen-Rechtenbach 110
Schweisweiler 187
Schwimmpark Bellheim 23
Sea Life Speyer 39
Seebergweiher 91
Seehaus Forelle 175
Seehofweiher 123
Seehotel Gelterswoog 125
Seilbahn 94
Sickingen, Franz von 154
Siegelbach 142
Silbersee 26

Silz 143, 165
Sippersfeld 176
Soccerpark Dirmstein 46
Solarfreibad 172
Sondernheim, See 28
Soulfood Café 46
Speyer 19, 27, 30, 39, 41, 44, 48, 51 – 53, 58, 59
Spielplatz Teufelstisch 150
Sportbad Altenglan 169
St. Julian 198
St. Martin 72, 74, 80
Stadionbad Neustadt 68
Stadtbücherei Bad Dürkheim 109
Stadtmuseum Bad Dürkheim 101
Staudernheim 185
Stegwiesbach 178
Steinbach (Donnersberg) 197, 202
Steinbach (Glan) 199
Steinbruch 182
Steinfeld 67
Steinhauermuseum 200
Storchenland 36
Storchenzentrum 77
Storrbachtal 134
Strandbad 22, 29
Streichelzoo 38
Stumpfwaldbahn 190
Südpfalz-Draisinenbahn 42

T

Tanstein 154
Taubensuhl 140
Technik Museum 53
Terra-Sigillata Museum 55, 56
Teufelsfelsen 126
Teufelsstollen 182
Teufelstisch 150
Thallichtenberg 195, 198, 202
Theater 58, 98, 108, 163, 201
Theater Blaues Haus 203
Theater International 108
Theodor-Schacht 182
Theodor-Zink-Museum 160, 163
Tiefenbach 188
Tierpark Betzenberg 141
Tonbergbau 179
Touristinformation Pfälzer Bergland 192
Trapp, Hans 156
Tretboot 72, 125, 173
Triefenbachtal 72
Trifels 99
Triftkanal 134
Trippstadt 119, 136, 146, 149, 151, 163 – 165
Turmuhrenmuseum 199

U – V – W – Z

Ulmet 187
Untersulzbach 188
Urweltmuseum Geoskop 196, 198
Verkehrsverbund Rhein-Neckar, VRN 13, 222
VG Eisenberg 175, 203
VG Glan-Münchweiler 199
VG Lauterecken-Wolfstein 193
Vier-Burgen-Tour 131
Villa Ludwigshöhe 94
Villa Rustica 100
Vitalbad Pfälzer Bergland 169
Vogelhütte 33
Vogelpark Bobenheim-Roxheim 39
Vogelpark Haßloch 84
Vogelwoog 129
Volkspark Kaiserslautern 151
Vorderweidenthal 88
Wachenheim 91, 100
Wachtenburg 110
Walderlebnispfad 37, 79
Waldfischbach-Burgalben 125, 164
Waldfreibad 69
Waldgaststätte
Groß-Eppental 88
im Schützenhaus 76
Zum Saupferch 71
Waldgeisterweg 75
Waldhaus Schwarzsohl 146
Waldhotel Felschbachhof 187
Waldlehrpfad 81, 90, 140
Waldmohr 170
Waldschwimmbad
Eisenberg 171
Kandel 24
Waldweihnacht 163
Warmfreibad 117, 119
Waschmühle 122
Wassererlebnisweg 137
Wasserspatzen 125
Wegelnburg 131, 153
Weidental-Höhle 106
Weidenthal 122, 165
Weierhof 203
Weihnachtsmarkt 59, 110, 111, 136, 164, 165, 196, 202
Weiße Grube 194
Weißenburger Tor 30
Wesch, Die 122
Westheim 34, 42
Wieslauter-Radweg 148
Wildgehege 141, 183
Wildpark 91
Wildpark Potzberg 183
Wildpark Rheingönheim 38
Wilhelm-Hack-Museum 50
Wilhelmsbau 54
Willersinnweiher 21
Winnweiler 187, 202
Wirtshaus am Woisel 73
Wolfsschluchthütte 146
Wolfstein 171, 188, 193, 198, 202
Wörth (Pfalz) 22, 41
Würzweiler 202
Zeiska 42
Ziegeleimuseum 28
Zoo Kaiserslautern 142
Zoo Landau 81
Zooschule Landau 83
Zum Vogelpark 39
Zur Alten Gerberei 107
Zweckverband Erdekaut 179

Die optimale Ergänzung:
Mainz Rheinhessen mit Kindern
bietet noch einmal eine Auswahl von 200 kindgerechten Ausflügen und Aktivitäten direkt im Anschluss an dieses Buch. Mit Bad Kreuznach, Worms, Alzey, Bingen, Ingelheim und Mainz. Langeweile und Rumgenöle adé!
ISBN 97833-89859-471-4
www.PeterMeyerVerlag.de
MAINZ RHEINHESSEN mit Kindern
Hennweiler
Habichtskopf
425
Wickenrodt
Hochstetten-
Weiler
Kirn
Daun
Monzingen
Nahe
Bergen
Merxheim
Meddersheim
Raumbach
Desloch
Meisenheim
Löllbach
Odenbach
Sien
Kappeln
Fahrrad-Draisine
Windhof
Medard
Langweiler
Grumbach
Homberg
Lauterecken
Herren-Sulzbach
Lautertal-Tour
Kirrweiler
Buborn
Wies-weiler
Lohn-weiler
Reipo
Deimberg
Hohenöllen
Offenbach-
-Hundheim
Nerzweiler
Niederalben
Rathsweiler
Draisinenbahn
Glantal-Tour
Einöllen
Glan
Felsch-bachhof
Horsch-bach
Hinzweiler
Relsberg
Bio-Hof Doll
Ober-alben
Ulmet
Alt-Wolfstein
Wolfstein
Stein. Mann
Neu-Wolfstein
Auswan-derer
Alte Schmiede
Welchweiler
Oberweiler
567
Königsberg
Kalkberg-werk
Lautertal-Tour
Morbach
Erdesbach
Bedesbach
Körborn
Blaubach
Stegwies-bach
Ödesberg
375
Rammels-bach
Altenglan
Kreimbach-Kaulbach
Potschberg
492
Rothselberg
Reichenbach
Haschbach
Ruine Michelsburg
Potzberg
Föckel-berg
Bosenbach
Jattenbach
Frankelbach
443
Olsbrücken
Mittel-bollenbach
Kirchen-bollenbach
Sperr-gebiet
520
41
420
270
423

BAD KREUZNACH
Hackenheim
Rheingrafenstein
Wöllstein
Hüffelsheim
Norheim
Schanzenkopf
321
Nieder-
hausen
Bad Münster
am Stein
-Ebernburg
Nahe
Altenbamberg
Altenbaumburg
Frei-Laubersheim
Siefersheim
Neu
Bamberg
Eckelsheim
Gumbs-
heim
Wonsheim
Uffhofen
Fürfeld
Feilbingert
Stein-Bockenheim
Hochstetten
Odernheim
Wendelsheim
Hallgarten
385
Rheinhessische
Schweiz
Niederhausen
a.d. Appel
Winterborn
Appelbach
Obermoschel
Nieder-
moschel
Mörsfeld
Nieder-
wiesen
Münsterappel
357
Alsenz
Steinhauer
Moschel-
landsburg
Oberhausen
a.d. Appel
Bechenheim
Unkenbach
375
Kriegsfeld
358
Kappelberg
Alsenz-
talradweg
Schiersfeld
Gaugrehweiler
Oberwiesen
Orbis
Mannweiler-
Cölln
Finkenbach-
-Gersweiler
Hengsbacher Hof
Sankt Alban
N
1 cm
2 km
Gerbach
© pmv PETER MEYER VERLAG
KIRCHHEIM-
BOLANDEN
Ransweiler
489
Stahlberg
Katzenbach
Würzweiler
Ruppertsecken
Musikschule
Kibobad
Bisterschied
Schönborn
Bastenhaus
Marienthal
Bolanden
Museum für Zeit
Kelt. Ringwall
Rockenhausen
687
Natur-Erlebnisbad
Donnersberg
Dannenfels
Bennhausen
Dörnbach
Rathskirchen
Gastst. Waldhaus
PWV Keltenhütte
Hohenfels
Jakobsweiler
Imsweiler
Steinberg
Reichsthal
Gunders-
weiler
Schweisweiler
Weiße Grube
Keltendorf
Steinbach
Dreisen
Imsbach
Kupferweg
Bergbau
Alsenz-
talradweg
Moosalb
Börrstadt
Breunigweiler
Höringen
Winnweiler
Sippersfeld
Schalloden-
bach
Heiligenmoschel
Münchweiler
Gonbach
Retzberg-
hütte
Ramsen
1 cm

Niederalben
Rathsweiler
Nerzweiler
Glantal Tour
Draisinenbahn
Glan
Bio-Hof Doll
Ober-alben
Felsch-bachhof
Ulmet
Horsch-bach
Hinzweiler
Alt-Wolfstein
Neu-Wolfstein
Mettweiler
NABU
Dennweiler-Frohnbach
Stein. Mann
Auswan-derer
Alte Schmiede
Erdesbach
Bedesbach
Welchweiler
Oberweiler
Königsberg
Kalkberg-werk
Stolzberg
Ruine Lichtenberg
Körborn
Umwelt
Thal-lichtenberg
Ruth-weiler
Blaubach
Ödesberg
Stegwies-bach
Rammels-bach
Altenglan
Potschberg
Rothselberg
Pfeffelbach
KUSEL
Kindertheater
Reichenbach
Bosenbach
Haschbach
Ruine Michelsburg
Potzberg
Föckel-berg
Jattenbach
Frankelbach
Galgenberg
Ehweiler
Bledesbach
Albessen
Schellweiler
Glantal
Solar-freibad
Wildpark Potzberg
Oberstaufen-bach
Kollweiler
Konken
Etsch-berg
Gimsbach
Reichenbach-
-Steegen
Eulen
Hüffler
Eisenbach
Bienenlehrpfad
Matzenbach
Langenbach
Glantal-Tour
Schwedelbach
Erzen
Herschweiler-
-Pedersheim
Wahnwegen
Rehweiler
Glan-Münchweiler
Macken-bach
Quirnbach
-Schwanden
Kottweiler-
Krottel-bach
Ohmbach
Museum für jüd. Landleben
Henschtal
Niedermohr
-Miesenbach
Steinbach Glan
Stein-wenden
Azur
Alten-kirchen
Börsborn
Nanzdietsch-weiler
Air Base
Brücken (Pfalz)
Katzenbach
Ramstein-
Dittweiler
Gries
Hütschenhausen
Kohlbach
Schönenberg-
-Kübelberg
Ohmbach-see
-Miesau
Naturerlebnisbad
Ruine Nanstein
Bismarckturm
LANDSTUHL
Waldmohr
Hauptstuhl
Rothenberg
Bann
Glan
Bruchmühlbach-
Oberarnbach
Jägersburg
Lambsborn
Lang-wieden
Mittelbrunn
Obernheim
Gerhardsbrunn
Bruchhof
Bechhofen
Martinshöhe
Rosenkopf
Labach
Kirchenarmbach
Karlsberg
HOMBURG
(234 m)
Wiesbach
Knopp
Hetten-hausen
Weselberg
Hohenburg
Schlossberg-höhlen
Käshofen
Klein-bundenbach
Wallhalben
Saalstadt
Kirrberg
Großbundenbach
Schmits-hausen
450
550
572
375
567
492
443
415
402
439
274
424
395
399
393
398
420
270
423
62
7
8
9
10
11
12
13
6

Dörnbach
Rathskirchen
Hefers-
weiler
Seelen
Reichsthal
Relsberg
Imsweiler
Gunders-
weiler
Steinberg
Alsenz
Schweisweiler
Gastst. Waldhaus
PWV Keltenhütte
Hohenfels
Weiße Grube
Keltendorf
Niederkirchen
Moosalb
Imsbach
Bergbau
Kupferweg
Alsenz-
talradweg
Börrstadt
Morbach
Höringen
Winnweiler
Sippersfeld
Schalloden-
bach
Heiligenmoschel
Münchweiler
Gonbach
Olsbrücken
N
1 cm
2 km
Retzberg-
hütte
Wartenberg-
-Rohrbach
Hirschhorn
© pmv PETER MEYER VERLAG
Neuhemsbach
Mehlbach
Sembach
Otterberg
Naturbad
Alsenz
Katzweiler
Bonanza-Ranch
Otterbach
Mehlingen
Alsenborn
Naturspielplatz
Mehlinger
Heide
Erfen-
bach
Erlenbach
Enkenbach
Freibad
Waschmühle
Siegelbach
Wiesenthalerhof
Gersweilerhof
Zoo
Morlautern
Erzhütten
Garten-
schau
Pfalzgalerie
monte mare
Hochspeyer
Kunstcafe
Pfalz-
theater
TIM
Warmfreibad
Hochspeyerbach
Quack
KAISERSLAUTERN
Wildpark
Ruine
Beilstein
Ruine
Perlenberg
Hohenecken
Waldhaus
Bremerhof
430
Großer Humberg
Naturbade-
weiher
Harter Kopf
450
Gelterswoog
Dansenberg
Naturpa
Aschbach
Aschbacher Hof
Waldleiningen
PWV Schwarzsohl
412
Stelzenberg
Mölschbach
Stüterhof
Gasthaus Jung
Bikepark
Trippstadt
NFH Elmstein
NFH
Finsterbrunnental
Appenthal
Eisenhütten
Schopp
Klug'sche
Mühle
Alte Samenklenge
Speyerbach
Elmstein
Kuckucks-
bähnel
Schmalenberg
Johanniskreuz
Nicklis
Haus der
Nachhaltigkeit
Iggelbach
Geiselberg
Geiswiese
Heltersberg
Helmbach
456
48
63
13
40
14
270
17
16
15

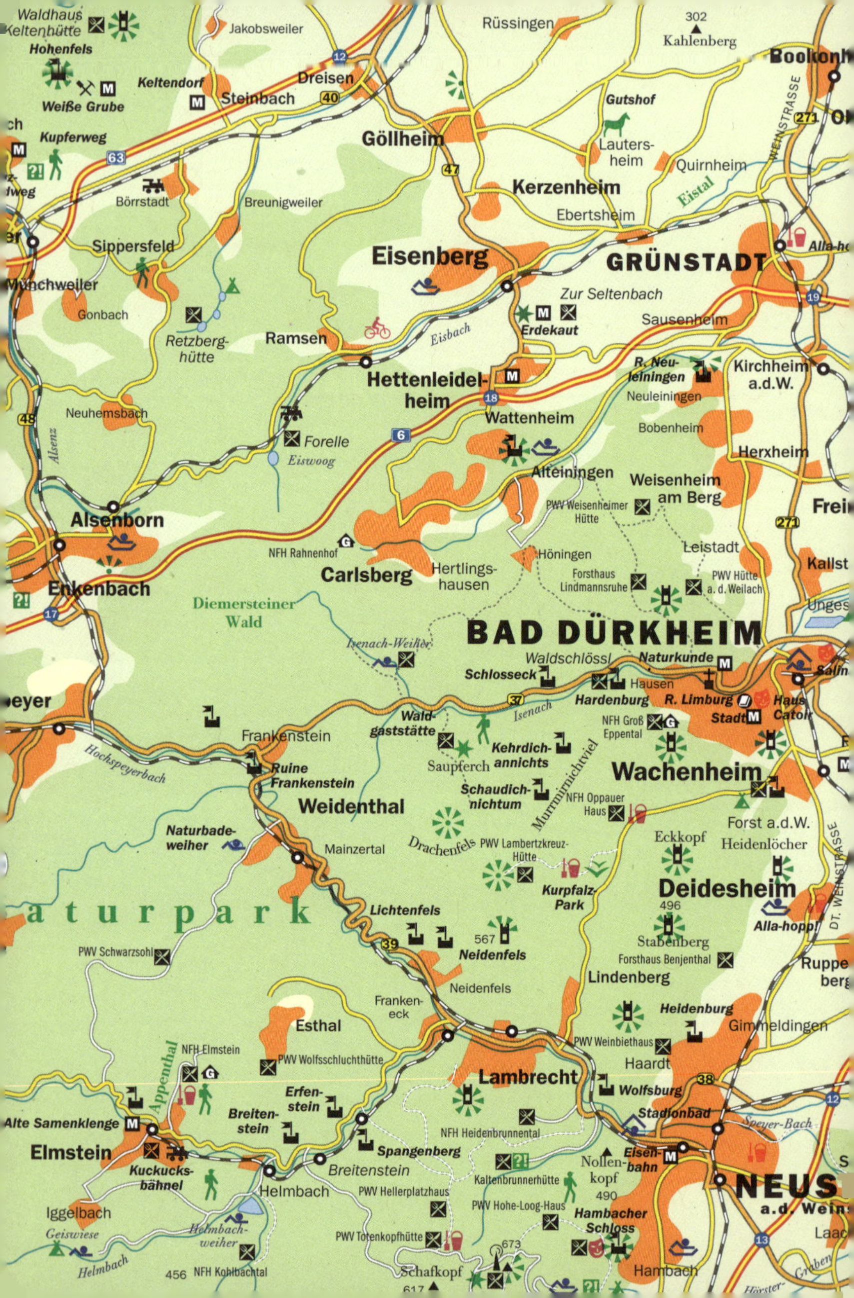

Waldhaus Keltenhütte
Hohenfels
Weiße Grube
Keltendorf
Jakobsweiler
Steinbach
Dreisen
Rüssingen
Kahlenberg
302
Bockenheim
Kupferweg
Börrstadt
Breunigweiler
Göllheim
Gutshof
Lautersheim
Quirnheim
Kerzenheim
Ebertsheim
Eistal
Weinstrasse
Sippersfeld
Münchweiler
Gonbach
Retzberghütte
Eisenberg
GRÜNSTADT
Zur Seltenbach
Sausenheim
Erdekaut
Ramsen
Eisbach
Hettenleidelheim
R. Neuleiningen
Neuleiningen
Kirchheim a.d.W.
Neuhemsbach
Forelle
Eiswoog
Alsenz
Wattenheim
Bobenheim
Herxheim
Altleiningen
Weisenheim am Berg
PWV Weisenheimer Hütte
Alsenborn
NFH Rahnenhof
Carlsberg
Hertlingshausen
Höningen
Leistadt
Forsthaus Lindmannsruhe
PWV Hütte a. d. Weilach
Kallstadt
Enkenbach
Diemersteiner Wald
BAD DÜRKHEIM
Isenach-Weiher
Waldschlössl
Naturkunde
Schlosseck
Hausen
Hardenburg
R. Limburg
Haus Catoir
Stadt
Isenach
Waldgaststätte
NFH Groß Eppental
Frankenstein
Hochspeyerbach
Ruine Frankenstein
Saupferch
Kehrdichannichts
Schaudichnichtum
Murrmirnichtviel
NFH Oppauer Haus
Wachenheim
Weidenthal
Forst a.d.W.
Naturbadeweiher
Mainzertal
Drachenfels
PWV Lambertzkreuz-Hütte
Eckkopf
Heidenlöcher
Kurpfalz-Park
Deidesheim
DT. WEINSTRASSE
Naturpark
Lichtenfels
496
Alla-hopp!
Stabenberg
567
PWV Schwarzsohl
Neidenfels
Forsthaus Benjenthal
Lindenberg
Neidenfels
Frankeneck
Heidenburg
Esthal
Gimmeldingen
PWV Weinbiethaus
NFH Elmstein
PWV Wolfsschluchthütte
Haardt
Appenthal
Lambrecht
Wolfsburg
Erfenstein
Stadionbad
Breitenstein
Alte Samenklenge
NFH Heidenbrunnental
Speyer-Bach
Elmstein
Spangenberg
Eisenbahn
Nollenkopf
Kuckucksbähnel
Breitenstein
Kaltenbrunnerhütte
490
NEUSTADT a.d. Weinstraße
Helmbach
PWV Hellerplatzhaus
Iggelbach
PWV Hohe-Loog-Haus
Hambacher Schloss
Helmbachweiher
Geiswiese
PWV Totenkopfhütte
673
Helmbach
456
NFH Kohlbachtal
Schafkopf
617
Hambach

Offstein
Horchheim
Heppen-
heim
Wies-
Oppenheim
Bobenheim
Vogelpark
Altrheinkanal
Roxheim
Rhein-
Radweg
Silbersee
Klein-
niedesheim
Eckbach
Heuchel-
heim
Dirmstein
Beindersheim
Soccerpark
Gerolsheim
Heßheim
Ostparkbad
Strandbad
Jugend-
farm
LAMPERTHEIM
Biedensand
Badesee
1 cm
2 km
Rhein
Schonau
FRANKENTHAL
MANNHEIM
Lambsheim
Pfingstweide
Friesenheim
Prinzregenten-
theater
Isenach
Maxdorf
Oggersheim
Willersinn-
weiher
Abenteuerspielplatz
Birkenheide
Kletterzentrum
Hack
MA Hbf
LU Hbf
Ruch-
heim
Ellerstadt
LUDWIGS-
HAFEN
Maudach
Mund-
heim
Fußgönheim
Gönnheim
Schauernheim
Mutterstadt
Rheingön-
heim
Rhein-
Radweg
Pfingstberg
Wildpark
Darstein
Altrip
Blaue Adria
Rheinau
Gronau
Dannstadt
Hochdorf
Limburgerhof
Neuhofen
Rhein-
blick
Zur Fischerhütte
Waldsee
Altrhein-
klause
Brühl
Altrhein
SCHIFFERSTADT
Böhl-
-Iggelheim
Otter-
stadt
Haßloch
Rehbach
DEUTSCH-FRANZÖSISCHE
TOURISTIKROUTE
Silbersee
Ketsch
Vogelpark
NFH Iggelheim
Unterwald
Ranschgraben
Wammsee
Steinhäuser
Wühlsee
Kletterwald
Ponyfarm
SPEYER
Dom
Sea Life
HOCKEN-
HEIM

Schlossberghöhlen
Kirrberg
Klein-bundenbach
Großbundenbach
Wallhalben
Saalstadt
Schmitshausen
Winterbach
Kneispermühle
Herschberg
398
Riegelsberg
Höheinöd
Weihermühle
423
Schwarzenbach
370
Mörsbach
Schwarzenacker
Ölmühle
Römermuseum
NFH Harzbornhaus
370
Himmelsberg
Battweiler
Reifenberg
Einöd
Ernstweiler
Niederauerbach
Oberauerbach
Maßweiler
Thaleischweiler-Fröschen
Schloss Rosengarten
Contwig
Rieschweiler
32
Ice Arena
PWV Hahnberghütte
Schwarzbach
ZWEIBRÜCKEN
359
Mühlbach
14
Bruderfels
33
8
Dellfeld
15
10
Höheischweiler
Mittelbach
Rimschweiler
342
35
Nünschweiler
330
Hornbach
Bickenalbe
Althornbach
Walshausen
Windsberg
Dynamikum
Gersbach
424
336
Am Hochgericht
Kleinsteinhausen
Hornbach
Felsalbe
Großsteinhausen
Winzeln
Dietrichingen
Bottenbach
Niedersimten
Riedelberg
D35A
Obersimten
Teufelspfad
Brenschelbach
Schweyen
Vinningen
NFH Niedersimten
Erlenbrunn
Walschbronn
Kröppen
Loutzviller
Südwes
D34
348
Waldhouse
Trulben
Zeichenerklärung Karte
Frei-/Hallenbad
Vogel-, Wildpark
Radtour
Gaststätte, Café
Strandbad
Wassertierpark
Minigolf
Laden, Bücherei
Boot fahren, Paddeln
Turm
Spielplatz
Information
Personenboot
Aussicht
Kletterpark
Stadion
Fähre
Museumsbahn
Theater, Kreativ
Kinderbauernhof
Wanderung
Kirche, Kloster
Grillplatz
Betriebsbesichtigung
Reiten, Führen
Museum
Lehrpfad, Umweltinfo
Wanderhütte, NFH
Tiergarten
Burg, Schloss
Natursehenswürdigkeit
Campingplatz
PWV Hohe List
412
Saarbach
Enchenberg
FRANKREIC

Pfälzerwald
Nachhaltigkeit
Iggelbach
Geiswiese
Helmbach
Eschkopf
456
Birkenkopf
Geiselberg
Heltersberg
Waldfischbach-
Burgalben
Clausensee
Schwarzbach
Leimen
463
Hesselberg
Clausen
Merzalben
Gräfenstein
Merzalbe
Taubensuhl
514
Döreneck
Hofstätten
561
Eiterberg
PWV Siebeldinger Hütte
Eisbach
611
Weißenberg
Luitpoldturm
1 cm
2 km
© pmv PETER MEYER VERLAG
Zum Märchenhaus
Wellbach
Eußerthal
Jungpfalzhütte
533
Große Boll
Queichtal-Radweg
Queich
Münchweiler
an der Rodalb
Wieslautertal
Durchs idyllische Wieslautertal
Wilgartswiesen
Annweiler
am Trifels
Rinnthal
Falkenburg
Teufelstisch
FH Beckenhof
Ruppertsweiler
Hinterweidenthal
Schuhmuseum
Zur Alten Gerberei
Kletterhütte
Hauenstein
Lug
Wernersberg
Geiskopf
308
Völkersweiler
Ruine Lemberg
Waldhaus am Neudahner Weiher
Neudahn
Dahn
Erfweiler
Schwanheim
Gosserweiler-Stein
Waldrohrbach
Bärenbrunnerhof
Darstein
PWV Dahner Hütte
Burgengruppe Altdahn
Dahner Felsenland
Silz
R. Lindelbrunn
Braut u. Bräutigam
Badeparadies
Schindhard
Cramerhaus
Wildpark Silz
Großer Mückenkopf
486
514
PWV Hütte am Schmalstein
Busenberg
Drachenfels
Vorderweidenthal
NFH Bethof
387
Großer Eyberg
Bruchweiler-Bärenbach
(Wies-)Lauter
PWV Drachenfelshütte
491
Erlenbach bei Dahn
Berwartstein
Lauterschwan
Seehofweiher
Birkenhördt
Spießwoog
Baumwipfelpfad
Bundenthal
R. Kleinfrankreich
PWV Drei Eichen
Fischbach bei Dahn
Biosphärenhaus
Rumbach
Reisdorf
558
Hohe Derst
Dörrenbach
Barfußpfad
Sauer
451
Großer Adelsberg
4-Burgen-Tour
Niederschlettenbach
Steffelsbergturm
R. Guttenberg
Hoher Kopf
497
Schützenhaus
Petersbächel
Wegelnburg
Nothweiler
Hohenbourg
Eisenerzgrube St. Anna Stollen
Bobenthal
Rechtenbach
Ruine Blumenstein
Schönau
Loewenstein
Hirschthal
Col du Litschhof
Gimbelhof
St.-Germanshof
Château de St. Paul
Obersteinbach
Froensbourg
Château de Fleckenstein
Dürrenberg
Château de Vogelsberg
Source du Heimbach
Niedersteinbach
Régional
Wissembourg

Nachhaltigkeit
Iggelbach
Geiswiese
Helmbach
Helmbach-weiher
456
NFH Kohlbachtal
Birkenkopf
Eschkopf
lzerwald
Taubensuhl
Hofstätten
561
Eiterberg
514
Döreneck
PWV Siebeldinger Hütte
PWV Böchinger Pottaschtalhütte
Eisbach
Luitpoldturm
Zum Märchenhaus
4
Wellbach
Queichtal-Radweg
Jungpfalzhütte
Eußerthal
Queich
Wilgartswiesen
Rinnthal
Annweiler am Trifels
Falkenburg
Zur Alten Gerberei
Kletterhütte
Schuhmuseum
Lug
Wernersberg
Völkersweiler
48
Rehberg
Schwanheim
Gosserweiler-Stein
Waldrohrbach
Waldhambach
Bärenbrunnerhof
Darstein
Dahner Felsenland
Schindhard
Busenberg
R. Lindelbrunn
Cramerhaus
Wildpark Silz
Silz
Drachenfels
PWV Drachenfelshütte
Vorderweidenthal
NFH Bethof
Berwartstein
Lauterschwan
Seehofweiher
Erlenbach bei Dahn
R. Kleinfrankreich
Birkenhördt
427
PWV Drei Eichen
Reisdorf
558
Hohe Derst
R. Guttenberg
Dörrenbach
Steffelsbergturm
Niederschlettenbach
Bobenthal
Hoher Kopf
497
Schützenhaus
Rechtenbach
Waldgeisterweg
Ober-otterbach
38
St.-Germanshof
Château de St. Paul
Château de Vogelsberg
Schweigen
Wissembourg
PWV Hohe-Loog-Haus
Hambacher Schloss
PWV Totenkopfhütte
673
Schafkopf
617
PWV a. d. Fichten
Kalmit
Maikammer
Schänzelturm
PWV Hüttenbrunnen
613
NFH Steigerkopf
Triefenbachtal
Sankt Martin
Pfaffenkopf
566
Modenbach
Amicitiahütte
Kropsburg
Modeneck
Rietburg
Alla-hopp!
Ramburg
Ramberg
PWV Landauer Hütte
Ludwigsturm
Weyher
Rhodt unter Rietburg
Burrweiler Mühle
Hainfeld
Edenkoben
Dernbach
Dernbachhaus
Neuscharfeneck
Burrweiler
PWV Ringelsberg Hütte
Gleisweiler
Roschbach
Böchingen
NFH
Albersweiler
Frankweiler
Siebeldingen
Queichhambach
Godramstein
Gut Hohenberg
556
Trifels
Anebos
Neukastel
Birkweiler
Gräfenhausen
Arzheim
Zoo
Frank-Loebsches Haus
Alla-hopp!
270
Kl. Kalmit
Scharfenberg
Leinsweiler
Ilbesheim
Wollmesheim
Reptilium
Madenburg
Eschbach
NABU
Mörzheim
Impflingen
Kaiserbacher Mühle
Göcklingen
Martinsturm
Schlössl
Heuchelheim-Klingen
Appenhofen
Burg Landeck
Klingenmünster
Billigheim-Ingenheim
Gleiszellen-Gleishorbach
Pleisweiler-Oberhofen
Bad Bergzabern
Barbeth
Rebmeerbad
Kapellen-Drusweiler
Oberhausen
Hergorsweiler
DT. WEINSTRASSE
Dierbach
Otterbach
Niederotterbach
Freckenfeld
Schaidt
Steinfeld
Bienwald-Infozentrum
Unterer Mundatwald

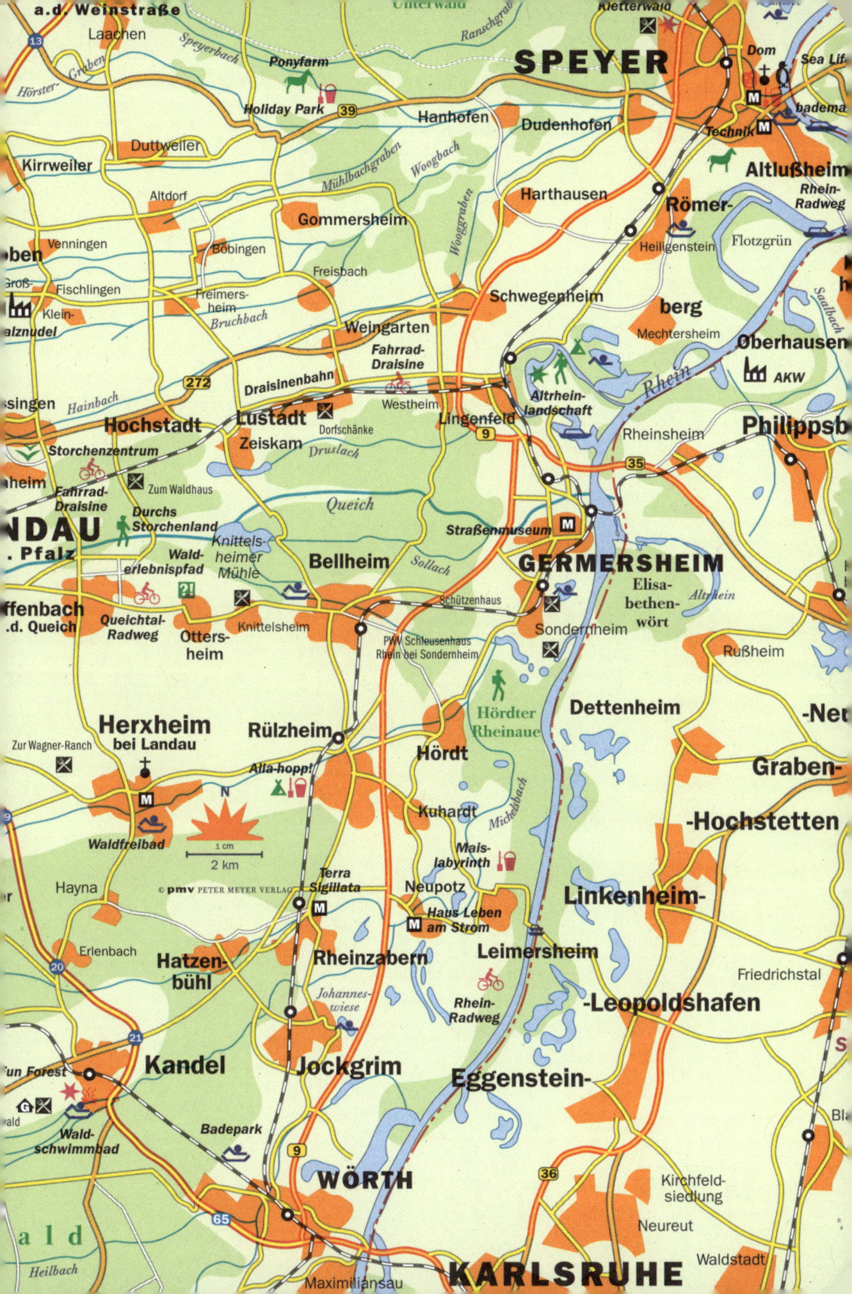

SPEYER
GERMERSHEIM
KARLSRUHE
WÖRTH
Kandel
Jockgrim
Rheinzabern
Herxheim bei Landau
Rülzheim
Bellheim
Lingenfeld
Hochstadt
Lustadt
Zeiskam
Weingarten
Schwegenheim
Harthausen
Dudenhofen
Hanhofen
Gommersheim
Duttweiler
Kirrweiler
Altdorf
Böbingen
Venningen
Fischlingen
Freisbach
Freimersheim
Westheim
Ottersheim
Knittelsheim
Hördt
Kuhardt
Neupotz
Leimersheim
Hatzenbühl
Erlenbach
Hayna
Eggenstein-Leopoldshafen
Linkenheim-Hochstetten
Graben-Neudorf
Dettenheim
Rußheim
Sondernheim
Elisabethenwörth
Rheinsheim
Philippsburg
Oberhausen
Mechtersheim
Römerberg
Heiligenstein
Altlußheim
Flotzgrün
Friedrichstal
Kirchfeldsiedlung
Neureut
Waldstadt
Maximiliansau
Laachen
Ponyfarm
Holiday Park
Technik
Dom
Storchenzentrum
Fahrrad-Draisine
Draisinenbahn
Dorfschänke
Zum Waldhaus
Durchs Storchenland
Wald-erlebnispfad
Knittelsheimer Mühle
Queichtal-Radweg
Straßenmuseum
Schützenhaus
PWV Schleusenhaus Rhein bei Sondernheim
Hördter Rheinaue
Altrhein-landschaft
Zur Wagner-Ranch
Alla-hopp!
Waldfreibad
Terra Sigillata
Haus Leben am Strom
Mais-labyrinth
Rhein-Radweg
Badepark
Waldschwimmbad
Fun Forest
AKW
Queich
Druslach
Sollach
Rhein
Altrhein
Michelsbach
Heilbach
Hainbach
Bruchbach
Mühlbachgraben
Woogbach
Wooggraben
Speyerbach
Hörster-Graben
1 cm
2 km
© pmv PETER MEYER VERLAG

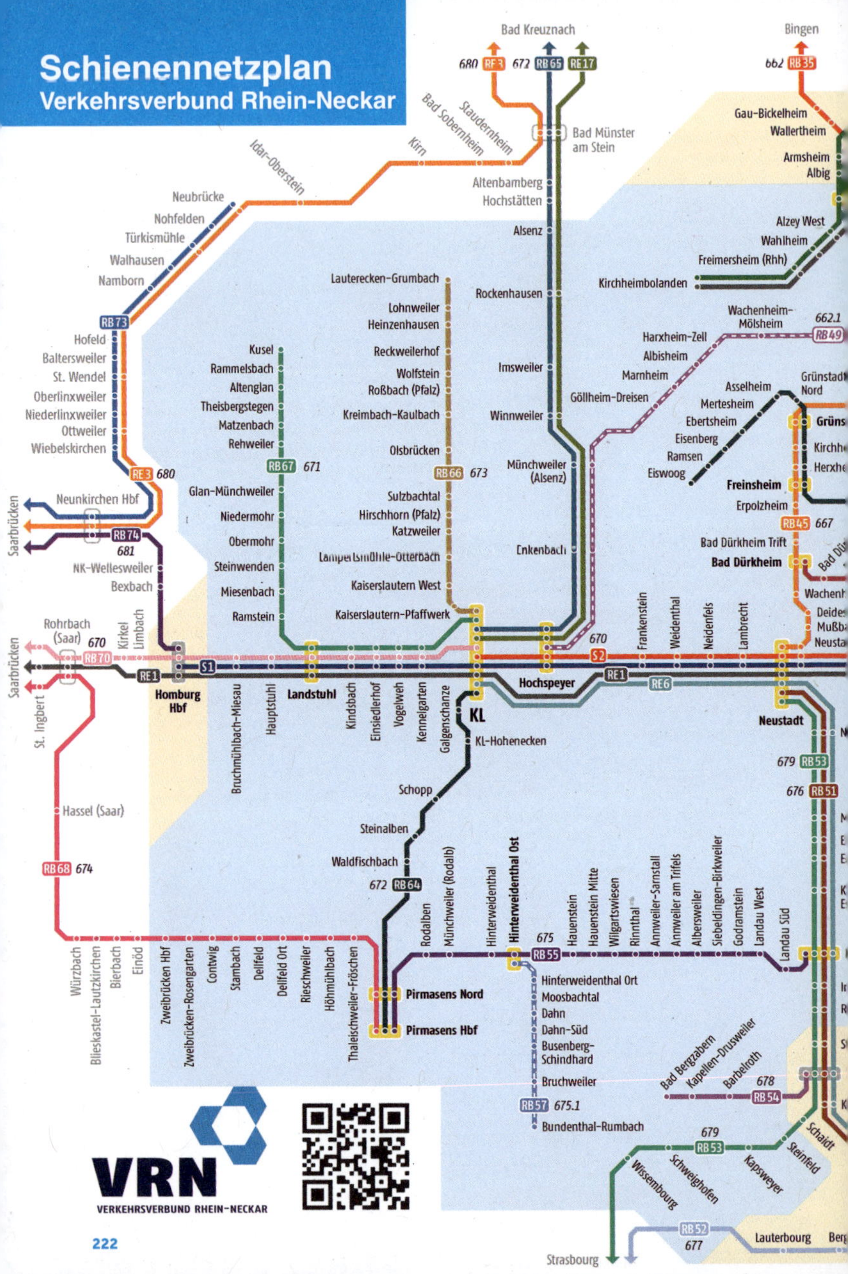
Schienennetzplan
Verkehrsverbund Rhein-Neckar
Bad Kreuznach
680 RE3 672 RB65 RE17
Bingen
662 RB35
Bad Münster am Stein
Staudernheim
Bad Sobernheim
Kirn
Idar-Oberstein
Neubrücke
Nohfelden
Türkismühle
Walhausen
Namborn
RB73
Hofeld
Baltersweiler
St. Wendel
Oberlinxweiler
Niederlinxweiler
Ottweiler
Wiebelskirchen
RE3 680
Neunkirchen Hbf
Saarbrücken
RB74
681
NK-Wellesweiler
Bexbach
Rohrbach (Saar)
670
RB70
Kirkel
Limbach
Homburg Hbf
S1
RE1
St. Ingbert
Hassel (Saar)
RB68 674
Würzbach
Blieskastel-Lautzkirchen
Bierbach
Einöd
Zweibrücken Hbf
Zweibrücken-Rosengarten
Contwig
Stambach
Dellfeld
Dellfeld Ort
Rieschweiler
Höhmühlbach
Thaleischweiler-Fröschen
Pirmasens Nord
Pirmasens Hbf
Altenbamberg
Hochstätten
Alsenz
Rockenhausen
Imsweiler
Winnweiler
Münchweiler (Alsenz)
Enkenbach
Göllheim-Dreisen
Gau-Bickelheim
Wallertheim
Armsheim
Albig
Alzey West
Wahlheim
Freimersheim (Rhh)
Kirchheimbolanden
Wachenheim-Mölsheim
662.1
RB49
Harxheim-Zell
Albisheim
Marnheim
Asselheim
Mertesheim
Ebertsheim
Eisenberg
Ramsen
Eiswoog
Grünstadt Nord
Freinsheim
Erpolzheim
RB45 667
Bad Dürkheim Trift
Bad Dürkheim
Wachenheim
Deidesheim
Mußbach
Neustadt
Kusel
Rammelsbach
Altenglan
Theisbergstegen
Matzenbach
Rehweiler
RB67 671
Glan-Münchweiler
Niedermohr
Obermohr
Steinwenden
Miesenbach
Ramstein
Landstuhl
Bruchmühlbach-Miesau
Hauptstuhl
Kindsbach
Einsiedlerhof
Vogelweh
Kennelgarten
Galgenschanze
Lauterecken-Grumbach
Lohnweiler
Heinzenhausen
Reckweilerhof
Wolfstein
Roßbach (Pfalz)
Kreimbach-Kaulbach
Olsbrücken
RB66 673
Sulzbachtal
Hirschhorn (Pfalz)
Katzweiler
Lampertsmühle-Otterbach
Kaiserslautern West
Kaiserslautern-Pfaffwerk
KL
Hochspeyer
670
S2
RE1
RE6
Frankenstein
Weidenthal
Neidenfels
Lambrecht
KL-Hohenecken
Schopp
Steinalben
Waldfischbach
672 RB64
Rodalben
Münchweiler (Rodalb)
Hinterweidenthal
Hinterweidenthal Ost
675
RB55
Hauenstein
Hauenstein Mitte
Wilgartswiesen
Rinnthal
Annweiler-Sarnstall
Annweiler am Trifels
Albersweiler
Siebeldingen-Birkweiler
Godramstein
Landau West
Landau Süd
679 RB53
676 RB51
Hinterweidenthal Ort
Moosbachtal
Dahn
Dahn-Süd
Busenberg-Schindhard
Bruchweiler
RB57 675.1
Bundenthal-Rumbach
Bad Bergzabern
Kapellen-Drusweiler
Barbelroth
678
RB54
Schaidt
Steinfeld
Kapsweyer
679
RB53
Schweighofen
Wissembourg
RB52
677
Lauterbourg
Strasbourg
VRN
VERKEHRSVERBUND RHEIN-NECKAR

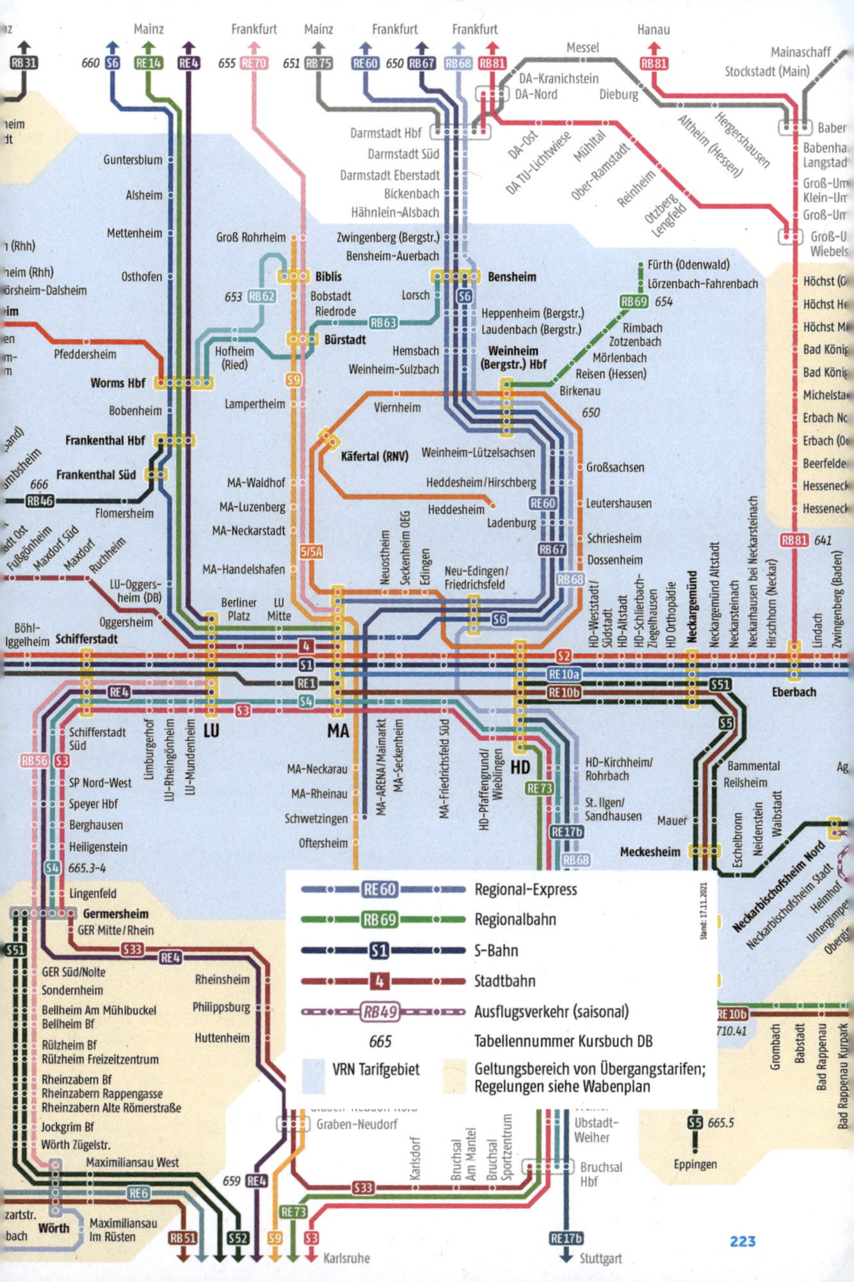

Mainz
Frankfurt
Mainz
Frankfurt
Frankfurt
Hanau
Messel
Mainaschaff
Stockstadt (Main)
DA-Kranichstein
DA-Nord
Dieburg
Darmstadt Hbf
Darmstadt Süd
Darmstadt Eberstadt
Bickenbach
Hähnlein-Alsbach
Zwingenberg (Bergstr.)
Bensheim-Auerbach
Bensheim
Lorsch
Heppenheim (Bergstr.)
Laudenbach (Bergstr.)
Hemsbach
Weinheim-Sulzbach
Weinheim (Bergstr.) Hbf
Birkenau
Fürth (Odenwald)
Lörzenbach-Fahrenbach
Rimbach
Zotzenbach
Mörlenbach
Reisen (Hessen)
DA-Ost
DA TU-Lichtwiese
Mühltal
Ober-Ramstadt
Reinheim
Otzberg Lengfeld
Altheim (Hessen)
Hergershausen
Guntersblum
Alsheim
Mettenheim
Osthofen
Groß Rohrheim
Biblis
Bobstadt
Riedrode
Bürstadt
Hofheim (Ried)
Worms Hbf
Pfeddersheim
Bobenheim
Lampertheim
Frankenthal Hbf
Frankenthal Süd
Flomersheim
Viernheim
Käfertal (RNV)
Weinheim-Lützelsachsen
Heddesheim/Hirschberg
Heddesheim
Ladenburg
Großsachsen
Leutershausen
Schriesheim
Dossenheim
MA-Waldhof
MA-Luzenberg
MA-Neckarstadt
MA-Handelshafen
Neu-Edingen/Friedrichsfeld
Neuostheim
Seckenheim OEG
Edingen
Fußgönheim
Maxdorf Süd
Maxdorf
Ruchheim
LU-Oggersheim (DB)
Oggersheim
Berliner Platz
LU Mitte
Böhl-Iggelheim
Schifferstadt
HD-Weststadt/Südstadt
HD-Altstadt
HD-Schlierbach-Ziegelhausen
HD Orthopädie
Neckargemünd
Neckargemünd Altstadt
Neckarsteinach
Neckarhausen bei Neckarsteinach
Hirschhorn (Neckar)
Eberbach
Lindach
Zwingenberg (Baden)
Schifferstadt Süd
Limburgerhof
LU-Rheingönheim
LU-Mundenheim
LU
MA
SP Nord-West
Speyer Hbf
Berghausen
Heiligenstein
Lingenfeld
Germersheim
GER Mitte/Rhein
MA-Neckarau
MA-Rheinau
Schwetzingen
Oftersheim
MA-ARENA/Maimarkt
MA-Seckenheim
MA-Friedrichsfeld Süd
HD-Pfaffengrund/Wieblingen
HD
HD-Kirchheim/Rohrbach
St. Ilgen/Sandhausen
Mauer
Meckesheim
Bammental
Reilsheim
Eschelbronn
Neidenstein
Waibstadt
Neckarbischofsheim Nord
Neckarbischofsheim Stadt
Helmhof
GER Süd/Nolte
Sondernheim
Bellheim Am Mühlbuckel
Bellheim Bf
Rülzheim Bf
Rülzheim Freizeitzentrum
Rheinzabern Bf
Rheinzabern Rappengasse
Rheinzabern Alte Römerstraße
Jockgrim Bf
Wörth Zügelstr.
Maximiliansau West
Wörth
Maximiliansau Im Rüsten
Rheinsheim
Philippsburg
Huttenheim
Graben-Neudorf
Karlsdorf
Bruchsal Am Mantel
Bruchsal Sportzentrum
Bruchsal Hbf
Ubstadt-Weiher
Eppingen
Grombach
Babstadt
Bad Rappenau
Bad Rappenau Kurpark
Karlsruhe
Stuttgart
Regional-Express
Regionalbahn
S-Bahn
Stadtbahn
Ausflugsverkehr (saisonal)
665 Tabellennummer Kursbuch DB
VRN Tarifgebiet
Geltungsbereich von Übergangstarifen; Regelungen siehe Wabenplan
Stand: 17.11.2021

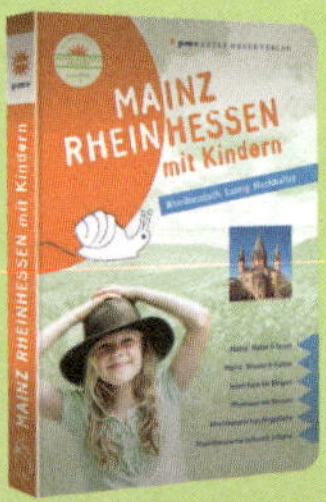